GAMBETTA

GAMBETTA.   Pl. 1, Frontispice.

· FIGURES DU PASSÉ ·

Gambetta

PAR
PAUL DESCHANEL

LIBRAIRIE HACHETTE
·79· Boulevard St. Germain · PARIS ·

AVANT-PROPOS

M. Louis-Batiffol m'a demandé un livre sur Gambetta pour son intéressante collection, Figures du Passé, et il a exprimé le désir que cette publication coïncidât avec la signature de la paix. Comment décliner cet honneur? J'ai écrit ces pages dans les rares loisirs que me laissait la Chambre, vivant, en quelque sorte, les deux guerres à la fois. J'ai écarté les panégyriques et les pamphlets, les légendes pour ou contre; j'ai cherché uniquement la vérité : n'est-ce pas l'hommage suprême? J'ai fait taire les enthousiasmes et les colères de notre jeunesse, la reconnaissance même : car c'est Gambetta qui m'a jeté dans la vie politique. On ne trouvera ici qu'une seule passion, celle de la France. Il l'a aimée ardemment. Il lui a donné sa vie. Il restera devant l'histoire la personnification de la résistance nationale en 1870. Son idéal fut toujours le relèvement de la Patrie. Sa mémoire est unie aux réparations du Droit.

P. D.

Juillet 1919.

GAMBETTA

PREMIÈRE PARTIE

AVANT LA GUERRE

(1838-1870)

CHAPITRE PREMIER

L'ENFANCE. LES DÉBUTS

MONTFAUCON ET CAHORS || L'ÉTUDIANT (JANVIER 1857-JUIN 1861) || FORMATION INTELLECTUELLE || L'AVOCAT (JUIN 1861) || L'AFFAIRE BUETTE (JUILLET 1862) || LE JEUNE AMI DES CINQ || DÉPUTÉ AVANT LA LETTRE (1868).

DANS la magnificence du golfe de Gênes, aux dernières pentes de l'Apennin, entre Savone et Varazze, une petite ville, abritée par deux caps, regarde la mer : Celle-Ligure. C'est le berceau des Gambetta. De là, le grand-père, Baptiste, portait aux rives de France, à bord de sa tartane, les produits de sa côte, huiles fines, pâtes, majoliques; puis, de Cette, par le canal du Languedoc, il gagnait Toulouse et explorait les affluents de la Garonne, à la recherche de marchés nouveaux. En 1818, il arriva à Cahors, s'y plut, s'y installa avec ses trois fils, Paul, Michel, Joseph, et entreprit un commerce de faïence et d'épicerie, place du Marché. En 1824, le père du tribun, Joseph, suivant l'habitude de ces familles, fit, à dix ans, comme mousse, sur un voilier de la rivière de Gênes, le voyage du Chili ; le navire, dit-on, portait Garibaldi et l'abbé Mastaï, le futur pape Pie IX. Baptiste, devenu vieux, retourna à Celle, pour y mourir ; il y emmena son fils aîné et laissa à Cahors les deux autres. Quand leurs affaires eurent réussi, chacun s'établit pour son compte. Joseph ouvrit, place de la cathédrale, le « Bazar Génois » et, le 25 juillet 1837, à vingt-trois ans, épousa Marie-Magdeleine Massabie, âgée de vingt-deux ans, fille d'un pharmacien de Molières, en Tarn-et-Garonne. De cette union naquit, le 2 avril 1838, au deuxième étage d'une maison de la rue du Lycée, le futur ministre de la défense nationale.

Génois, Gascon et Cadurcien, voilà Gambetta. Du Génois il aura la souplesse, la séduction, l'habileté ; du Gascon, les pointes hardies et la naturelle éloquence ; du Cadurcien, la volonté tenace. La rivière de Gênes évoque les traversées à travers les orages, de grandes vies aventureuses, Colomb, Sixte IV, Jules II, Mazzini, Garibaldi ; Cahors, les âpres luttes, l'énergique résistance des longs sièges : telle harangue de l'orateur fera penser à une charge de Bessières ou de Murat. Il y a en lui de ces doges réalistes qui surent fonder, à travers les luttes civiles, le plus solide des gouvernements. Ces gens de la côte ligure ont des émotions plus profondes, des désirs plus violents et plus effrénés, des volontés plus impérieuses que les nôtres. Il osera, il prendra la Fortune au passage et la forcera de le suivre.

A quatre ans, son père le met aux Petits-Carmes, à Cahors. A huit, une affection abdominale, qui dure un mois, le met en danger ; on le croit perdu ; ce mal troublera toute sa vie et finira par l'emporter en plein talent, en pleine force. On l'envoie au petit séminaire de Montfaucon. A dix ans, il est républicain ; il écrit à son père : « Vive Cavagnac ! » (*sic*) « A bas Bonaparte ! » A onze, un accident lui fait perdre l'œil droit. Il allait souvent, pendant les vacances, chez un coutelier voisin de son père ; un ouvrier perçait, avec un archet armé d'un foret, le manche d'un couteau en corne : l'enfant veut se rendre compte de ce travail ; il se cache sous l'établi ; puis il sort tout à coup de sa cachette : à ce moment même, l'archet dépasse l'établi, et la pointe frappe l'œil de l'enfant, qui s'évanouit, ensanglanté.

A quatorze ans, il entre au lycée de Cahors. Son professeur de rhétorique, M. Arnault, bon humaniste, le devine. Un discours d'*Étienne Marcel aux États généraux de 1356,* signé Léon Gambetta, fait le tour du lycée. Déjà il aime Rabelais. Il sait par cœur les *Olynthiennes* et ne les oubliera plus; sept ans plus tard, un soir, à la campagne, chez Clément Laurier, le jeune avocat récitera un discours de Démosthène avec une verve imagée qui fera l'admiration de Villemain.

A dix-huit ans, il est reçu bachelier. L'enfant, dès longtemps, rêvait de l'Italie, de Celle-Ligure; le père, comme récompense, l'y emmène. Premier voyage : lettres exquises et enthousiastes à sa mère; Montpellier, Lunel, Aigues-Mortes; « à Aigues-Mortes, j'ai vu la mer pour la première fois; c'est bien le plus magnifique spectacle entre les plus beaux qu'offre la nature »; Nîmes et ses arènes; Marseille : « Marseille à nos pieds, la Corse dans le lointain; tableau enchanteur et enivrant qui fait entrevoir les merveilles de l'Italie »; l'Italie elle-même, Nice, où il dormira son dernier sommeil, mais en terre française, et la splendeur de la rivière de Gênes, où chaque détour de la corniche découvre de nouvelles beautés. Il sent au fond de ses veines la violente ardeur de cette mer latine, dont il est bien le fils.

Enfin, Celle et sa jolie église fin Renaissance, aux marbres rares, aux peintures de Perino del Vaga, l'élève chéri de Raphaël, aux riches broderies offertes par la reine de Naples. Et voici l'aïeule, « la tête de vieille la plus adorable qu'on puisse voir, des cheveux magnifiques, avec la souplesse de la jeunesse, mais plus blancs que la neige, une peau plus blanche que ses cheveux, le sourire sur de petites lèvres roses, le tout animé de deux petits yeux noirs encore brillants »; et les amis, marins, pêcheurs, braves gens, race sérieuse, durs au travail, « participant encore du rocher et de la montagne », comme disait Dante. Là, dans une étroite rue qui monte, une plaque commémorative indique la simple maison à deux fenêtres de façade, où Joseph naquit lorsque la France impériale débordait sur la Lombardie. Là, j'ai vu une cousine germaine de Gambetta par sa mère, sœur de Joseph, Angelina Ghersi, tisseuse de filets, un Gambetta femme, même profil, même teint, même regard, vive, alerte, vibrante, œil et parole de feu, malgré ses soixante-dix-sept ans. Elle me

GAMBETTA

fit ses confidences : « Quand Léon venait ici, me dit-elle, il vivait au bord de la mer. Il voulait épouser ma sœur qui était mieux que moi, mais son père s'y opposa, parce qu'elle n'avait pas de dot. »

L'origine sarrasine de ces gens est évidente. Sur toute la côte, le type phénicien, brun, au nez busqué, tranche avec le type ligure, châtain aux yeux clairs. On a voulu faire de Gambetta un sémite ; les Gambetta étaient catholiques de père en fils, et catholiques pratiquants ; plusieurs de ses oncles appartenaient au sacerdoce.

Après Celle, nos voyageurs visitent le champ de bataille de Montenotte : « C'est là que Bonaparte a fait ses merveilles, conquis la gloire et l'Italie. On croit, avant d'avoir vu ce pays, que Bonaparte est un grand tacticien ; mais, quand on a vu le théâtre des combats, on se prend à dire : « C'était le dieu de la guerre ! »

Puis, Gênes la superbe et ses palais. Lui qui, plus tard, parlera avec tant de goût des Memling, des Van Eyck, des Reynolds, des Turner, des Corot, des Millet (il n'aimera jamais la musique, il la fuira), sans doute eût-il décrit à sa mère les inoubliables Titien du Palazzo rosso et la séduisante femme que le peintre aima, si les galeries de ces demeures illustres s'étaient ouvertes alors à de si modestes visiteurs.

Au retour, Turin, les Alpes, la Savoie, Grenoble, Lyon. Il revient ébloui, transporté, l'âme ouverte à d'autres voyages, à d'autres splendeurs, à d'autres rêves.

Le père, qui a longuement peiné et qui sait le prix des choses, redoute pour son fils l'inconnu ; il voudrait en faire un négociant instruit et le garder au comptoir. Mais les femmes — la mère, la sœur, la tante — pressentent un autre avenir. Le maire de la ville, M. Achille Bessières, qui a suivi l'enfant, leur vient en aide. Le père finit par céder : le jeune homme ira faire son droit à Paris. Il a dix-neuf ans. Maintenant il vole vers son étoile : dans dix ans, il aura conquis Paris — et la renommée.

Et c'est alors, au quartier latin, la vie d'étudiant pauvre. Il couche sous les toits, dans la bise, « festine à dix-huit sous par jour », écrit à la lueur d'un réverbère. Il espère, grâce à un de ses anciens maîtres de Montfaucon, trouver des leçons :

« La fortune a de si grands caprices, surtout pour les jeunes gens, a dit Charles-Quint ! » Pour acheter ses habits d'hiver, il projette d'entrer, pendant les vacances, chez un imprimeur, comme correcteur d'épreuves grecques.

Le père, inquiet d'abord, irrité, se tait. Il faut le rassurer, le gagner peu à peu. Le fils peint, en souriant, sa misère. Avec quel respect, et aussi avec quelle adresse, il parle à ce père, aimant, lui aussi, mais âpre, parce qu'il sait la dureté des luttes obscures, et parce qu'il craint Paris ! Quelle diplomatie de toutes les heures, pour mériter les maigres subsides qui permettront d'attendre, de gravir les degrés de la fortune ! Et puis, ne sera-t-il pas toujours temps, une fois les études finies, d'aller reprendre le commerce paternel, ou bien de tenter la carrière judiciaire ? Ces lettres, pleines de gratitude et d'effusions tendres, montrent un cœur noble, un immense besoin d'amour. Elles offrent un modèle des vertus de la famille française ; dur labeur, économie, dévouement mutuel et, chez ces fils du peuple, obligés de compter par franc et même par sol, toutes les délicatesses, toutes les élégances morales. Tout y est pur, vivifiant, salubre.

De sa froide chambre d'hôtel, il voit, là-bas, les eaux « rouges et vertes » du Lot, les vallées étroites, d'ocre rude, à l'herbe sombre, « le paysage tourmenté qui cache entre deux flancs de montagnes la maison où vivent des têtes plus chères que le jour » ; il respire les senteurs d'oranger et de verveine qui l'embaument. Et ce sont de frais tableaux, éclairés çà et là par le grand espoir qui, à l'horizon, dore les cimes : « La France se réveille. Le temps est proche. Tu vas sourire peut-être ; je suis trop impétueux, c'est vrai ; mais le peuple souffre tant qu'on peut bien pardonner un instant d'enthousiasme ! » (9 juin 1857.)

Pour ses vingt ans, il assiste au procès Orsini : d'un côté, Chaix d'Est-Ange ; de l'autre, Jules Favre, Crémieux, Liouville. « Je prépare mon cœur, mes oreilles et ma mémoire depuis huit jours. O avenir ! quand pourrai-je préparer ma parole ? » Il essaye, sur une oraison funèbre de Bossuet, sur un discours de Mirabeau, de Vergniaud ou de Danton, des intonations, des inflexions, des rythmes différents, cherchant comment parlait tel ou tel orateur.

Le 29 octobre 1859, pendant les vacances, il fait à la mairie

GAMBETTA

de Cahors la déclaration prescrite par la loi aux enfants nés en France d'un père étranger ; dès lors, il est Français.

A vingt-deux ans, il a passé brillamment tous ses examens. « La grand'route est ouverte devant nous ; il faut la prendre résolument, la tête haute, et lutter. Je suis tout prêt.... Oh ! qu'il me tarde de plaider ! La langue me brûle. *J'ai peur d'avoir peur*, comme disait Montaigne. Quand viendra ce beau jour ? Je lis, je relis les maîtres de la parole ; j'apprends, je vais au théâtre et au Palais ; je cherche des leçons et des modèles. Pourquoi te le cacher à toi, mon bon père ? L'ambition me dévore. Mais, après tout, l'ambition n'est pas un crime ! L'orgueil est une force, et, avec le travail pour levier et l'éperon du besoin, que ne peut un jeune homme ardent, honnête, qui a toute la vie de son père pour exemple ? » (27 février 1860.)

Ses maîtres le poussent vers l'agrégation, le professorat ; sa chance veut, que, cette fois, il échoue ; il entre au barreau et, le 8 juin 1861, prête serment.

Le père souhaite qu'il vienne plaider à Cahors. Les femmes insistent pour qu'on le laisse à Paris. Le père y met cette condition, que la tante du jeune avocat, Jenny Massabie, l'y rejoindra et tiendra sa modeste maison. Gambetta vouera jusqu'à la fin une affection filiale à cette tante, qui l'a servi avec une adoration jalouse : « Je lui serai toujours profondément reconnaissant de la vive marque d'amitié qu'elle m'a donnée en sacrifiant tout son avenir pour mon bonheur ; car, je le sais, sa présence me modifiera complètement et l'étude deviendra pour moi le pain quotidien, au lieu d'être, comme autrefois, un exercice par sauts et par bonds ».

Pour ses condisciples, il devient un centre, un foyer, un chef ; il entraîne ceux de Paris, comme il a entraîné ceux de Cahors. Et il parle, il parle, il parle.... Tout lui est tribune. Le soir, cette ardente jeunesse se réunit au café Procope, rue de l'Ancienne-Comédie, comme autrefois Piron, Voltaire, Jean-Jacques, Diderot, d'Alembert, d'Holbach, puis Danton et ses amis, comme plus tard Verlaine et Moréas. Il s'y exerce, attaque, riposte, improvisant sur tout, avec une assurance magnifique, une fougue endiablée, mais une fougue qui sait où elle va et qui s'arrête quand elle veut, une voix tonnante, un fort accent de terroir, débordant de vie, éclatant de verve, tout en flamme, et aussi en finesse, impétueux, magnétique.

Bientôt la rive gauche ne lui suffit plus, il passe les ponts ; il rencontre, dans les cafés des boulevards, Spuller, Hébrard, les principaux rédacteurs des journaux de l'opposition, *l'Avenir national*, *le Journal de Paris*, *l'Opinion*, *le Réveil*, *le Siècle*, *le Temps*, *la Tribune*, etc., et se lie avec eux.

Il entre au cabinet de Me de Jouy, neveu de l'auteur dramatique.

A la mort de Cavour, il lance une *Adresse à la Jeunesse italienne*, que toute la presse reproduit : « Cavour est mort de patriotisme, mal glorieux et dévorant qui n'a jamais atteint que les grandes âmes. Les nations qui veulent être grandes doivent, comme les héros, être élevées à l'école du malheur.... »

Il redouble de fervente confiance. Le 15 août 1861 : « Mon cher père, je profite de ce jour de fête, où le peuple court les rues et les avocats la campagne, pour causer un moment avec toi. La ville est pleine de bruits, tout cela passe sous mes fenêtres. Je suis heureux de fuir un instant ce tumulte de la vie et de revenir par la pensée dans ce calme intérieur de la famille où la joie semble être faite d'un silence plein d'émotions. Cependant c'est de mes émotions que je vais t'entretenir. Jeudi, je débuterai ; le cœur me bat, mais c'est de courage. J'ai hâte de subir le baptême de la barre ; je ne serai jamais si heureux : les premiers pas de la carrière ont une saveur mystérieuse. J'ai entendu, depuis trois mois, tout ce qu'il y a d'avocats au Palais, et, je te le dis sans orgueil, mes espérances ont doublé. Je tremblais, il y a six mois, de lutter contre les gloires arrivées ; maintenant, un sentiment me domine qui ressemble beaucoup à de l'audace ; mais c'est le lieu de répéter le mot du Christ, paraphrasé par Danton : « Les audacieux et les violents raviront l'empire du monde ! »

Il réussit. Il plaide chaque semaine. *La Gazette des Tribunaux* rend compte de sa première plaidoirie en Cour d'Assises, dans une affaire de fausse monnaie.

Les dossiers l'enchantent : « Il sort de tous ces papiers jaunâtres comme un âcre parfum d'intelligence inquiète qui me monte au cerveau, me donne le délire du travail. C'est presque toucher la palme de la main, que de la désirer avec tant d'ardeur ! » (31 octobre 1861.)

Il est présenté à Ernest Picard, à Émile Ollivier, à Jules

GAMBETTA

Favre. En décembre, il est admis à la conférence Molé, qu'il présidera bientôt. Le jeune barreau le charge de rédiger une adresse à Berryer, pour sa cinquantième année d'avocat.

Le 30 décembre 1861 : « Grâce à toi, cher père, à tes efforts, à tes sacrifices, voilà l'aurore de cette belle journée! Quand le midi sera venu, j'irai te chercher pour te dire, suspendu à ton cou : Mon père, tu as créé mon bonheur, je ne peux pas prouver mieux ma reconnaissance qu'en te l'apportant, pour te le faire partager. »

Il plaide contre Nicolet, perd son procès, mais prend sa revanche à la conférence des avocats et reçoit les félicitations de Jules Favre et de Crémieux : « Crémieux est venu à moi, m'a serré la main et m'a embrassé; il a voulu savoir mon nom, mon âge, mon pays, m'a prédit les plus beaux horizons du monde et m'a invité à aller le voir régulièrement. J'avais les larmes aux yeux, j'étais ivre de joie. » (14 février 1862.)

A travers ces premières fusées d'ambition, le clair pressentiment des crises prochaines : « La politique se noircit tous les jours. On entend de singuliers craquements. Qui sait si les temps ne sont pas arrivés, comme disait le Christ? L'esprit public est très préoccupé : les débats des Chambres, la crise industrielle, la crise financière, l'embarras général du pays assombrissent violemment l'horizon. C'est le cas de jeter la sonde et de découvrir où nous en sommes, où nous allons. A un changement, assurément; Dieu veuille qu'il soit utile et bon! » (25 février 1862.)

Le mois suivant : « A la conférence des avocats, j'ai été applaudi, presque porté en triomphe. Toutes ces bouches qui me félicitaient à la fois, toutes ces mains qui cherchaient la mienne pour me remercier du plaisir que je leur avais procuré, disaient-ils; j'étais fou de joie, et cela dure encore au moment où je t'écris. Je suis dans le ravissement, et je t'envoie ce succès, cette joie, comme le plus beau bouquet pour ta fête! »

Le 12 avril — il a vingt-quatre ans — : « Que te dirai-je de mes succès? Ils vont au gré de mes désirs. Hier, j'ai obtenu un acquittement qui m'a été bien agréable. Une pauvre vieille femme était poursuivie pour avoir causé la mort d'un jeune enfant qui lui avait été confié à garder; son âge avancé, sa misère, son innocence, à laquelle je croyais, m'avaient pénétré pour elle de la plus vive sympathie. Je l'ai défendue avec toute

CELLE-LIGURE

D'après une photographie.

l'ardeur dont je suis capable et j'ai eu le bonheur de la faire acquitter. Oh! tu peux le croire, il n'y a pas de somme d'argent qui nous procurât d'aussi douces et d'aussi profondes sensations. Je te réserve un de ces spectacles pour le jour où je te tiendrai à Paris. »

A la demande de Clément Laurier, il fait, dans le journal *la Cour d'Assises* (10 mai 1862), un portrait, non signé, de Lachaud, et, sous le nom du « grand avocat des passions », il se peint lui-même, tel qu'il se sent, tel qu'il se voit, tel qu'il se veut, libre, spontané, naturel, improvisateur véhément, rompant les mailles de l'adversaire. « Sa parole a la soudaineté de l'éclair. Quand la colère l'entraîne, il gronde. Les lions doivent déchirer comme cela. La nature lui a donné l'action, qui fascine, domine, dicte et commande. Quelques minutes lui suffisent pour tout voir, tout saisir, tout deviner. Il regarde en face l'adversaire, et on dirait que c'est l'adversaire qui provoque en lui une réfutation intérieure et subite. Sa plus grande puissance va bientôt éclater : cette parole souveraine, excitée par la chaleur du débat. Car, c'est là, à l'audience, qu'il crée, qu'il invente, qu'il pétrit et qu'il donne la vie à son œuvre.... Rien d'apprêté, rien d'ajusté d'avance; loin de lui les tablettes! Sa mémoire n'est pas celle des phrases et des mots, c'est surtout une vive sensibilité qui retient toutes les impressions qu'elle a reçues, retrouve subitement toutes les idées qui l'ont frappée et se ranime plutôt qu'elle ne se ressouvient. » — N'est-il pas déjà là tout entier dans ce portrait anonyme, brossé à vingt-quatre ans, ébauche de lui-même et vision de l'avenir?

On le voit partout; il dévore, au hasard, tout ce qui lui tombe sous la main. Il continue de se délecter de Rabelais, il récite par cœur les lettres de Grandgousier à Gargantua. Il aime ce sens du réel, du relatif, de l' « opportun »; il aime aussi les fortes sensations de la parole vivante qui s'échauffe à vouloir prouver et convaincre, grandit, brusque comme une flamme, ou roule, large comme une marée montante, éclats multiples de cette ivresse de raison. Il se vantera, plus tard, de posséder le fameux exemplaire de *Pantagruel* que le Régent lisait à la messe. Il déclame les vers d'Hugo, *la Légende des Siècles, les Châtiments....*

Il admire Richelieu et Mirabeau : même conception du

gouvernement, même goût pour la diplomatie. Les notes où Mirabeau recommande à la Cour la nécessité de reconstituer l'administration et de rétablir un pouvoir fort, les lettres au comte de La Marck sont une de ses lectures favorites. Il n'aime ni Rousseau, ni Robespierre. Au contraire, Danton l'attire; mais, dans la grandeur tragique de Danton, il y a du petit bourgeois; en Gambetta, il y a du plébéien, avec des instincts d'artiste et des goûts de praticien. Il se nourrit de Proudhon : « Il n'est pas en notre temps d'esprit plus viril, ni à qui je doive autant qu'à celui-là ». Auguste Comte exerce sur son esprit une influence qui ira toujours croissant. Comte subordonne le progrès à l'ordre, condamne l'instabilité. Il veut une autorité centrale forte. La glorification de la science, la confiance dans la raison sont des idées de Comte, « l'immanence de la justice » une de ses formules.

On voit ainsi se former l'homme. Et l'on voit se marquer la différence entre lui et les républicains de son temps. A ses yeux, la souveraineté nationale doit s'exercer par un pouvoir fort. Il a le goût, le sens de l'autorité, en même temps qu'une inclination naturelle pour la tractation, le compromis.

Au mois de mars 1862, la police invente un complot contre la sûreté de l'Empire et arrête une cinquantaine de personnes, parmi lesquelles Louis Buette, ouvrier mécanicien. Buette n'a que vingt-deux ans et déjà ses patrons l'ont nommé chef d'équipe. Il ne veut pas de défenseur; il ne songe pas à s'innocenter, il veut seulement profiter du procès pour manifester ses idées et frapper l'opinion. Sa sœur court chez Jules Favre, alors bâtonnier, et le supplie de sauver son frère. Jules Favre lui désigne Mᵉ Le Châtelier, lequel la renvoie à Mᵉ de Sal, et celui-ci, à son tour, nomme Gambetta. « Je défendrai votre frère comme si c'était le mien! », s'écrie-t-il. Il court à Mazas. Buette, étonné d'abord, résiste. Son défenseur improvisé le conquiert. Leur amitié ne s'éteindra qu'avec la vie. Buette lui révèle le monde ouvrier, ses souffrances, ses aspirations, sa soif de justice, son grand cœur idéaliste. C'est là, dans la petite cellule de Mazas, que Gambetta prend pour la première fois contact avec le prolétariat; c'est là qu'il apprend à connaître, à aimer ces cœurs plébéiens, généreux et enthousiastes.

Les cinquante-quatre conjurés paraissent le surlendemain. L'élite du barreau républicain est au banc de la défense : Crémieux, Emmanuel Arago, Jules Ferry, Charles Floquet, et les jeunes, espoir du parti, Léon Renault, Spuller, Cresson, de Sal, Laurier, Cléry, Durier. Gambetta commence, rejette en arrière sa longue chevelure noire, puis, l'œil sortant de l'orbite, retrace, de sa voix retentissante, la vie laborieuse et pure de Buette. Mais, bientôt, de la défense, il passe à l'attaque : « Et vous vous dites un gouvernement fort! Vous n'êtes qu'un gouvernement de hasard! » Il évoque le procès de Jésus, paraphrase le mot de l'Évangile : *Tu non es amicus Cæsaris*, rappelle la Passion, et, montrant le Christ, dont l'image domine les juges : « *Insidiatores*! les mouchards! Oui, ce sont les mouchards qui l'ont cloué sur la croix! »

Buette est condamné seulement à trois mois de prison. Crémieux présente Gambetta à ses amis en ces termes : « Je vous présente M. Gambetta, le grand succès à l'affaire des cinquante-quatre ». Il le prend pour secrétaire. « J'aurai grand plaisir à voir se développer sous mes yeux votre talent, qui sera une de nos gloires dans l'avenir, si le travail opiniâtre se joint chez vous aux dons naturels. » (16 octobre 1862.)

Laurier le pousse; il l'a donné à Crémieux, il le mène chez Villemain, secrétaire perpétuel de l'Académie française : « Je suis aux anges! »

Il commence à recevoir des honoraires; il quitte la rue Vavin pour la rue Bonaparte. Le dimanche, les fidèles, Pephau, Fieuzal, Cendre, Spuller, viennent à la petite table de sa nouvelle demeure; on déguste le vieux vin de Cahors, les mets savoureux du pays. « Si la fortune continue à me sourire, je pourrai bientôt cesser d'être un fardeau pour ma famille; qui sait même si je ne pourrai pas lui être utile? Je ne désire rien tant que la venue du jour où je pourrai reconnaître les sacrifices qu'elle a faits. »

Le 1ᵉʳ janvier 1863, à sa mère : « Que puis-je te dire à toi, ma douce mère, pour rendre ce que j'ai au fond de l'âme? Quelle langue peut traduire et ma reconnaissance et mon amour? N'es-tu pas la plus courageuse des mères et la plus dévouée des femmes? Ne dois-je pas être le plus aimant, le plus respectueux et le plus fier des fils? Le repos que tu as tant

mérité, je te le ferai un jour glorieux, joyeux, complet. Courage!
le but est voisin.... »

A son père : « Je suis en veine! Les hommes commencent
à m'apercevoir, et j'espère bien, d'ici à quelques années, pouvoir venir embrasser les deux êtres à qui je dois tout, en leur
disant : « Voilà ce que je suis et ce que je vaux, c'est votre
« œuvre et je vous la rapporte avec joie!... » Il fait allusion à
une « petite brouille », d'ordre philosophique : « Notre petite
querelle ne dérive que d'un malentendu. Il n'est pas possible
que tu aies pu mettre en doute mon cœur ou mon intelligence,
et que tu aies pu croire à je ne sais quel bruit, qu'on a fait
courir, sur mes sentiments et sur mes idées philosophiques.
Quant aux idées religieuses et à la grande idée de Dieu, je suis
trop sensé, en politique comme en morale, pour l'abandonner.
Et puis, comme tu l'as remarqué avec beaucoup de justesse, c'est
une des plus précieuses ressources de l'éloquence. Tu peux
donc te rassurer de ce côté-là, j'y suis resté fidèle. » (9 mars.)

Dès lors, il est en relations avec tous les hommes influents
du parti républicain. Il entre dans les comités qui doivent
dresser les listes de candidats aux élections législatives de 1863.
Au quartier latin, Adolphe Guéroult, rédacteur en chef de
l'Opinion nationale, un des principaux organes de la démocratie, se trouve en concurrence avec Prevost-Paradol, le brillant normalien, champion de la monarchie constitutionnelle
et des libertés parlementaires, protégé des salons orléanistes.
Gambetta considère que le coup le plus dur pour l'Empire
serait l'élection du jeune et mordant polémiste du *Journal des
Débats :* seul, entre les républicains, il fait campagne pour
Prevost-Paradol. Ce premier acte de sa vie publique en
explique beaucoup d'autres. Il est exubérant, exalté, véhément, oui; mais le calcul politique décide de tout. Il pèse, il
mesure, il combine. Ne sera-t-il pas de lui, ce mot : « Il faut,
pour gouverner la France, des paroles violentes et des actes
modérés? » On aperçoit ici, dès le début, la complexité de son
tempérament.

Mais il y avait une autre raison, plus profonde, pour laquelle
il soutenait Prevost-Paradol contre Guéroult : c'est que, dès
lors, sur la marche des affaires européennes, il était avec le
premier et non avec le second. Guéroult, comme toute l'École
démocratique depuis 1815, avait, au nom du principe des

nationalités, embrassé la cause de la Prusse, « protestante et libérale », contre l'Autriche, « ultramontaine et absolutiste ». Trois ans plus tard, le journal de Guéroult, *l'Opinion nationale*, comme toute la presse de gauche, applaudissait à la défaite de l'Autriche à Sadowa. Au contraire, pour Paradol et ses amis, il y eut deux vaincus en cette bataille, l'Autriche et la France. Gambetta était de cet avis. Il était, en cela, beaucoup plus près de Thiers et des orléanistes que des républicains. Ses lettres, ses entretiens intimes montrent là-dessus toute sa pensée. Mais, au moment où nous sommes, il était obscur, ignoré; son opinion ne pouvait pas compter.

Cette année 1863 marque une crise grave dans l'histoire du second Empire : l'opposition qui, depuis 1857, n'a compté que cinq membres, Jules Favre, Ernest Picard, Émile Ollivier, Hénon et Darimon, s'élève à trente-cinq, parmi lesquels Thiers et Berryer.

Pendant l'été de 1863, Gambetta plaide en Lorraine, en Belgique, en Alsace, en Bourgogne, dans le Berri : « Ovations. L'avenir se lève enfin, il sera radieux. » En automne, on le choye à l'Epineau, chez Laurier.

Rentré à Paris, il va constamment à la Chambre. Il n'est pas encore député, mais il connaît tous les députés, il suit toutes les affaires. Un jour que la salle est comble et qu'il ne trouve plus de place, un député va trouver le président, le duc de Morny, et lui demande un coin pour le jeune ami des Cinq. « Je vais faire placer M. Gambetta dans ma tribune, répond Morny, on m'a beaucoup parlé de lui, je ne serai pas fâché de le voir. » Et le président, la lorgnette à la main, examine le petit avocat.

Thiers disait : « S'il ne fausse pas son jugement dans les contestations privées, ses qualités apparaîtront bientôt en relief ». « Un arome de génie politique se répand autour de lui », disait un autre.

Il plaide des procès littéraires, et ainsi son nom commence à se répandre dans le monde des écrivains : « L'audience était garnie des plus fines langues de Paris, depuis les rédacteurs du *Figaro* et du *Nain Jaune*, jusqu'aux graves secrétaires de deux Académies. J'ai joui d'une grosse heure de verve et d'esprit. Ce petit succès fait le tour de Paris. » (8 novembre 1863.)

GAMBETTA

6 février 1864 : « La chance me sourit. Je suis de l'opinion de Mazarin : je crois au destin ! On adore les dieux qui vous sont propices. Tout m'a réussi au delà de mes espérances ! »

Août : « *En avant !* C'est mon cri de guerre ! »

Il est impliqué, avec Jules Ferry, dans le procès des Treize et plaide avec éclat plusieurs procès de presse. Chargé de défendre la *Revue du Progrès,* dénoncée dans un mandement de Mgr Dupanloup, évêque d'Orléans, il prend à partie l'avocat général. Le directeur de la revue, Xavier de Ricard, témoin de la scène, la décrit ainsi : « Tout l'enthousiasme de l'auditoire, et il était nombreux, fut pour Gambetta, qui, pétrissant la barre furieusement, à la desceller, foudroyant les juges de son terrible regard de borgne, empoigna pour ainsi dire l'Empire au collet et le plaça devant tous sur la sellette. L'Empire avait trouvé son accusateur. » Première esquisse du procès Baudin, à quatre ans de distance.

« Nous filons rapidement vers l'avenir ; voilà treize ans que le régime actuel est debout, et il en est encore à discuter sa Constitution et ses origines, comme s'il datait d'hier. C'est là un grave symptôme de mort. » (30 mars 1865.)

Il va sonder quelques circonscriptions dans la Gironde et dans les Landes.

En juin 1865, Laurier l'emmène à Twickenham, chez le comte de Paris. Ses ennemis, plus tard, lui feront grief de cette visite. Sans doute, le mobile qui l'y poussa fut le même qui l'avait déterminé à soutenir la candidature de Prevost-Paradol. Son premier mot, en ces deux rencontres, fut : « Je suis républicain » ; mais il savait que, pour renverser l'Empire, l'accord des légitimistes, des orléanistes et des républicains était indispensable.

9 mars 1866 : « La situation politique s'aggrave ; le gouvernement perd de jour en jour du terrain ; ce ne sont, de tous côtés, que défections autour de lui ; tous les esprits songent fatalement à sa ruine prochaine, et 1869 sera pour l'Empire une date décisive, comme autrefois 1852 pour la République. En attendant, je redouble d'efforts et d'études pour me préparer à prendre une part active et digne aux événements. Je me tiens au courant de toutes les questions.... »

Dans l'été de 1866, il fait. avec Laurier, un voyage en Italie et en Grèce.

Le 26 mai 1867 : « J'ai été très malade des deux yeux ; mon œil malade s'était décomposé et exerçait une influence très mauvaise sur le bon. Après m'être sérieusement consulté, grâce à mon excellent ami le docteur Fieuzal, j'ai été mis en rapport avec un éminent oculiste, le docteur Vecker, qui m'a extirpé l'œil droit et me remettra un œil artificiel que j'ai déjà essayé et qui me va au point de faire illusion. Je serai donc, à l'avenir, à l'abri de toute maladie et mon œil gauche conservera toute sa force. »

Le 11 juin, il est rétabli : « Nous avons eu, ces jours derniers, une admirable réunion avec Favre et Berryer ; j'ai été embrassé publiquement par mon chef, Jules Favre, devant tous, comme le représentant de la jeunesse ».

Il va plaider avec Jules Favre à Cahors. L'illustre maître arrive au palais, ayant à son bras la sœur de Gambetta. On ignorait, dans sa ville natale, le fils de l'épicier : on apprend à le connaître.

En juin 1868, Challemel-Lacour fonde la *Revue politique et littéraire*; elle paraîtra jusqu'en février 1869. Gambetta y collabore pendant trois mois. Il y donne d'abord un article sur la politique économique : « La théorie de la liberté des échanges entre tous les marchés du monde, dit-il, n'est pas un dogme inflexible, qu'il faille appliquer rigoureusement et sur l'heure à toutes les sociétés, quels que soient leur condition sociale et leur régime politique ». Puis, des pages magistrales sur le général Grant; c'est un autre aspect de l'homme : on y pressent à la fois le futur chef d'armée et le futur guide d'une démocratie libre. « Les institutions démocratiques condamnent le génie à la vertu. Grant n'a pas encore quarante-six ans et il a fixé sur son nom la plus sublime des gloires : il a sauvé sa patrie. Le général Grant, tout éclatant de gloire, n'est que le serviteur du Congrès, le subordonné de la loi. » Enfin, divers autres articles, sur l'administration du préfet de la Seine Haussmann, le budget, la session de 1867-1868.

Au mois d'août 1868, il part pour la Roumanie, avec Laurier. Thiers le recommande en ces termes au prince Nicolas Bibesco : « Saint-Germain, 4 août 1868. — M. Gambetta, auquel je donne cette lettre pour vous, est ce que nous appelons en France un républicain. Mais il a plus d'esprit, de bon sens, de véritables lumières que beaucoup de conservateurs fort éclairés, et je voudrais que la plupart des chefs de parti en eussent autant. Personne ne connaît mieux le vrai Paris et ne pourra vous en donner des nouvelles plus fraîches et plus exactes. Membre très distingué du jeune barreau, il profite de ses vacances pour s'instruire en voyageant, et je vous prie de l'aider à emporter des idées justes de votre pays. Il *raffraî-chirait* (*sic*), en revanche, les idées que vous avez emportées du nôtre.... »

Au retour, le jeune avocat, plus assidu que jamais au Corps législatif, semble y avoir déjà marqué sa place. Les députés de la gauche le traitent en collègue. Il a le don et le démon de la politique. Il ne faut plus qu'une étincelle. Le procès Baudin va mettre le feu à sa renommée — et à l'Empire.

CHAPITRE II

L'AFFAIRE BAUDIN.
GAMBETTA DÉPUTÉ

L'AFFAIRE BAUDIN (14 NOVEMBRE 1868) ‖ GAMBETTA ÉLU AU CORPS LÉGISLATIF (23 MAI 1869) ‖ SES DÉBUTS A LA TRIBUNE ‖ SUR LE PLÉBISCITE (5 AVRIL 1870) ‖ A LA JEUNESSE DES ÉCOLES (19 AVRIL).

EUGÈNE TÉNOT, dans son livre *Paris en décembre 1851*, venait de rappeler comment, le 3 décembre, quelques membres de l'Assemblée étaient venus sans armes, sur les barricades, pour essayer de sauver la loi. Le plus jeune d'entre eux, Baudin, député de l'Ain, était tombé frappé d'une balle. Quand, dix-sept ans après, la France apprit ce drame, on chercha sa tombe, délaissée et enfouie sous l'herbe, dans un coin du cimetière Montmartre. Le jour des Morts, d'anciens proscrits et quelques étudiants vinrent y jeter des fleurs; des discours furent prononcés en sourdine, puis les assistants se rendirent à la tombe de Cavaignac.

La Revue politique de Challemel-Lacour, *le Réveil* de Delescluze, *l'Avenir national* de Peyrat ouvrirent une souscription pour élever un monument à Baudin. Berryer qui, le 2 décembre, à la mairie du Xe arrondissement, avait rédigé le décret proclamant la déchéance de Louis-Bonaparte, signé par deux cent vingt députés, s'inscrivit en tête. Prevost-Paradol y figurait à côté de Victor Hugo, d'Edgar Quinet et de Louis Blanc.

Le 14 novembre, Delescluze était traduit devant le tribunal correctionnel, « pour excitation à la haine et au mépris du gouvernement ». En ces murs tout frémissants encore de la voix de Berryer, Gambetta se présente à la barre, redresse son large torse, fixe sur les juges son regard étrange. Ce n'est pas une plaidoirie, c'est un réquisitoire; c'est plus qu'un réquisitoire, c'est un combat. L'Empire, d'accusateur, devient accusé. Et c'est Baudin qui accuse. L'avocat général essaye d'interrompre, Gambetta le fait taire et l'accable sous l'argument suprême : « Vous, juges, qui êtes chargés d'appliquer la loi, vous nous devez protection à nous, qui la défendons! »

Écoutez-le : « Un pareil procès a-t-il jamais été agité à aucune époque? Non! jamais! Remontez jusqu'au temps d'Athènes, jusqu'au temps de Rome, jamais je n'ai rencontré un pareil duel entre le droit et le despotisme, entre la loi et la force.... Il me semble que le dernier endroit pour glorifier de tels attentats, c'est le prétoire du juge, car ici la loi seule doit parler et être entendue. »

Il attaque l'Empire, non seulement dans ses fautes, mais dans ses origines : « Oui, le 2 décembre, autour d'un prétendant, se sont groupés des hommes que la France ne connaissait pas jusque-là, qui n'avaient ni talent, ni honneur, ni rang, ni situation, de ces gens qui, à toutes les époques, sont les complices des coups de la force, de ces gens dont on peut répéter ce que Salluste a dit de la tourbe qui entourait Catilina, ce que César dit lui-même en traçant le portrait de ses complices, éternels rebuts des sociétés régulières,

Ære alieno obruti et vitiis onusti,

Un tas d'hommes perdus de dettes et de crimes,

comme traduisait Corneille. C'est avec ce personnel que l'on sabre depuis des siècles les institutions et les lois, et la conscience humaine est impuissante à réagir, malgré le défilé sublime des Socrate, des Thraséas, des Cicéron, des Caton, des penseurs et des martyrs qui protestent au nom de la religion immolée, de la morale blessée, du droit écrasé sous la botte d'un soldat! »

L'orateur les appelle à son aide, les fait comparaître à la barre : ils crient avec lui la révolte de la conscience et de la morale.

On prétend avoir sauvé la France : « Il est un moyen décisif de savoir si c'est une vérité ou une imposture. Quand un pays traverse réellement une crise suprême, qu'il sent que tout va succomber, jusqu'à l'assiette même de la société, alors savez-vous ce qui arrive? C'est que ceux que la nation est habituée à compter à sa tête, parce qu'ils se sont illustrés par leurs talents et leurs vertus, accourent pour la sauver : si je compte, si j'analyse la valeur des hommes qui ont prétendu avoir sauvé la patrie au 2 décembre, je ne rencontre parmi eux aucune illustration, tandis que de l'autre côté, je vois venir au secours du pays des hommes comme Michel de Bourges, Charras, morts depuis, — Ledru était déjà exilé — et tant d'autres, pris dans l'élite des partis les plus divers, par exemple notre Berryer, ce mourant illustre, qui, hier encore, nous envoyait cette lettre d'un homme de cœur, testament d'indignation qui prouve que tous les partis se tiennent pour la revendication de la morale.

« Où étaient Cavaignac, Lamoricière, Changarnier, Le Flô, Bedeau et tous les capitaines, l'honneur et l'orgueil de notre armée? Où étaient M. Thiers, M. de Rémusat, les représentants autorisés des partis orléaniste, légitimiste, républicain, où étaient-ils? A Mazas, à Vincennes, tous les hommes qui défendaient la loi! En route pour Cayenne, en partance pour Lambessa, ces victimes spoliées d'une frénésie ambitieuse! Voilà, messieurs, comment on sauve la France! Après cela, pensez-vous qu'on ait le droit de s'écrier qu'on a sauvé la société, uniquement parce qu'on a porté la main sur le pays? De quel côté étaient le génie, la morale, la vertu? Tout s'était effondré sous l'attentat!.. »

Le président du tribunal, Vivien, orléaniste rallié, qui a laissé aller bien loin les choses, croit devoir intervenir enfin. Gambetta continue : « Écoutez! Voilà dix-sept ans que vous êtes les maîtres absolus, discrétionnaires de la France — c'est votre mot — nous ne rechercherons pas l'emploi que vous avez fait de ses trésors, de son sang, de son honneur et de sa gloire; mais ce qui vous juge le mieux, parce que c'est l'attestation de vos propres remords, c'est que vous n'avez jamais osé dire : « Nous célébrerons, nous mettrons au rang des « solennités de la France le 2 décembre, comme un anniversaire « national ». Et cependant tous les régimes qui se sont succédé dans ce pays se sont honorés du jour qui les a vus naître. Ils ont fêté le 14 juillet, le 10 août; les journées de juillet 1830

GAMBETTA

ont été fêtées aussi, de même que le 24 février; il n'y a que deux anniversaires, le 18 brumaire et le 2 décembre, qui n'ont jamais été mis au rang des solennités d'origine, parce que vous savez que si vous vouliez les y mettre, la conscience universelle les repousserait! Eh bien! cet anniversaire dont vous n'avez pas voulu, nous le revendiquons, nous le prenons pour nous, nous le fêterons toujours, incessamment, chaque année; ce sera l'anniversaire de nos morts, jusqu'au jour où le pays, redevenu le maître, vous imposera la grande expiation nationale au nom de la liberté, de l'égalité, de la fraternité. »

S'adressant à l'avocat impérial : « Ah! vous levez les épaules! »

L'avocat impérial. — « Mais ce n'est plus de la plaidoirie!... »

Gambetta. — « Sachez-le, je ne redoute pas plus vos dédains que vos menaces. En terminant, hier, votre réquisitoire, vous avez dit : « Nous aviserons ». Comment! avocat impérial, magistrat, homme de loi, vous osez dire : nous prendrons des mesures. Et quelles mesures? Ne sont-ce pas là des menaces? Eh bien, écoutez, c'est mon dernier mot : vous pouvez nous frapper, mais vous ne pourrez jamais ni nous déshonorer, ni nous abattre! »

Et l'orateur, haletant, comme l'auditoire, le front ruisselant de sueur, les cheveux épars, la robe en désordre, retombe épuisé sur son banc. Alors la salle croule sous les acclamations. Le président veut les réprimer : elles redoublent, furieuses, et la foule, qui n'a pas pu pénétrer dans l'enceinte, de loin applaudit à son tour.

Le tribunal, après trois heures de délibération, rend un jugement qui condamne Delescluze à six mois d'emprisonnement, à 2 000 francs d'amende et à l'interdiction de ses droits civiques pendant le même temps. Mais l'Empire, lui aussi, est condamné. Baudin, ressuscité, a rallié tous les ennemis du régime, de Berryer à Delescluze. Gambetta, soudain, est célèbre. Toute la génération fauchée par l'Empire se redresse en lui. D'un coup, il réalise le rêve qu'il a si longtemps caressé. Il fait irruption dans l'histoire, qu'il va remplir, pendant quatorze ans, du bruit de son nom. Désormais, comme le soldat dans la bataille, il va s'accrocher à chaque buisson, à chaque caillou, à chaque pli de terrain, pour avancer, pour combattre, pour vaincre. « L'occasion est là, dit Gœthe ; Faust, sache la saisir ! »

Le 12 décembre, nouveau plaidoyer pour Delescluze, en appel.

En mars 1869, il plaide, à Toulouse, pour le journal *l'Émancipation*. « Ce n'est plus un homme, s'écrie un témoin, c'est une force qu'on a devant soi. Nous écoutions dans la stupeur, le cœur serré. L'auditoire était hors de lui. Nous ne savions plus où nous étions. »

Laurier l'emmène en Italie. Gambetta revient, se présente à Belleville contre Hippolyte Carnot, et à Marseille, au siège de Berryer qui venait de mourir, contre Thiers et Lesseps, sous les auspices de Barbès, comme candidat de l' « opposition irréconciliable. »

Il accepte le programme des comités radicaux, qui porte la « séparation des Églises et de l'État » et la « suppression des armées permanentes ». Il lui fallait, pour entrer à la Chambre, accepter ce programme, comme il fallait prêter le serment : formalité à laquelle certaines consciences très hautes ne purent jamais se résoudre. Plus tard, quand on lui reprochera d'avoir demandé, à la veille de 1870, la suppression des armées permanentes, il s'expliquera en disant : « Et leur remplacement par des armées nationales. » Mieux vaut, assurément, n'avoir jamais à fournir des explications de ce genre : ces équivoques coûtent fort cher au pays ; mais tout le monde, alors, était dans une situation fausse : l'armée permanente apparaissait comme le soutien de l'Empire, et tous les républicains considéraient que l'Empire était inconciliable avec la souveraineté nationale.

Nous avons sous les yeux un discours, encore inédit, à Marseille, au théâtre Musset ; première ébauche, grossière, de ceux qu'il prononcera, un an plus tard, sur le plébiscite, au Corps législatif, puis au banquet de la jeunesse des écoles : « Le suffrage universel peut tout, excepté se suicider.... On n'a pas pu, en un jour, disposer de l'avenir du pays.... A mesure que les générations se poussent, elles viennent réclamer leur droit, elles viennent déposer contre un arrêt auquel elles ne purent prendre part. C'est au nom de la souveraineté nationale qu'elles réclament leur place au pouvoir, car le pouvoir, c'est la démocratie même. » Et cette autre idée, qui va devenir un de ses thèmes favoris : Tout en proclamant sa déférence pour ses devanciers : « La démocratie contemporaine, poursuit-il, est entrée dans une phase meilleure et plus forte. Le bénéfice du gouvernement personnel que nous avons subi et dont nous avons le cou tout meurtri est d'obliger la démocratie à se demander sincèrement pourquoi elle est déchue là où elle devait triompher et pourquoi sa cause, qui est la cause de tous, s'est vue trahie un jour par le peuple.... » Il faut introduire « l'esprit scientifique » dans la conduite des affaires. « Au lieu de propositions vagues », il faut « une méthode, un système. » Il va substituer peu à peu à un républicanisme d'abstraction un républicanisme positif.

Il est élu à Paris et à Marseille (23 mai et 6 juin 1869), et opte pour Marseille. Edgar Quinet lui écrit de Genève : « Le réveil de la conscience dans le cœur d'un grand peuple, voilà ce que nous annonce votre nomination. Ce vote fait du nom de Gambetta un des symboles les plus puissants de la justice. »

Malade, souffrant des entrailles et de la gorge, il part pour Ems (juillet), puis pour Montreux (septembre). Le 12 octobre, il écrit à Laurier : « Je ne peux tenir ici plus longtemps, je veux être aux réunions annoncées par Jules Ferry dans *le Siècle*. Il serait bien temps de forcer cette gauche à devenir un gouvernement d'opinion publique. C'est là le grief sérieux contre nous (car je ne m'abstrais pas de ces légitimes reproches). Nous n'avons pas su prendre encore la direction, l'hégémonie de l'opinion. C'est le reproche secret, très juste, quoique latent et inavoué, que chacun nous fait. En face d'un pouvoir officiel qui agonise, le pays cherche un guide et ne trouve rien. Tiers parti, centre gauche et gauche paraissent également impropres à commander et à obéir. Il faut, sous peine des plus graves périls, que cette anarchie ait un terme. Il faut que la gauche se décide à prendre en main le gouvernail; il faut qu'elle apparaisse comme le lendemain visible, rassurant et tout préparé, de ce qui est et de ce qui finit. »

Il rentre à Paris et s'y installe 12, rue Montaigne (novembre 1869).

1er janvier 1870. — « Mon cher père, j'ai à peine besoin de te souhaiter une bonne année, car te voilà parvenu à la réalisation de tes vœux : une bonne retraite, dans un pays charmant, aux portes de ton pays natal, avec la santé la plus robuste et la certitude de jouir pendant de longues années de tous ces biens gagnés à force de mérite et de travail. Pour ma part, j'ai aussi bon espoir; si les forces continuent à me revenir, je réparerai promptement le temps perdu. Cependant, je commence à m'impatienter d'une trop longue inactivité, et je sens le besoin de sortir prochainement du silence. Je m'y prépare. » — Joseph Gambetta et sa femme venaient de se retirer à Nice, dans une petite maison, sur la route de Villefranche.

Les élections avaient plus que doublé la minorité républicaine du Corps législatif. Crémieux, Grévy, Jules Ferry étaient élus. Le « tiers parti » comptait cinquante membres de plus. Le Cabinet Rouher était condamné. L'Empire allait essayer de se transformer en monarchie parlementaire avec le Cabinet Émile Ollivier (2 janvier 1870).

Gambetta monte pour la première fois à la tribune le 10 janvier, pour interroger le général Le Bœuf, ministre de la Guerre, sur l'envoi en Afrique de deux soldats, punis pour avoir assisté à une réunion électorale. Le général répond en termes cassants. Émile Ollivier, pour essayer d'arranger les choses, dit qu'il ne peut y avoir entre l'opposition légale et le nouveau gouvernement que « des questions de mesure ». Gambetta réplique qu'il y a entre le gouvernement et l'opposition, non des questions de mesure, mais une question de principe. « Ce que nous voulons, dit-il, c'est qu'à la place de la monarchie, on organise une série d'institutions conformes au suffrage universel et à la souveraineté nationale; c'est qu'on nous donne, sans révolution, pacifiquement, cette forme de gouvernement dont vous savez tous le nom : la République. »

Il répudie l'emploi de la force; il entend réaliser son idéal par la légalité, la persuasion. « A la lumière de cette tribune, il se fera peu à peu dans la conscience de la France un progrès de certitude et d'évidence, et il arrivera un moment, qui n'est peut-être pas loin, où la majorité qui vous remplacera, sans secousse, sans émeute, sera, par une conclusion logique, amenée à un autre ordre de choses. Vous n'êtes qu'un pont entre la République de 1848 et la République à venir, et ce pont, nous le passons! »

Il intervient encore à diverses reprises, notamment à propos d'une demande en autorisation de poursuites contre Henri Rochefort après le meurtre de Victor Noir, sur les grèves du Creusot, sur la liberté de l'imprimerie et de la librairie; mais c'est le 5 avril 1870 qu'il fait son véritable début, et ce début, de l'avis unanime, le met au premier rang.

L'empereur, dans ses difficultés, avait résolu d'en appeler à la nation. Gambetta prend la parole après Grévy, Thiers, Ernest Picard et Jules Favre. Reprenant les idées qu'il avait souvent exprimées en ses entretiens, en ses lettres intimes et devant les électeurs, s'inspirant d'une récente brochure de Gustave Chaudey, qui devait périr sous la Commune, intitulée *l'Empire parlementaire est-il possible?* il développe deux heures durant, avec une extrême modération, devant cette majorité que le seul mot de République fait frémir, toute la doctrine de la République.

Après avoir constaté la faillite de la Constitution de 1852, il montre que le plébiscite est, comme l'indique le mot, « la science et la conscience qu'un peuple a d'un fait politique »; donc que le peuple ne doit intervenir qu'après délibération de ses représentants et débats publics; que, sans ce crible, le pays est hors d'état de juger, le plébiscite n'est qu'un leurre et un piège. Il semble définir un appel au pays analogue à celui qui est pratiqué en Angleterre après les dissolutions, — sans le dire, et sans le vouloir : car, à cette époque, dominé, comme tout le parti républicain, par les souvenirs de la Révolution et de 1848, il est encore partisan d'une assemblée unique. Il fait voir aux monarchistes ralliés à l'Empire le danger pour la monarchie de mettre aux voix le principe héréditaire toutes les fois qu'on veut toucher au pacte fondamental. Il provoque adroitement les interruptions des bonapartistes, leur fait dire que le droit divin, pour eux, est la souveraineté du peuple et que, le jour où le peuple proclamerait la nécessité de la République, ils s'inclineraient : « Je ne demande pas autre chose! »

Il pousse la thèse à fond : « L'expérience démontrera qu'il y a incompatibilité entre la monarchie parlementaire et le suffrage universel. La souveraineté nationale n'existe que là où le Parlement, nommé par tous les citoyens, possède la direction et le dernier mot dans le traitement des affaires politiques. S'il existe un pouvoir qui puisse tenir le Parlement en échec, la souveraineté est violée. »

CAHORS
D'après une photographie.

Et pressentant, annonçant, à quelques mois de distance, un terrible avenir : « Je suppose que le pays veuille la paix et que le pouvoir exécutif veuille la guerre, il faut, pour que la Constitution respecte la souveraineté nationale, que le dernier mot appartienne au pouvoir électif; autrement, la volonté nationale est faussée, la souveraineté nationale est violée, la nation est jouée ». Ainsi, pied à pied, il contraint l'Empire à suivre les conséquences du mode de suffrage dont il est issu, d'où il prétend tirer sa force, et il lui enlève, une à une, toutes ses raisons d'être. La monarchie doit, sous peine de périr, s'entourer d'institutions monarchiques; le suffrage universel contient en germe la République et, tôt ou tard, la mettra au jour comme par une naturelle éclosion.

A la politique tirée de l'Écriture sainte, « code de l'ancienne monarchie », si magnifiquement écrit par Bossuet, il oppose le code politique nouveau : « la politique tirée du suffrage universel ».

Enfin, il montre que la prétendue responsabilité de l'empereur n'existe pas. « Si vous ne l'organisez pas, il y a quelqu'un qui, à des moments terribles, se charge, sans organisation préalable, de l'appliquer : ce quelqu'un, c'est la révolution. »

La guerre et la révolution! Cependant le succès fut considérable. L'Empire paraissait si solide! Cet exposé doctrinal ne tirait pas à conséquence : on ne risquait rien, à goûter ce régal oratoire, assaisonné d'une pointe de péril platonique. Et puis, il y avait, au fond, autre chose : la droite impérialiste, sans peut-être se l'avouer à elle-même, était complice de l'orateur; elle n'était pas fâchée de faire entendre au nouveau ministère : « Vous voyez où mènent vos concessions! » Rien de tel, pour un orateur, que de rencontrer ainsi l'approbation, tacite ou avouée, de ses adversaires habituels : ils le consacrent mieux que ne ferait son propre parti, où sont ses véritables rivaux. La jeunesse de l'orateur, sa fatigue, — il était à peine remis de sa maladie, qui voilait son organe puissant et grave, — cette force mêlée de grâce, ce singulier mélange d'adresse insinuante et de véhémence, cette maturité de pensée et de parole, cette témérité prudente et, sous la logique hardie des idées, la mesure : il n'y eut qu'un cri, dans la Chambre et au dehors, pour saluer cette maîtrise et, dans l'opposition la plus avancée, un orateur de gouvernement. L'affaire Baudin avait consacré

(33)

GAMBETTA

l'avocat; le discours sur le plébiscite consacra l'orateur politique.

On raconte que Guizot, après avoir lu ce discours, prononça, pour lui seul et pour son fils, un discours en réponse à Gambetta.

Quelques jours après, la jeunesse des écoles lui offrait un banquet; les organisateurs étaient Étienne Lamy, Camille Pelletan et M. Jules Cambon. Pour bien comprendre l'originalité et l'effet de son discours, il faut se rappeler ce qu'avait été, de 1814 à 1848, l'histoire du parti républicain. Sous la Restauration, écrasé par les souvenirs de la Terreur, il avait vécu dans l'ombre des sociétés secrètes; sous la monarchie de Juillet, il avait traversé les insurrections, les révoltes, les émeutes, la prison, l'exil; puis, en 1848, ce fut, au 15 mai, l'envahissement de l'Assemblée, l'insurrection de juin, et, en 1851, encore les fusillades, la prison, l'exil, Bruxelles, Londres, Lausanne, Lambessa, Cayenne. Les républicains traînaient derrière eux un demi-siècle de persécutions et de souffrances. Alors, ce jeune homme se lève et, parlant aux jeunes hommes : « Les temps héroïques du parti républicain sont clos », dit-il. Il répudie la violence, les coups de force, l'ancienne manière des conspirations, des émeutes et des complots. Après les convulsions de l'enfance, il annonce l'âge adulte de la République. Il faut que chacun se livre à un apostolat incessant; il faut recourir à une méthode nouvelle : l'éducation du peuple pour la conquête régulière du pouvoir, la discussion dans l'ordre, la persuasion des consciences, pour mériter le gouvernement de la nation. Alors que le nom de République évoquait encore dans un grand nombre d'esprits les souvenirs de la Terreur et des journées de juin, alors que l'attentat d'Orsini était dans toutes les mémoires, on conçoit l'intérêt et la surprise d'un langage si imprévu.

Et puis enfin, il en avait assez, lui, le petit-fils de l'Italie, lui, le Génois coloré et sonore, l'enfant du soleil et de la mer bleue, il en avait assez des théories stériles et grises; il était, par essence, un politique, un diplomate, et il était aussi un juriste, un constructeur de cité; le voyez-vous entre les murs fétides d'une prison ou dans la morne tristesse de l'exil? Il veut, lui, l'artiste taillé pour toutes les jouissances, secouer cette cendre et mordre à belles dents aux fruits d'or de l'arbre éternellement vert de la vie.

Les républicains, parce qu'ils voulaient détruire le pouvoir monarchique, étaient contre le pouvoir, comme ils étaient contre l'armée parce que l'armée soutenait le pouvoir. Écoutons; il va dénouer le sophisme : « Je proteste contre ceux qui, à force d'attaquer les institutions gouvernementales du pays, parce qu'elles sont placées dans les mains d'un homme qui en fait mauvais usage, oublient que le gouvernement, dans une société démocratique, ce serait nous-mêmes. Non que le gouvernement puisse sortir de ses attributions. Non! non! j'ai trop de respect pour l'individu, trop de confiance dans le développement mutuel des forces libres et des énergies associées des citoyens pour solliciter de l'État rien qui ressemble à une contrainte.... Mais je ne veux cependant pas non plus bouleverser cette organisation qui tient la société en équilibre. Il faut un gouvernement. Il faut notre gouvernement! » On retrouve ici les idées d'Auguste Comte. Pour la première fois, une tête politique guidait le suffrage universel vers la démocratie organisée. Et il hasarde ce mot profond, qui le mènera très loin, et qu'on ne comprendra pas, ou qu'on ne voudra pas comprendre : « Avoir raison, c'est cesser d'être un parti ».

La nation était convoquée dans ses comices le 8 mai. Gambetta signe le Manifeste de l'opposition : « Le peuple français entend substituer au gouvernement personnel le gouvernement du pays par le pays. La Constitution nouvelle sur laquelle vous êtes appelés à vous prononcer n'établit pas le gouvernement du pays par le pays, elle n'en est que le simulacre. Le gouvernement personnel conserve intactes ses plus redoutables prérogatives, le droit de faire les traités et de déclarer la guerre, droits dont il a été fait, depuis quinze ans, un usage si funeste à la patrie. Enfin, la Constitution nouvelle livre à l'initiative exclusive du chef de l'État le droit, qui appartient essentiellement à tout peuple libre, de réformer, quand il le juge nécessaire, ses institutions fondamentales. »

Le vote donna 7 350 142 oui, 1 538 825 non et 112 975 bulletins nuls. Moins de trois mois après, la guerre éclatait.

CHAPITRE III

LE CONFLIT AVEC LA PRUSSE

LES ORIGINES DE LA GUERRE ‖ COMMENT LA PRUSSE DEVINT MENAÇANTE ‖ NAPOLÉON III ET BISMARCK (1862-1870) ‖ LA DÉPÊCHE D'EMS.

L'HISTOIRE naît de la géographie. La politique d'un État résulte de sa constitution physique. La France a trois bonnes frontières, la mer, les Pyrénées et les Alpes, et une mauvaise, au Nord-Est. De là sa lutte contre ses voisins de l'Est, autrefois l'Autriche, aujourd'hui l'Allemagne. L'effort séculaire de sa diplomatie a tendu à contenir, à écarter le péril qui la menaçait de ce côté.

En 1862, la France avait pour frontière le Rhin, de la Suisse au Palatinat. Elle était séparée du reste de l'Allemagne par le Luxembourg, le Palatinat et le grand-duché de Bade. Elle ne touchait la Prusse que sur une faible étendue, vers Sarrelouis. La Prusse était coupée en deux par le Hanovre, la Hesse et le Nassau.

Le 23 septembre 1862, Bismarck devient premier ministre. Il veut faire l'unité de l'Allemagne sous l'hégémonie de la Prusse. Or, par un des plus extraordinaires paradoxes de l'histoire, il va trouver, pour accomplir son dessein, le concours de celui-là même qui devrait l'empêcher, l'empereur des Français.

Comment expliquer ce contresens?

Napoléon Iᵉʳ avait dit à Sainte-Hélène : « Une de mes plus grandes pensées avait été l'agglomération, la concentration des mêmes peuples géographiques, qu'ont dissous, morcelés les révolutions et la politique. Ainsi, l'on compte en Europe, bien qu'épars, plus de 30 millions de Français, 15 millions d'Espagnols, 15 millions d'Italiens, 30 millions d'Allemands; j'eusse voulu faire de chacun de ces peuples un seul et même corps de nation. L'agglomération des 30 millions de Français était faite. Quant aux 15 millions d'Italiens, l'agglomération était déjà fort avancée. L'agglomération des Allemands demandait plus de lenteur. Comment est-il arrivé qu'aucun prince allemand n'ait jugé les dispositions de sa nation ou n'ait pas su en profiter? Cette agglomération arrivera tôt ou tard par la force des choses; l'impulsion est donnée, et je ne pense pas qu'après ma chute il y ait en Europe d'autre équilibre possible que l'agglomération et la confédération des grands peuples. » (*Mémorial*, 11 novembre 1816.)

Napoléon III apporta au pouvoir le rêve de sa jeunesse et la pensée de son oncle, qu'il avait exposée dès 1839 dans *les Idées napoléoniennes*, où l'on trouve à la fois le commentaire de Sainte-Hélène et tout le programme de son règne futur.

En 1850, devenu Président de la République, il confie à son ministre des Affaires étrangères, Tocqueville, et au ministre de Prusse, Hatzfeld, son projet : l'agrandissement de la Prusse par l'alliance française. « La France et la Prusse n'ont-elles pas toutes deux, dit-il au diplomate prussien, même culture, même idéal de libéralisme éclairé, même intérêt à émanciper et à unir les nations et les races? » Et, quelques mois après, lorsque le duel entre l'Autriche et la Prusse — qui ne se réglera qu'en 1866 — est sur le point d'éclater (octobre 1850), Louis-Napoléon, qui attendait ce conflit comme une occasion propice d'intervenir en Allemagne, appelle sous les drapeaux 40 000 hommes et les répartit dans les places fortes du Nord et de l'Est, pour être prêt; la soumission de la Prusse à Olmütz rend ces préparatifs inutiles.

Pendant la guerre de Crimée, il confie à Palmerston et au prince Albert son dessein d'amoindrir l'Autriche en émancipant les Allemands, les Italiens, les Polonais.

L'Autriche, à ce moment, nous offre son alliance. Drouyn de Lhuys, ministre des Affaires étrangères, dit à l'empereur : « Toute politique autre que l'alliance autrichienne serait fatale ». Se séparer de l'Autriche, c'était déjà prendre parti pour la Prusse, dont le crédit en Allemagne allait grandir par l'impuissance de sa rivale. Le 5 mai 1855, l'empereur — sans consulter son ministre, qui donne aussitôt sa démission, — rejette les propositions autrichiennes.

La guerre de Crimée finie, l'empereur, malgré Walewski, qui était, lui aussi, soucieux de ménager l'Autriche, fait admettre au congrès Cavour « sur un pied de parfaite égalité ». Au mois de juillet 1858, il le reçoit à Plombières et de cette entrevue sort la guerre d'Italie.

Tous les esprits clairvoyants annoncent que les événements qui se déroulent au delà des Alpes auront pour conséquence une lutte nouvelle entre le Piémont agrandi et l'Autriche; or, abaisser l'Autriche, c'est faire le jeu de la Prusse. En effet, voici que de l'affaire italienne naît, ou plutôt renaît l'affaire danoise. Napoléon, afin de servir les desseins de l'Italie contre l'Autriche, s'assure le concours de la Prusse en lui laissant prendre les duchés. Profitant des embarras que nous créons à l'Autriche, le gentilhomme de la Marche de Brandebourg commence la série des coups de force par lesquels, en sept ans, il va abattre successivement le Danemark, l'Autriche, la France, établir l'hégémonie de la Prusse en Allemagne et la prépondérance de l'Allemagne en Europe.

Drouyn de Lhuys, revenu aux affaires, presse Napoléon III d'accepter les offres de concours de l'Angleterre, de faire respecter la signature que lui-même a apposée en 1852 au traité de Londres pour garantir l'intégrité de la monarchie danoise et de secourir la vaillante nation qui nous avait si fidèlement défendus pendant les guerres du premier Empire. L'intégrité du Danemark n'est-elle pas liée au droit public de l'Europe et aux intérêts généraux de la civilisation ? Les grandes routes du commerce, les clefs et les passages des mers peuvent-ils tomber aux mains d'un État assez puissant pour les fermer à son gré ? La Prusse, devenue maîtresse du port de Kiel, commandera-t-elle désormais la mer du Nord et la Baltique ?

La France, pour son malheur, n'intervient pas et de cette première violence vont naître les autres. 1864 est comme une première épreuve, en raccourci, de 1866, l'année fatale, et de 1870, l'année terrible.

De la guerre entreprise avec l'Autriche pour alliée, Bismarck va susciter une guerre contre l'Autriche. En l'entraînant dans cette aventure sans scrupules, il a créé le litige qui va lui permettre de se retourner contre elle; il va faire, suivant la tactique qu'il emploiera toute sa vie, de sa complice de la veille sa victime du lendemain.

En octobre 1865, il se rend à Biarritz, pour sonder l'empereur. Il voit que l'esprit de Napoléon est dominé par cette pensée : donner la Vénétie aux Italiens. Il dit à Nigra, en passant par Paris : « Si l'Italie n'existait pas, il faudrait l'inventer ». Napoléon a accordé un laissez-passer : Bismarck se met immédiatement à l'œuvre et négocie une alliance avec l'Italie. La Prusse promet à l'Italie de lui donner Venise; l'Italie garantit à la Prusse des acquisitions équivalentes en Allemagne.

Une partie de l'opinion française, égarée, continue de soutenir la Prusse. Les politiques perspicaces comprennent que le péril a changé de côté, que la lutte contre l'Autriche est devenue un anachronisme; ils ne cessent de signaler à l'empereur sa fatale méprise et le danger d'accroître en face de l'Autriche, sous prétexte de la contenir, une puissance qui ne cherche à l'abattre que pour prendre sa place.

Avertissements inutiles! Et lorsque, le 3 mai 1866, Thiers prononce au Corps législatif ce discours, le plus grand de sa vie parlementaire, où il prédit l'unité allemande sous l'hégémonie des Hohenzollern, déjà il est trop tard : depuis le 8 avril, le Piémont a signé avec la Prusse son traité secret, sous les auspices de l'empereur. L'Autriche, prise entre deux feux, est vaincue à Sadowa. Les journaux de l'opposition rivalisent avec ceux du gouvernement pour applaudir à la victoire de la Prusse : « La Révolution, dit l'un deux, a vaincu la féodalité ». — Hélas! la France, sans se battre, venait d'essuyer le plus grave échec qu'elle eût subi depuis Waterloo.

Guillaume Iᵉʳ a dit : « Napoléon pouvait et devait attaquer l'armée prussienne sur ses derrières ». Et Bismarck a indiqué ce que Napoléon aurait dû faire pour empêcher la Prusse d'achever la conquête de l'Allemagne du Nord : « Un petit appoint de troupes françaises sur le Rhin, uni au corps nombreux de l'Allemagne du Sud, nous eût mis dans la nécessité de couvrir Berlin ». Oui, en cette heure suprême, une simple démonstration sur le Rhin eût fait encore de l'empereur des Français l'arbitre de la situation.

Le 5 juillet 1866, grand conseil à Saint-Cloud : « C'est la journée la plus décisive du règne tout entier », a dit M. Pierre de la Gorce, dans son *Histoire du second Empire*. Les ministres, notamment Drouyn de Lhuys, supplient l'empereur de ne pas laisser échapper cette dernière chance d'intervention ; ils obtiennent d'abord un décret de mobilisation ; le maréchal Randon, ministre de la Guerre, offre 80 000 hommes immédiatement disponibles et 250 000 hommes vingt jours après. Mais le ministre de l'Intérieur, La Valette, survient et retourne l'empereur. Le souverain redoute une entreprise trop vaste au lendemain de l'expédition du Mexique. Le parti italien, et l'inclination de Napoléon III pour la nation allemande, le détournent de s'opposer aux victoires de la Prusse.

Le 18 juillet 1866, la reine de Hollande, femme d'esprit supérieur, tendrement attachée à l'empereur et à sa famille, écrit : « Vous vous faites d'étranges illusions ! Votre prestige a plus diminué pendant cette dernière quinzaine que pendant toute la durée du règne. Vous permettez de détruire les faibles, vous laissez agrandir outre mesure l'insolence et la brutalité de votre plus proche voisin. Je regrette que vous ne voyiez pas le danger d'une puissante Allemagne.... » Magne, Persigny pensaient de même, et beaucoup d'autres serviteurs fidèles de l'Empire.

Guillaume Ier et ses généraux, pour prix de leur victoire à Sadowa, réclament une partie du territoire autrichien. Mais Bismarck prévoit qu'il aura besoin de la neutralité de l'Autriche dans une lutte contre la France. Il dit à un ancien ambassadeur des États-Unis en Espagne, Karl Schurz : « Maintenant, c'est le tour de la France. Nous aurons la guerre, et c'est l'empereur lui-même qui nous la fera. Il y sera contraint par la nécessité de maintenir son prestige. Cette guerre éclatera dans deux ans. Nous serons vainqueurs. L'Allemagne fera son unité à l'exclusion de l'Autriche, et Napoléon se trouvera à terre. »

Bismarck, pour ménager l'Autriche, se débat désespérément contre son roi et le parti militaire ; il offre sa démission. Le roi finit par céder : la Prusse, assurée désormais de la prépondérance en Allemagne, laisse l'Autriche intacte pour réserver l'avenir.

(40)

Tandis que Bismarck évite ainsi de blesser grièvement l'Autriche, de la jeter dans les bras de la France et garde la possibilité de renouer avec elle, le ministre de Prusse à Paris, Goltz, va trouver Drouyn de Lhuys et lui demande, au nom de Bismarck, quelques lambeaux de la Saxe, de la Hesse et du Hanovre — 300 000 âmes; Drouyn de Lhuys refuse. Aussitôt, Goltz court à Saint-Cloud, et obtient de l'empereur le Hanovre, la Hesse, le Nassau, Francfort — 4 500 000 âmes. Il revient au quai d'Orsay et apprend à Drouyn de Lhuys, confondu et navré, la décision de l'empereur. « Maintenant, dit Drouyn de Lhuys à son chef de cabinet Chaudordy, il ne nous reste plus qu'à pleurer. »

Observons ici le vice essentiel de la diplomatie du second Empire. Napoléon négociait lui-même directement avec les ministres et les ambassadeurs étrangers, ce que Louis XIV s'était bien gardé de faire, afin de laisser toujours à ses agents une ligne de retraite, et ce que Napoléon Ier lui-même avait déconseillé. Certes, la politique de Guillaume Ier aussi était une politique de pouvoir personnel; mais, du moins, le monarque prussien ne négociait pas à l'insu de son ministre et contre lui : lorsque Bismarck n'était pas d'accord avec son roi, il commençait par l'amener à ses vues, soit par la persuasion, soit par une menace de démission.

Au lendemain de cette crise, Napoléon III expose la situation dans une circulaire signée par La Valette, intérimaire aux Affaires étrangères : « La Prusse agrandie assure l'indépendance de l'Allemagne. La France n'en doit prendre aucun ombrage. Le sentiment national de l'Allemagne satisfait, ses inimitiés s'éteignent. Une Europe rendue plus homogène par des divisions territoriales plus précises est une garantie pour la paix du continent. Une puissance irrésistible, faut-il le regretter? pousse les peuples à se réunir en grandes agglomérations en faisant disparaître les États secondaires. Peut-être est-elle inspirée par une sorte de prévision providentielle des destinées du monde.... » Ainsi, le principe des nationalités se transformait, dans l'esprit du souverain, en théorie des « grandes agglomérations ». Tout l'effort de la monarchie avait tendu à diviser l'Allemagne; tout l'effort de l'Empire tendait à l'unir. Quelque temps après, Napoléon III, dans son discours du trône, citait les paroles mêmes de son oncle à

Sainte-Hélène. On a dit souvent de Napoléon III qu'il était un rêveur; oui, mais un rêveur à idée fixe.

Après avoir fait le jeu de Bismarck au nom du principe des nationalités, il va continuer de le faire en violant lui-même ce principe. En essayant de réparer ses fautes, il les aggrave. Il demande, en compensation des annexions prussiennes, la rive gauche du Rhin, jusqu'à Mayence. Trop tard : Bismarck refuse. Alors, ne pouvant obtenir un territoire allemand, Napoléon se rejette sur la Belgique et sur le Luxembourg. Bismarck, se souvenant de l'exemple de Frédéric, prie notre ambassadeur Benedetti de lui laisser un écrit : cela lui servira plus tard pour s'assurer la neutralité de l'Angleterre, inquiétée par nos convoitises sur les rivages de la mer du Nord. Enfin, de concessions en concessions, l'empereur finit par borner son ambition au Luxembourg, et là encore il est joué par son terrible adversaire.

Pendant ces tristes années, la mort de l'empereur Maximilien terminait tragiquement l'expédition du Mexique. Le maréchal Niel, ministre de la Guerre, se heurtait, dans ses projets d'organisation militaire, aux résistances du Corps législatif et de l'opinion. Des voix illustres disaient : « Ôtez l'armée, vous ôterez la guerre ». Dans tous les temps, des hommes ont cru qu'il suffit, pour éviter la guerre, de ne la point préparer, et étendu à l'armée, instrument de la guerre, la haine qu'ils portent à la guerre elle-même. Malgré les avertissements de Rothan, de Stoffel, de Ducrot, et alors que le roi Guillaume et son ministre augmentaient considérablement l'armée prussienne en dépit de la Chambre, le gouvernement impérial proposait la réduction du contingent.

Au dehors, l'Angleterre affectait l'indifférence dans les affaires continentales; la Russie était éloignée de nous par la guerre de Crimée et par les affaires de Pologne. Les deux seules alliances qui demeuraient possibles étaient celles de l'Autriche et de l'Italie. Depuis 1867, il y avait eu avec Vienne et avec Florence des conversations, des correspondances, mais aucun accord précis, aucune convention ferme. Entre la France et l'Italie, il restait Rome, que Victor-Emmanuel guettait et que Napoléon III, inconséquent avec son principe, ne voulait pas livrer. L'Autriche, avant de s'engager, voulait achever ses préparatifs militaires et voir venir les choses.

LE CONFLIT AVEC LA PRUSSE

Le 3 juillet 1870, la nouvelle de l'avènement du prince Léopold de Hohenzollern au trône d'Espagne arrive à Paris. C'est la reconstitution de l'empire de Charles-Quint au profit de la Prusse. En cas de guerre européenne, la France n'aurait aucune sécurité pour sa frontière des Pyrénées. Protestation du gouvernement français. Le 12 juillet, sur le conseil du tsar Alexandre II, la candidature est retirée L'incident paraît clos et l'affaire réglée à l'avantage de la France et de la paix, lorsque, après un conciliabule tenu à Saint-Cloud, et auquel n'assistaient ni Émile Ollivier ni les autres ministres, sauf le duc de Gramont, ministre des Affaires étrangères, celui-ci adresse à notre ambassadeur en Prusse, Benedetti, la dépêche exigeant du roi de Prusse l'assurance qu'il n'autoriserait pas de nouveau cette candidature (12 juillet).

Le lendemain, à Ems, un aide de camp du roi vient annoncer à Benedetti que le prince Léopold renonce au trône d'Espagne et que Sa Majesté considère l'incident comme complètement terminé. L'ambassadeur insiste pour obtenir une nouvelle audience. L'aide de camp revient, déclare à l'ambassadeur que le roi approuve le désistement; quant aux assurances pour l'avenir, Sa Majesté ne peut que se référer à ses précédentes déclarations. Benedetti insiste encore. La réponse arrive; c'est un refus, non discourtois, mais formel : le roi a dit, le matin, son dernier mot, et regrette de ne pouvoir rien y ajouter.

C'est à ce moment que Bismarck entre en scène. Il reçoit à Berlin la dépêche relatant ces faits. Il est à table, avec Moltke et Roon. On connaît cette scène tragique, accablante pour la mémoire de ceux qui en furent les acteurs. Ils déchiffrent le message, qui indique des relations tendues, mais non une rupture, et laisse une chance à la paix. Cette perspective, même incertaine, consterne le ministre et les généraux : « Mes hôtes, a écrit plus tard Bismarck, furent si atterrés, qu'ils en oublièrent le boire et le manger ».

Alors, d'après sa propre confession, il commet l'acte qui chargera de plus en plus sa mémoire à mesure que les peuples avanceront en lumières et en moralité. Par une falsification scélérate, il revêt de l'aspect d'un appel aux armes ce qui n'était qu'information diplomatique : « Je n'ajoutai ni ne retranchai rien, a-t-il écrit cyniquement, mais je fis quelques suppressions ». Il livre à la presse ce faux, présentant comme une offense à notre ambassadeur la réponse du roi qui n'avait rien de blessant, et le télégraphie à toutes ses ambassades. « Elle produira là-bas, sur le taureau gaulois, dit-il à ses convives, l'effet du drapeau rouge. » Les trois hommes se remettent à table. Ils avaient recouvré tout à coup l'envie de boire et de manger et causaient d'un ton joyeux. Moltke, si froid d'ordinaire, devient expansif et loquace. « S'il m'est donné, s'écrie-t-il, de vivre assez pour conduire nos armées dans une pareille guerre, que le diable emporte aussitôt après ma vieille carcasse ! »

Cependant Benedetti, après avoir présenté ses hommages au roi à la gare d'Ems et après avoir télégraphié à son ministre ce qui s'était passé, arrive à Paris. Le gouvernement sait donc par lui la vérité, telle qu'il l'établira plus tard dans son livre sur sa mission en Prusse, et telle que le duc de Gramont la reconnaîtra en 1871 devant la commission d'enquête de l'Assemblée nationale.

Dès le 13, l'Angleterre avait représenté au gouvernement impérial la responsabilité qu'il encourrait s'il ne se déclarait pas satisfait par la renonciation du prince Léopold.

C'est dans ces conditions que l'affaire se présenta devant le Corps législatif.

DEUXIÈME PARTIE

LA GUERRE

(1870-1871)

CHAPITRE IV

LA DÉFENSE NATIONALE

LA DÉCLARATION DE GUERRE ‖ GAMBETTA CROIT A LA VIC-
TOIRE ‖ PREMIÈRES DÉFAITES ‖ LE 4 SEPTEMBRE ‖ LE GOU-
VERNEMENT DE LA DÉFENSE NATIONALE ‖ GAMBETTA MINISTRE
DE L'INTÉRIEUR ‖ LA DÉLÉGATION DE TOURS (8 SEPTEMBRE-
9 OCTOBRE).

LE 15 juillet, le Corps législatif entre en séance à une heure. Le gouvernement résume les négociations et déclare qu'après avoir fait tous ses efforts pour éviter la guerre, il va se préparer à la soutenir, en laissant à la Prusse sa responsabilité. Thiers proteste au milieu du tumulte et des injures : « Rappelez-vous le 6 mai 1866. Vous m'avez refusé la parole, alors que je vous signalais les dangers qui se préparaient. Ce souvenir seul devrait vous obliger à m'écouter. » Gambetta intervient : « Vous faites reposer toute cette grave, cette effroyable question sur une dépêche notifiée à votre insu à tous les Cabinets de l'Europe. Eh bien, je dis que ce n'est pas par extraits, par allusions, mais par une communication directe, authentique, que vous devez en saisir la Chambre; c'est une question d'honneur, dites-vous; il faut que nous sachions en quels termes on a osé parler à la France. » Jules Favre demande communication des dépêches et notamment de celle par laquelle le gouvernement prussien a notifié sa résolution aux gouvernements étrangers. Buffet appuie cette motion. Elle est repoussée par 153 voix contre 84.

Le soir, à 9 h. 30, la séance est reprise. Talhouët, rapporteur de la commission chargée d'examiner les projets de loi déposés par le gouvernement, lit son rapport. Lui-même, plus tard, reconnaîtra avec douleur les erreurs contenues dans ce document.

Gambetta monte à la tribune. Son discours marque sa position particulière dans la gauche. D'une part, il votera, avec la majorité, les crédits militaires, pour faire face à l'étranger (dix membres de la gauche les refuseront, notamment Jules Favre et Grévy; sept s'abstiendront). D'autre part, il constate que le gouvernement impérial rompt avec sa politique de 1864 et de 1866; il demande les raisons de ce grand changement et il estime que, si les progrès de la Prusse l'ont rendu nécessaire, pas n'est besoin de recourir à « de misérables ressources ». « Je m'attendais, quant à moi, lorsque 84 voix de cette Assemblée avaient exigé la production de la pièce sur laquelle vous faites reposer tout le *casus belli*, je m'attendais, dis-je, que vous la communiqueriez directement, pleinement, intégralement à la commission. Vous appelez la France à vous donner des hommes et de l'argent, vous la lancez dans une guerre qui peut-être verra la fin du XIXe siècle consacrée à vider la question de prépondérance entre la race germanique et la race française, et vous ne voulez pas que le point de départ de cette immense entreprise soit authentique, formel, et que la France puisse savoir, en même temps que l'Europe, de quel côté était l'outrage injuste et de quel côté est la résistance légitime. Je ne cherche dans cette discussion qu'une seule chose, qui doit vous intéresser aussi ardemment que j'en suis préoccupé moi-même, celle de savoir si les choses que vous travaillez à rendre définitives rencontreront l'assentiment de l'Europe et surtout celui de la France. Eh bien, vous ne pouvez compter sur cette sympathie nécessaire, sur cet allié indispensable, lorsque vous aurez tiré l'épée, qu'à une condition : c'est qu'il résulte de vos explications que vous avez été profondément et réellement outragés. Or, je suis aussi susceptible que quiconque, et, quant à moi, si j'en avais eu le choix pour le gouvernement de mes préférences, je vous prie de croire que ce n'est pas dans de misérables ressources que j'aurais puisé les raisons décisives d'une telle conduite ; par conséquent, je ne suis pas suspect, et je vous prie de m'écouter quand je dis que vous n'avez pas donné les satisfactions nécessaires à l'opinion publique par les citations et les documents que vous avez produits. » Enfin, il constate que la dépêche d'Ems, qui était, aux yeux du gouvernement, la cause déterminante du conflit, avait été connue par Benedetti et ne lui avait causé aucun trouble, que l'ambassadeur de France n'avait pas eu un mot de protestation contre l'attitude du gouvernement prussien.

On sent que ce qu'il blâme, ce n'est pas tant la rupture avec la politique de 1864 et de 1866, que la manière dont elle s'accomplit. Il est bien d'avis, au fond, que la politique de 1866 ne peut durer, qu'il est plus que temps d'arrêter les envahissements de la Prusse, qu'on aurait dû le faire plus tôt ; dans une lettre à son père, d'Ems, le 25 juillet 1869, il parlait de « la haine qu'il avait vouée aux vainqueurs de Sadowa » ; il sait que le conflit, tôt ou tard, ne pourra être évité ; mais il veut qu'aux yeux de tous, le motif de la rupture soit incontestable, l'outrage prouvé, le droit de la France clairement établi.

Un député bonapartiste le félicite publiquement d'avoir voté les crédits militaires. « Il n'y a pas lieu de me féliciter, répond Gambetta (et ses paroles sont aussitôt publiées) ; je ne pouvais pas hésiter. Tant mieux pour votre empereur, s'il lave le 2 décembre dans l'eau du Rhin et s'il profite de la victoire, que je désire de tout mon cœur. La République en profitera plus tard. »

Émile Ollivier, dans son ouvrage sur *l'Empire libéral*, qui abonde en intéressantes remarques, note que Gambetta tint, à une réunion rue de la Sourdière, un langage « belliqueux ». On voit en quel sens il faut l'entendre. Le fait est que Buette, alors membre de son comité, et ses compagnons trouvèrent que leur ami allait bien loin. Gambetta était beaucoup plus près des républicains de la Restauration et de la monarchie de Juillet, qui rêvaient de rétablir la grandeur militaire de la France et de reprendre les frontières de la première République, que de ses coreligionnaires du Corps législatif qui considéraient le métier des armes comme incompatible avec une société démocratique et qui craignaient, en fortifiant l'armée, de fortifier l'Empire. Ils ne croyaient pas au danger allemand. C'est ce que Jules Ferry, plus tard, faisant son examen de conscience, appellera « ces utopies périlleuses et décevantes », et l'on sait les nobles remords de Michelet au lendemain du désastre. Toujours, de génération en génération, la même éternelle erreur : tels, les humanitaires, les cosmopolites de 1790, devenus, en présence de l'invasion, les patriotes farouches de 1792 et de 1793. Mais l'erreur était moins excusable en 1868 et en 1869, d'abord parce que le passé aurait dû servir de leçon, et puis parce que la politique extérieure de la démocratie républicaine, fondée sur le principe des nationalités, était inconciliable avec sa politique militaire : poursuivre la refonte de l'Europe et se refuser aux préparatifs dont ce dessein impliquait la nécessité était une contradiction trop forte. Gambetta avait le clair sentiment de cette situation. L'année précédente, au moment de la discussion des projets du maréchal Niel, Lavertujon ayant publié dans *la Gironde* des articles assez vifs contre l'attitude de la gauche, Jules Simon, piqué, lui avait écrit pour s'en plaindre : « Je viens de lire votre article sur la loi militaire : je trouve que vous sauvez un peu à nos dépens votre réputation d'homme politique. Pour moi, je ne crains pas la réputation d'utopiste. Vous savez que nous ne dirons pas une de nos raisons : c'est qu'une armée permanente est l'instrument du césarisme. » Jules Favre parlait de même : « Les préoccupations militaires décèlent des projets ourdis dans l'intérêt de la dynastie ». Or, c'est justement à propos de ces articles que Gambetta vint à Lavertujon, le félicita, se lia avec lui et le soutint aux élections de 1869.

On voit tout ce qui distinguait Gambetta de l'ensemble de la gauche. Il ne partageait, ni sur la Prusse, ni sur Sadowa, ni sur l'armée les idées de ses collègues républicains. Il ne partageait pas davantage leurs vues sur l'organisation de l'État. Eux, parce qu'ils voulaient abattre l'Empire, voulaient détruire l'État, qui en était le support. L'État, comme l'armée, se confondait à leurs yeux avec le régime impérial, dont ils méditaient la ruine. Lui, au contraire, tout nourri de Mirabeau et de Comte, identifiait l'État avec la démocratie. L'État, disait-il, c'est nous ; le suffrage universel, c'est nous ; le pouvoir, c'est nous, en vertu du principe de la souveraineté nationale. Donc, le pouvoir doit être fort, puisqu'il parle au nom de la nation; l'État doit être puissant et actif, puisqu'il est un moteur du progrès, au profit du peuple. Jamais cette idée ne l'abandonnera, et plus tard, longtemps après la chute de l'Empire, elle deviendra la source de graves difficultés entre lui et une fraction du parti républicain. On aperçoit ainsi, dès son entrée à la Chambre, à trente et un ans, son caractère propre, son originalité.

Le 19 juillet, la guerre est déclarée. Le 24, la session des Chambres est close. Il part pour la Suisse avec Lavertujon. Le but final de leur voyage devait être le château des Crêtes, près de Clarens, mais ils parcourraient d'abord la Suisse à lentes journées. Pas un instant, il ne doute de la victoire; son compagnon de route laisse-t-il percer quelque appréhension : « Nous les battrons! » répète-t-il sans cesse avec une joyeuse confiance. La dépêche de Wissembourg, le 5 août, ne le touche pas. A la nouvelle de Reichshoffen et de Forbach : « Il faut faire nos malles », dit-il, et il rentre à Paris; mais il ne donne aucun signe d'inquiétude.

Le 8 août, un décret convoque les Chambres. Le Corps législatif se réunit le 9. Au nom de la gauche, Jules Favre propose de nommer un comité de quinze membres, investi de pleins pouvoirs pour repousser l'invasion. Clément Duvernois dépose l'ordre du jour suivant : « La Chambre, décidée à soutenir un Cabinet capable d'organiser la défense du pays, passe à l'ordre du jour ». Émile Ollivier déclare que le Cabinet ne l'accepte pas. La Chambre le vote par assis et levé; le Cabinet donne sa démission. La Chambre repousse par 190 voix contre 53 la création d'un comité de défense. « Vous y viendrez! » s'écrie Gambetta. Et Jules Favre ajoute : « Quand vous y viendrez, ce sera trop tard! »

La question revient le 13. « Il faut savoir, dit Gambetta, si nous avons fait notre choix entre le salut de la patrie et le salut d'une dynastie. » La Chambre se forme en comité secret. Le nouveau président du Conseil, le général de Palikao, combat la motion de Jules Favre. La Chambre la rejette. Si, à ce moment, le Corps législatif avait nommé le comité de défense que réclamaient Jules Favre, Thiers et Gambetta, la

(49)

marche de l'armée de Châlons sur Sedan, « la plus imprudente et la moins stratégique », au dire de Napoléon III lui-même dans sa lettre du 29 octobre 1870 à sir John Burgoyne, et qui, ajoutait-il, fut décidée par des « considérations politiques », cette marche, sans doute, n'aurait pas eu lieu.

Le lendemain, Gambetta apporte à la tribune un journal de Nancy, *l'Espérance du Peuple*, annonçant que, le 12, quatre soldats prussiens ont pris possession de cette ville. La douleur lui arrache ces paroles : « Nous sommes gardés par des incapables ». Quelques jours plus tard, il donne lecture d'un article du *Progrès de la Marne*, annonçant que cinq cavaliers prussiens ont occupé Châlons.

A partir du 22 août l'Empire avait cessé d'être. Lord Lyons écrivait à son gouvernement : « Je ne sais pas si l'annonce d'une victoire sauverait la dynastie ». Les hommes de la gauche croyaient que l'Empire était perdu, mais ils ne se souciaient pas de voir la République devenir l'héritière de ses malheurs. Ils souhaitaient que la Chambre prît le pouvoir pour éviter une révolution et tirât d'elle-même un gouvernement de guerre, dussent-ils n'y point figurer. Les noms de Thiers et du général Trochu s'imposaient. Plus tard, après la guerre, une Constituante ferait la République. Les républicains désiraient ardemment que l'ordre ne fût point troublé, que la légalité fût respectée. Des émeutiers ayant escaladé le jardin du Corps législatif au coin de la rue de Bourgogne, le 9 août, Jules Ferry, par sa ferme attitude, les fit reculer. Les hommes de Blanqui ayant tenté, le 14, un coup de main sur la caserne des pompiers de la Villette pour s'emparer des fusils — il y avait eu mort d'hommes — Gambetta vint à la tribune flétrir les fauteurs de guerre civile devant l'ennemi et demander une enquête. Avant tout, la gauche redoutait les troubles dans la rue qui, en aggravant la situation du pays devant l'étranger, auraient de nouveau compromis la cause de la République dans l'avenir. Mais la majorité officielle et le ministère Palikao n'osaient pas accepter la constitution d'un gouvernement élu par la Chambre, qui eût consacré, en fait, la carence du pouvoir impérial. Leurs atermoiements allaient amener ce qu'ils craignaient le plus : une révolution.

En attendant, Gambetta et ses amis réclamaient en vain des renseignements sur la situation militaire et l'armement de

Paris. On savait que l'armée de Metz était engagée; les combats de Gravelotte, de Rezonville, de Mars-la-Tour avaient eu lieu vers le milieu d'août; mais le ministre de la Guerre, dans ses réponses, n'osait rien préciser. De l'armée de Mac-Mahon, on savait qu'elle s'éloignait de Paris, mais on ignorait ses mouvements et l'angoisse grandissait, parce que chaque jour de retard était une chance de malheur.

Enfin, la 3 septembre, on apprend la catastrophe de Sedan; à quatre heures, un télégramme de l'empereur confirme à l'impératrice la capitulation. Le Conseil des ministres fait afficher une proclamation; un grand nombre de députés accourent au Palais-Bourbon pour réclamer une séance de nuit. En face du pont de la Concorde, Gambetta harangue la foule et l'engage à se retirer pour laisser l'Assemblée délibérer librement. La séance s'ouvre à une heure du matin. Le général de Palikao déclare, au milieu d'un profond silence, que l'armée a capitulé et que l'empereur est prisonnier. Jules Favre, au nom de la gauche, dépose une proposition tendant à la déchéance de Louis-Napoléon Bonaparte et de sa dynastie et à la nomination d'un comité de défense. Au lieu de régler immédiatement la question, la Chambre s'ajourne à midi.

Le 4 septembre, à l'ouverture de la séance, le général de Palikao apporte un projet de loi instituant un comité de régence et de défense nationale. Thiers dépose une proposition signée de quarante-sept députés de tous les partis et ainsi conçue : « La Chambre nomme une commission de gouvernement et de défense nationale. Une Constituante sera nommée dès que les circonstances le permettront. » Les trois propositions sont renvoyées aux bureaux. La séance est suspendue. Elle est reprise à deux heures.

La foule, rassemblée depuis midi aux abords du Palais, grossit de minute en minute. La grille cède sous la poussée de la masse. Les tribunes sont envahies.

La plupart des députés de la gauche viennent s'asseoir à leur banc. Alors Gambetta, à la prière de plusieurs de ses collègues, monte à la tribune, et s'adressant au public des galeries : « La première condition de l'émancipation populaire, c'est la règle, et je sais que vous êtes résolus à la respecter. Vous avez voulu manifester énergiquement votre opinion; vous avez voulu ce qui est dans le fond du cœur de tous les

GAMBETTA

Français, ce qui est sur les lèvres de vos représentants, ce sur quoi ils délibèrent : la déchéance.... »

Cris nombreux dans les tribunes publiques. — « Oui ! »

Plusieurs voix. — « La déchéance et la République !... »

GAMBETTA. — « Ce que je réclame de vous, c'est que vous sentiez comme moi la gravité suprême de la situation, et que vous ne la troubliez ni par des cris, ni même par des applaudissements.... »

Cris prolongés. — « Nous demandons la République ! Vive la République ! »

GAMBETTA. — « Un peu de calme ! Il faut de la régularité ! Nous sommes les représentants de la souveraineté nationale. Je vous prie de respecter cette investiture que nous tenons du peuple. Il incombe aux hommes qui siègent sur ces bancs de reconnaître que le pouvoir qui a attiré sur le pays tous les maux que nous déplorons est déchu ; mais il vous incombe également, à vous, de faire que cette déclaration qui va être rendue n'ait pas l'apparence d'une déclaration dont la violence aurait altéré le caractère. Nous avons deux choses à faire : d'abord, reprendre la séance et agir selon les formes régulières ; ensuite, donner au pays le spectacle d'une véritable union. C'est au nom de la patrie, comme au nom de la liberté politique, — deux choses que je ne séparerai jamais — que je vous adjure d'assister dans le calme à la rentrée de vos représentants sur leurs sièges. »

Mais bientôt l'agitation reprend. A deux heures et demie, le président Schneider entre dans la salle et monte au fauteuil. Les galeries sont de plus en plus encombrées par la foule. Le tumulte redouble. On entend des coups de crosses de fusils sur la porte d'entrée des Pas-Perdus, le fracas de panneaux qui s'effondrent et de glaces qui se brisent. Crémieux essaye de parler, sa voix ne peut dominer le bruit. Gambetta, de nouveau, réclame l'ordre et le silence : « Il y a un engagement solennel qu'il vous faut prendre envers nous, c'est de laisser la délibération qui va avoir lieu se poursuivre en pleine liberté. »

Alors, le président Schneider prend la parole : « M. Gambetta, qui ne peut être suspect à aucun de vous et que je tiens, quant à moi, pour un des hommes les plus patriotes de notre pays, vient de vous adresser des exhortations au nom des intérêts de la patrie. Croyez-moi, en ce moment la Chambre est appelée à délibérer sur la situation la plus grave. Elle ne peut que le faire dans un esprit conforme aux nécessités de la situation; s'il en était autrement, M. Gambetta ne serait pas venu vous demander de lui prêter l'appui de votre attitude. » (*Approbations mêlées de rumeurs dans les tribunes.*)

GAMBETTA. — « Et j'y compte, citoyens! »

LE PRÉSIDENT SCHNEIDER. — « Comme M. Gambetta, je ne saurais trop vous dire qu'il n'y a de liberté vraie, que celle qui est accompagnée de l'ordre.... »

L'agitation va croissant. Gambetta tente un dernier effort pour la légalité : « Il est nécessaire que tous les députés présents dans les couloirs ou réunis dans les bureaux où ils ont délibéré sur la mesure de déchéance aient repris place à leur banc et soient à leur poste pour pouvoir la prononcer. Il faut aussi que vous, citoyens, vous attendiez dans la modération et dans la dignité du calme la venue de vos représentants à leurs places. On est allé les chercher. Je vous prie de garder un silence solennel jusqu'à ce qu'ils rentrent.... »

A ce moment, il est trois heures, la porte placée en haut de l'hémicycle, en face de la tribune, est enfoncée et la foule se précipite sur les bancs réservés aux députés.

LE PRÉSIDENT. — « Toute délibération, dans ces conditions, étant impossible, je lève la séance. » Une foule bruyante et agitée envahit l'hémicycle, les escaliers de la tribune et le fauteuil de la présidence. Gambetta se fraye un passage et, de la tribune : « Voyons, citoyens! Il ne faut pas violer l'enceinte! Soyez calmes! Avant un quart d'heure, la déchéance sera votée et proclamée. Voyons, reculez! Est-ce que vous n'avez pas confiance en vos représentants? (*Si! si! nous avons confiance en vous!*) Eh bien, reculez, quand je vous le demande, et soyez sûrs que nous allons prononcer la déchéance! »

Cris. — « Et la République? »

Suit une scène de confusion, pendant laquelle il descend encore de la tribune, cause avec quelques-uns de ses collègues de la gauche et remonte de nouveau.

GAMBETTA. — « Citoyens! Écoutez! Attendu que la Patrie est en danger, attendu que tout le temps nécessaire a été donné à la représentation nationale pour prononcer la déchéance, attendu que nous sommes et que nous constituons le pouvoir régulier issu du suffrage universel, nous déclarons que Louis-Napoléon Bonaparte et sa dynastie ont à jamais cessé de régner sur la France. » (*Longues acclamations.*)

On continue de réclamer la République.

Jules Favre entre. Il s'écrie : « Voulez-vous ou ne voulez-vous pas la guerre civile? »

Voix nombreuses. — « Non! non! pas de guerre civile! Guerre aux Prussiens! »

JULES FAVRE. — « Il faut que nous constituions immédiatement un gouvernement provisoire.... Je vous en conjure, pas de journées sanglantes : ne forcez pas de braves soldats français à tourner leurs armes contre vous! Ils ne sont armés que contre l'étranger. Soyez tous unis dans une même pensée, dans une pensée de patriotisme et de démocratie! (*Vive la République!*)

« La République, ce n'est pas ici que nous devons la proclamer! »

(*Si! si! Vive la République!*)

GAMBETTA. — « Oui, Vive la République! Citoyens, allons la proclamer à l'Hôtel de Ville! »

Jules Favre et Gambetta descendent de la tribune en répétant : « A l'Hôtel de Ville! »

On se dirige vers l'Hôtel de Ville à travers une multitude innombrable; Jules Favre, Jules Ferry par la rive droite; Gambetta, Ernest Picard, Pelletan, Glais-Bizoin par la rive gauche. Un soleil resplendissant brillait au ciel. La ville avait un air de fête. Comme on était délivré de l'Empire, on se croyait délivré des Prussiens. On espérait que la patrie allait trouver de nouvelles forces, de nouvelles chances, pour tout sauver. Pas une arme, pas une goutte de sang, nulle résistance. Le mouvement était l'œuvre des événements plus que des hommes. C'était comme une marée qui emportait les restes de l'Empire. La République apparaissait comme un gouvernement impersonnel, commandant le concours de tous pour une même tâche. L'Empire, en croulant, donnait la France à la République.

On a souvent cité la lettre où, quatre ans après, Gambetta

dépeignait à Mme Adam la journée fameuse : « Le souvenir de ce tragique anniversaire me met toujours un crêpe noir sur l'esprit. En dépit des délivrances dont ce jour fut marqué, je ne puis chasser la cruelle pensée que nous n'avons pas renversé l'Empire de nos mains, que nous l'avons vu sombrer sous les coups de l'étranger. J'ai souvenance, avec autant d'amertume qu'au premier jour, qu'en me rendant à l'Hôtel de Ville au milieu des acclamations du peuple de Paris, le long des quais de la Seine, je disais à mon compagnon de route : « Les cris, les joies de ce peuple me rendent triste jusqu'à la mort! Les malheureux n'entendent pas le bruit des légions germaniques dans le lointain! » J'en voulais à ce magnifique soleil qui jetait comme l'éclair d'une dernière fête sur la décadence d'un grand peuple. La France roulait vers l'abîme sans s'en apercevoir. » — Page écrite après coup, sous le poids de la défaite. Dans le moment même, son imperturbable optimisme ne l'avait pas abandonné. A la nouvelle de la défaite de Sedan, Lavertujon s'étant écrié : « Pour le coup, nous avons touché le fond de l'abîme! » Gambetta l'interrompit : « Ne dis pas de bêtises! »

On arriva à l'Hôtel de Ville vers quatre heures. Un des chefs du parti révolutionnaire, Millière, revenu en hâte du Corps législatif, était là avec ses hommes. Il avait déjà dressé des listes de membres d'un gouvernement provisoire et il les jetait au peuple par les fenêtres; elles portaient les noms de Blanqui, Delescluze, Flourens, Félix Pyat, Rochefort, avec ceux de Jules Favre et de Gambetta. Quelqu'un s'écria : « Les députés de Paris membres du gouvernement! » Des acclamations éclatèrent aussitôt et rendirent toute compétition impossible. Le gouvernement comprit donc tous les députés de Paris, excepté Thiers, qui, d'avance, avait refusé. On considéra comme députés de Paris Gambetta, Ernest Picard et Jules Simon, qui avaient opté pour les Bouches-du-Rhône, pour l'Hérault et pour la Gironde.

Cependant les révolutionnaires guettaient : il fallait l'armée, et, pour avoir le concours de l'armée, il fallait obtenir le concours du général Trochu, gouverneur de Paris. On côtoyait la guerre civile; le danger le décida : il prit la présidence du gouvernement provisoire.

Jules Favre fut appelé à la vice-présidence et chargé du

ministère des Affaires étrangères ; Gambetta fut choisi, à une voix de majorité, comme ministre de l'Intérieur, contre Ernest Picard, qui alla aux Finances ; les autres ministres furent Crémieux à la Justice, Le Flô à la Guerre, Fourichon à la Marine, Jules Simon à l'Instruction publique et aux Cultes, Dorian aux Travaux publics, Magnin au Commerce.

Le 5 septembre, le gouvernement s'adressait à l'armée en ces termes : « Nous ne sommes pas le gouvernement d'un parti ; nous sommes le gouvernement de la Défense nationale. Nous n'avons qu'un but, qu'une volonté : le salut de la Patrie par l'armée et par la nation, groupées autour du glorieux symbole qui fit reculer l'Europe il y a quatre-vingts ans. Aujourd'hui comme alors, le nom de la République veut dire : union intime de l'armée et du peuple pour la défense de la Patrie. »

Trois jours après, le gouvernement de la Défense appelait la nation aux urnes : « Il faut que l'Europe sache par d'irrécusables témoignages que le pays tout entier est avec nous. Il faut que l'envahisseur rencontre sur sa route, non seulement l'obstacle d'une ville immense résolue à périr plutôt que de se rendre, mais un peuple entier debout, organisé, représenté, une Assemblée enfin qui puisse porter en tous lieux, et en dépit de tous les désastres, l'âme vivante de la Patrie. » Et le gouvernement convoquait les collèges électoraux pour le 16 octobre, afin de nommer « une Assemblée constituante » de 750 membres, au scrutin de liste.

A ce moment, l'armée de Mac-Mahon était prisonnière en Allemagne, celle de Bazaine cernée dans Metz ; le général Vinoy ramenait vers Paris 15 000 ou 20 000 hommes. En présence de 700 000 Allemands, il nous restait 94 000 hommes de l'armée régulière, 49 000 matelots, 13 000 fantassins et artilleurs de la marine, 34 000 gendarmes, douaniers et forestiers. Le Corps législatif avait décrété, en fait, la levée en masse ; mais les cadres et les chefs faisaient défaut ; les armes étaient rares. Nos plus importants approvisionnements étaient dans Strasbourg et dans Metz. Les Prussiens arrivaient sur Paris. On croyait que la capitale n'avait que pour quarante-cinq jours de vivres. L'ennemi comptait sur une émeute.

Les membres du gouvernement avaient intérêt à hâter les élections, parce que, plus elles seraient proches, plus elles seraient républicaines et parce qu'elles leur offraient la chance d'échapper aux périls où la nécessité de sauver le pays venait de les jeter.

Le 15 septembre, ils rendaient un nouveau décret fixant le nombre de députés à élire par département et, le 16, un décret fixant les élections des conseils municipaux au 25 septembre et avançant les élections législatives au 2 octobre.

En même temps, ils se préoccupaient d'établir en province une délégation chargée de les représenter et de les suppléer pendant la durée du siège. On se mit d'accord dès le 9 septembre sur le choix de la ville, Tours, mais non sur le choix des hommes : aucun ne voulait partir.

On a souvent répété que, dès ce moment, Gambetta avait signalé le danger de laisser le gouvernement dans Paris. Lui-même, plus tard, dans sa déposition à la commission d'enquête de l'Assemblée nationale (13 novembre 1872), s'exprima en ces termes : « J'avais réclamé dès le début que le gouvernement tout entier sortît de Paris. Je ne comprenais pas qu'une ville qui allait être assiégée et bloquée, et par conséquent réduite à un rôle purement militaire et stratégique, conservât le gouvernement dans son sein. Parmi les faiblesses que l'on a pu avoir, celle-là est capitale ; les choses eussent tout autrement tourné, si le gouvernement, au lieu d'être bloqué, avait été au dehors. » Ce fut, en effet, une faute capitale de laisser le gouvernement dans Paris ; mais elle n'apparut pas tout d'abord avec tant de clarté : il suffit, pour s'en convaincre, de relire les notes prises, chaque jour, au cours des séances du Conseil, par Dréo, secrétaire du gouvernement de la Défense nationale.

Le 7 et le 9 septembre, le Conseil décide que « la tête du gouvernement » restera dans Paris et enverra quelques-uns de ses membres en province à titre de délégués ; le 9, que Crémieux se rendra à Tours, mais que le ministre des Affaires étrangères n'ira pas. Le soir du même jour, Gambetta expose la situation grave de Lyon ; des idées ultra-décentralisatrices se manifestent dans plusieurs grandes villes : il estime qu'un gouvernement énergique doit fonctionner hors Paris, pour éviter un démembrement. On discute sur le nombre des membres qui seront délégués à Tours. Favre, Rochefort et Glais-Bizoin demandent l'adjonction de deux membres à Crémieux ; contrairement à leur avis, celui-ci est seul délégué.

GAMBETTA

Le 13, Gambetta écrit à Magnin : « Je viens vous supplier de rendre à la patrie et à notre cause un service inestimable. Je ne peux me rendre moi-même à Tours : on croit ma présence indispensable dans Paris, et je pense que c'est là une opinion assez fondée. Il ne faut rien moins que cette conviction générale pour m'empêcher de partir ; mais vous comprenez dès lors qu'il est impérieusement nécessaire d'avoir à la tête de mes services un homme sûr, important, bien accueilli par l'opinion de la province et en qui je puisse pleinement me reposer. Vous êtes cet homme, je vous adjure d'accepter d'aller à Tours. » Le 15, il signale de nouveau que certains départements tendent à se constituer en groupes indépendants : il est nécessaire de former à Tours un gouvernement « réel » et fort. Garnier-Pagès demande que quatre membres soient adjoints à Crémieux. Jules Simon, Jules Favre, Glais-Bizoin et Gambetta pensent que trois délégués suffiront, pourvu qu'ils soient connus et influents. Le soir du 15, Jules Favre insiste sur la nécessité de renforcer Crémieux ; on adjoint à celui-ci Glais-Bizoin et l'amiral Fourichon, ministre de la Marine, qui est chargé en même temps du ministère de la Guerre dans les départements. Cette ébauche de gouvernement parut suffire, parce qu'on attendait la convocation prochaine de la Constituante et parce qu'on ne croyait pas à un siège de longue durée.

Ainsi, au moment où nous sommes, au milieu de septembre, il n'est pas question de transférer en province le siège du gouvernement ; le Conseil est surtout préoccupé de la situation politique dans certains départements et des conflits entre les autorités civiles et militaires. Gambetta estime que son devoir est de rester à Paris. C'est seulement deux mois après, en novembre, à Tours, qu'il verra tout le danger de cette situation pour la défense nationale et la signalera au gouvernement assiégé (dépêche du 9). Mais alors, il sera trop tard.

A peine arrivés à Tours, les membres de la délégation changèrent d'avis sur la possibilité de faire les élections. Les Prussiens occupaient tout l'Est de la France ; dans le reste du pays, la moitié des électeurs était sous les drapeaux ; enfin, ç'eût été rompre, sous le canon, la trêve des partis. Le 18 septembre, Crémieux écrit à Gambetta pour déconseiller « cette terrible bataille à l'intérieur ». Gambetta résiste et maintient le programme tout entier, les élections municipales d'abord, les élections politiques ensuite. Il fallait, suivant lui, légaliser la révolution du 4 septembre, ôter tout prétexte aux hostilités et aux prétentions de l'intérieur, « ne pas paraître avoir oublié au pouvoir les principes qu'on avait professés dans l'opposition » (17 septembre), « donner à la République, devant l'Europe, la consécration de la nation ». La délégation dut céder et convoqua les électeurs.

Mais Bismarck allait renverser ces projets. Dès le 13 septembre, dans une circulaire aux agents diplomatiques de la Prusse, il avait posé comme conditions de paix « le recul de la frontière allemande, en donnant à l'Allemagne, comme boulevards défensifs, les places fortes à l'aide desquelles la France la menaçait ». Le 20 septembre, à Ferrières, il exigeait de Jules Favre l'Alsace et la Lorraine et, comme condition préalable d'un armistice pour la réunion d'une Constituante, la reddition de Strasbourg, de Phalsbourg, de Toul et l'occupation du mont Valérien, c'est-à-dire une Assemblée délibérant sous le canon; par là, il rendait impossible la convocation de cette Assemblée. Plus tard, le général Trochu, relatant ces faits à la tribune de l'Assemblée nationale, le 2 juin 1871, concluait en ces termes : « Le gouvernement de la Défense a fait un grand effort pour donner au pays, dans ses angoisses, l'appui d'une Assemblée, et il a fallu que le chancelier prussien introduisît le déshonneur entre nous et l'Assemblée pour qu'elle ne prît pas la direction des affaires du pays ».

Le gouvernement était donc contraint d'ajourner les élections. « De nouvelles dates seront fixées, disait-il, dès que les événements le permettront. » (23 septembre.) Et Gambetta télégraphiait aux préfets : « Affichez dans toutes les communes de France le résumé du rapport de l'entrevue de Favre avec Bismarck.... Paris, exaspéré, jure de résister à outrance. Que les départements se lèvent! »

La France entière bondit sous l'outrage. Depuis le traité de Brétigny, jamais elle n'avait entendu un langage aussi injurieux. De tous les points du pays, une même voix s'éleva. Bleus et blancs n'avaient pas attendu l'insolente sommation de Bismarck pour s'unir sous le drapeau tricolore. Déjà Cathelineau avait levé ses volontaires de l'Ouest et Charette était accouru de Rome avec ses zouaves pontificaux. Où était maintenant la guerre de Vendée? Où étaient les tristes scènes de 1814? En cette fin de septembre 1870, la France fut tout entière debout, frémissante; personne n'eût osé parler de paix, personne. Le comte de Chambord écrivait : « Il faut à tout prix conserver intacts l'honneur et le territoire de la France ». Napoléon III, captif à Wilhelmshöhe, s'écriait : « Quel gouvernement pourrait accepter pareilles stipulations et espérer ensuite demeurer sur pied en face d'une nation ainsi outragée? La France ne se résignerait jamais à pareille humiliation. » Guizot se déclarait pour la guerre à outrance et s'opposait à ce qu'on abandonnât l'Alsace et la Lorraine avant d'avoir montré à la France et au monde qu'on avait tout fait pour les sauver. Le prince de Joinville cherchait à prendre du service et le duc de Chartres s'engageait sous le nom de Robert Le Fort. Taine publiait cette page décisive : « S'il y a des hommes qui, de cœur et de volonté, soient Français, ce sont les compatriotes de Kléber et d'Uhrich. Exiger qu'ils perdent leur patrie, qu'ils en subissent une autre, qu'ils entrent dans des régiments prussiens, pour tirer peut-être plus tard contre des Français, voilà une injustice énorme.... Imposer à la France un tel sacrifice, c'est ordonner à une mère de livrer un de ses enfants, cela est contre la nature et contre la conscience. La bouche qui, sous la contrainte de la force, balbutierait un tel pacte se rétracterait tout bas et se promettrait à elle-même de ne pas couronner une promesse criminelle par une résignation plus criminelle encore.... A cet égard, l'histoire, à défaut de cœur, parle assez haut : nos ennemis n'ont qu'à consulter leurs souvenirs de 1807 à 1813 pour savoir que leur oppression a produit leur révolte, et que Wagram, Iéna, ont eu pour fruits Leipzick et Waterloo. »

Oui, pour tous les Français, la continuation de la guerre, alors, était le devoir. Personne, quel que fût son passé, son parti ou sa croyance, n'hésita. Ce fut, dans l'honneur, un moment d'unanimité sublime.

Cependant, à Tours, il manquait un chef. Il y avait une délégation, il n'y avait pas de gouvernement. La délégation avait auprès d'elle un comité consultatif, composé de représentants de chacun des départements ministériels : Clément Laurier, assisté de Durangel et de Jules Cazot, à l'Intérieur, Roussy aux Finances, le comte de Chaudordy aux Affaires étrangères,

Silvy à l'Instruction publique, Franqueville aux Travaux publics, Dumoustier de Frédilly au Commerce. La délégation s'adjoignait souvent, avec voix consultative, Steenackers, directeur général des lignes télégraphiques, et Jules Lecesne, président de la commission d'armement.

Il serait injuste de ne pas reconnaître les efforts accomplis par la délégation et par ses collaborateurs avant l'arrivée de Gambetta et auxquels lui-même a rendu hommage. L'amiral Fourichon, rétablit la discipline fort compromise. Le colonel Thoumas commença la réorganisation de l'artillerie. La délégation ouvrit un crédit de 50 millions à la commission d'armement qui avait été instituée à Paris dès le 9 septembre et qui s'était mise immédiatement en rapport avec toutes les parties du monde où l'on fabriquait des armes. En arrivant à Tours, la délégation y avait trouvé le général Lefort, qui déjà avait été envoyé comme secrétaire général du ministère de la Guerre et chargé de former une armée de secours sur la Loire. Avec des troupes de marine, des réserves d'Afrique, des mobiles et les débris de Sedan, ils créèrent, en quelques jours, un noyau d'armée.

Le 2 octobre, l'amiral Fourichon, à la suite d'un dissentiment avec ses deux collègues , abandonna ses fonctions de délégué au ministère de la Guerre, tout en conservant le portefeuille de la Marine. Le général Lefort fut pressenti pour remplacer à la Guerre l'amiral Fourichon; son état de santé l'obligea à décliner cette offre et le ministère resta sans titulaire effectif. Diverses combinaisons furent alors mises en avant, entre autres celle d'un comité directeur de cinq membres qui ne parvint pas à se constituer.

Le 19 septembre, Paris était investi. La veille et l'avant-veille, les membres du corps diplomatique avaient quitté la capitale pour se rendre à Tours. Le 21, Gambetta avait lancé une proclamation où semblait passer le souffle de Danton : « Il y a soixante-dix-huit ans à pareil jour, nos pères fondaient la République et se juraient à eux-mêmes, en face de l'étranger qui souillait le sol sacré de la Patrie, de vivre libres ou de mourir en combattant. Ils ont tenu leur serment, ils ont vaincu, et la République de 1792 est restée dans la mémoire des hommes comme le symbole de l'héroïsme et de la grandeur nationale.... Que le souffle puissant qui animait nos devanciers passe sur nos âmes, et nous vaincrons!... »

CHAPITRE V

GAMBETTA A TOURS

LE DÉPART DE PARIS EN BALLON ‖ COMMENT GAMBETTA DEVINT MINISTRE DE LA GUERRE ‖ GAMBETTA ET FREYCINET AU MINISTÈRE DE LA GUERRE.

L E 29 septembre, Tours se trouva isolé de Paris par la rupture du câble qui avait été immergé dans la Seine et que les Prussiens avaient détruit dans la nuit du 27. Les mauvaises nouvelles arrivaient d'heure en heure : la chute de Toul le 23, de Strasbourg le 28, l'Orléanais envahi, Tours menacé, l'agitation de la ligue du Midi, les conflits croissants entre préfets et généraux. Alors la délégation sentit sa faiblesse, et elle qui, quinze jours avant, avait repoussé les élections comme impossibles, les regarda comme nécessaires. « Il nous faut un point d'appui, dit Crémieux, nous ne pouvons le trouver que dans une Assemblée. » Et Laurier (3 octobre) : « Rappelez-vous que le plus grand effort de notre histoire nationale a été fait par la Convention. Donnez-nous un point d'appui pareil, sans cela nous ne pourrons rien, ni intérieurement, ni extérieurement. » La délégation convoqua les collèges électoraux pour le 16 octobre et en avisa le gouvernement de Paris par pigeons voyageurs. Ce revirement, qui laissait voir ses hésitations et ses inquiétudes, fut mal accueilli à Paris. Les objections qu'elle-même avait fait valoir d'abord, les impossibilités de fait résultant de l'invasion et de l'état de guerre avaient acquis encore plus de force, et l'entrevue de Ferrières, les prétentions de Bismarck, le mouvement d'opinion qu'elles avaient provoqué ne laissaient d'autre issue que la lutte à outrance. Le gouvernement de Paris rendit le décret suivant

(1ᵉʳ octobre) : « Attendu que la résolution nouvelle de la Délégation ne peut être que le résultat d'une méprise,... qu'elle est d'une exécution matériellement impossible dans vingt-trois départements et nécessairement incomplète dans les autres, décrète : l'ajournement des élections est maintenu jusqu'au moment où elles pourront se faire sur toute la surface de la République ».

On parla alors d'envoyer à Tours un autre membre du gouvernement. Le 1ᵉʳ octobre, quelques voix mirent en avant le nom de Gambetta. Il refusa. « Il voyait à Paris le plus grand péril et par conséquent le plus grand honneur, a dit Jules Simon (*Souvenirs du Quatre-Septembre*); il lui semblait qu'étant jeune, il devait rester plus près de l'ennemi. Il opposa aux désirs de ses collègues une longue résistance. » Le 3, après des pourparlers qui avaient duré toute la journée, on n'était pas définitivement fixé. Jules Favre et Gambetta persistaient à ne point accepter. Le vote eut lieu dans cette séance et Gambetta, désigné, se déclara prêt à partir. Ses pouvoirs, après une longue discussion, furent déterminés en ces termes : « M. Gambetta a pour instructions de faire connaître et exécuter les volontés du gouvernement. Il s'attachera à maintenir l'unité d'action indispensable au succès. Il délibérera avec ses collègues et, en cas de partage, aura voix prépondérante. De concert avec eux, il fera exécuter le décret par lequel les élections à la Constituante sont ajournées jusqu'au moment où les circonstances de guerre permettront de consulter le pays. Comme ministre de l'Intérieur, il est revêtu de pleins pouvoirs pour le recrutement, la réunion et l'armement de toutes les forces nationales qu'il conviendrait d'appeler à la défense du pays. En ce qui touche l'organisation et l'action militaires, les résolutions prises par la Délégation seront exécutées par le ministre de la Guerre et de la Marine. »

Gambetta ne se faisait pas illusion sur les difficultés presque insurmontables qu'il allait rencontrer, mais il ne désespérait pas de les vaincre. Il n'avait pas recherché l'autorité dont il allait être revêtu; il ouvrait son âme à la sainte ambition de sauver son pays, et l'ardeur de son désir lui faisait croire qu'il avait la force de la réaliser. « Je reviendrai avec une armée, dit-il à Jules Favre, et si j'ai la gloire de délivrer Paris, je ne demanderai plus rien à la destinée. »

GAMBETTA

Le 7 octobre, à onze heures du matin, deux ballons, l'*Armand Barbès* et le *George Sand*, partaient de la place Saint-Pierre, à Montmartre. Le premier portait Gambetta et Spuller, son ami et confident le plus intime, — et la fortune de la France. Poussés par un vent très faible du Sud-Est, les aérostats laissèrent Saint-Denis sur la droite, mais à peine avaient-ils dépassé la ligne des forts, qu'ils furent assaillis par une fusillade partie des avant-postes prussiens; quelques coups de canon furent aussi tirés sur eux. Les ballons se trouvaient à la hauteur de six cents mètres et les voyageurs entendaient siffler les balles. Ils s'élevèrent alors à une altitude qui les mit hors d'atteinte; mais, par suite de quelque accident ou de quelque fausse manœuvre, le ballon qui portait le ministre de l'Intérieur se mit à descendre rapidement et alla toucher terre dans un champ qu'avaient traversé quelques heures auparavant des régiments ennemis et à une faible distance d'un poste allemand. Il jeta du lest, se releva et put continuer sa route. Il n'était qu'à deux cents mètres, lorsque, vers Creil, il reçut une nouvelle fusillade, dirigée par des soldats wurtembergeois. Gambetta eut la main effleurée par un projectile. Enfin, il put prendre terre près de Montdidier et arriva à Amiens dans la soirée.

Il avertit Paris : « De toutes parts, on se lève en masse. Le gouvernement de la Défense nationale est partout acclamé. » A Rouen, on lui remet une adresse : « Le dévouement abonde, mais l'énergie et la direction font défaut. Soyez pour la province, comme vous l'avez été pour Paris, l'énergie, soyez la direction, et l'ennemi sera chassé, la France sauvée, la République définitivement et à jamais fondée! » Il répond : « Que tous les intérêts particuliers disparaissent, que chacun fasse abnégation de tout sentiment personnel, pour ne songer qu'au salut du pays! » Il arrive à Tours, se rend au Conseil, remercie la foule : « Nous n'avons, ni vous ni moi, un moment à perdre; l'heure n'est pas aux démonstrations. Travaillons; travailler en ce moment, c'est combattre. Que chacun soit à son poste. » Puis, il annonce aux départements son arrivée et leur décrit le magnifique effort de Paris : « Cette situation vous impose de grands devoirs. Le premier de tous, c'est de ne vous laisser divertir par aucune préoccupation qui ne soit pas la guerre, le combat à outrance. Il faut mettre en œuvre

M. DE FRÉYCINET
D'après une photographie.

toutes nos ressources, qui sont immenses. La République fait appel au concours de tous. C'est sa tradition à elle, d'aimer les jeunes chefs : nous en ferons!... Non! il n'est pas possible que le génie de la France se soit voilé pour toujours, que la grande nation se laisse prendre sa place dans le monde par une invasion de cinq cent mille hommes ! »

Son premier soin fut d'insister auprès du général Lefort pour lui faire accepter le portefeuille de la Guerre (*Actes du Gouvernement de la Défense nationale, déposition du général Lefort*, t. VI, p. 36). Le général, toujours très souffrant, maintint son refus. C'est alors que Gambetta, voyant là, d'ailleurs, un moyen de mettre fin aux conflits croissants entre préfets et généraux, parla de réunir les deux portefeuilles dans la même main. Crémieux et Glais-Bizoin votèrent contre. Fourichon vota avec Gambetta, dont la voix prépondérante décida la question. C'est ainsi que, ministre de l'Intérieur, il devint aussi ministre de la Guerre, à la grande surprise du gouvernement de Paris, et, chose curieuse, sans décret. Plus tard, à la commission d'enquête, il constatera le fait, mais n'insistera pas : « Je ne veux pas me mettre en contradiction avec mes collègues sur des choses sans valeur. J'ai offert à l'amiral Fourichon de rester à la Guerre, il ne l'a pas voulu; il en avait assez, disait-il. » (13 novembre 1872.) (Cf. Trochu, commission d'enquête et *le Siège de Paris*; Ernest Picard, commission d'enquête; Glais-Bizoin, *Dictature de cinq mois*, etc.)

Le général Lefort exposa au nouveau ministre la situation et le nombre des régiments prêts à marcher. « Général, lui dit Gambetta, nous allons constater cet état de choses, afin qu'on sache ce que vous avez fait et de quel point nous sommes partis. » Et il adressa à Jules Favre une dépêche ainsi conçue : « Il existe réellement une armée de la Loire de 110 000 hommes, bien armés, bien équipés ». A ce moment, il y avait là une exagération certaine, mais l'œuvre déjà accomplie n'en était pas moins considérable.

L'administration centrale du ministère de la Guerre était à l'état embryonnaire. Un quart seulement des bureaux du ministère avait été envoyé à Tours. Point d'archives. Point de cartes. Gambetta appela auprès de lui comme « délégué auprès du département de la Guerre » M. Charles de Freycinet, en le chargeant de « diriger les services en son lieu et

(65)

place, dans les limites qui lui seraient tracées par le ministre ».
M. de Freycinet, ancien élève de l'École polytechnique, ingénieur des mines, avait conduit, tout jeune, pendant quatre ans, l'exploitation des chemins de fer du Midi. Il avait rempli diverses missions administratives et composé plusieurs traités scientifiques. Le 6 septembre, nommé préfet de Tarn-et-Garonne, son département d'origine, il soumit à la délégation, en collaboration avec Jules Lecesne, un mémoire sur les mesures à prendre pour sauver la France du péril où elle se trouvait. La lecture de ce rapport détermina Gambetta à le prendre pour collaborateur. Il avait alors quarante-deux ans. Travailleur infatigable, intelligence claire, souple, déliée, sang-froid, ressort toujours tendu sous une apparence frêle, tel était le nouveau délégué de la Guerre. Dans une dépêche à Jules Favre, Gambetta, après avoir dit qu'il avait transformé, « ne pouvant faire autrement », le ministère de la Guerre, ajoutait : « J'ai eu la bonne fortune de trouver des collaborateurs à la fois novateurs et prudents; je ne peux passer sous silence le plus éminent d'entre eux, mon délégué du ministère de la Guerre, M. Charles de Freycinet, dont le dévouement et la capacité puissante se sont trouvés à la hauteur de toutes les difficultés pour les résoudre comme de tous les obstacles pour les vaincre ».

La première œuvre de M. de Freycinet fut l'organisation des services centraux de l'administration de la Guerre. On a critiqué, dans cette création, la rareté relative des éléments militaires. Mais les officiers faisaient défaut; on avait besoin, pour les armées, de ceux qui restaient; il fallut recourir à des ingénieurs, à des agents supérieurs des chemins de fer. « Les concours s'offraient empressés, a dit M. de Freycinet, mais souvent avec plus de patriotisme que de compétence. »

En peu de temps, grâce aux efforts d'un officier distingué d'infanterie de marine, Jusselain, les généraux et les états-majors furent pourvus de bonnes cartes. Les services télégraphiques, malgré de grandes difficultés, furent bien organisés, sous la direction de Steenackers. Un service de reconnaissances et d'informations fut créé de toutes pièces, sous la direction de M. Cuvinot. Un comité d'étude des moyens de défense, présidé par le colonel Deshorties, fut chargé d'accueillir les inventions utiles et d'écarter les fausses.

La direction de l'infanterie et de la cavalerie, placée sous les ordres du général de Loverdo, puis du général Haca, envoya, en moins de quatre mois, 600 000 hommes à l'ennemi; « troupes trop tendres », disait Gambetta, mais qui se battirent avec un grand courage. Le service de l'artillerie fut distrait de celui du génie, que commandait le général Véronique, et, pendant la même période, le colonel Thoumas — nommé général en décembre pour ses services exceptionnels — admirablement secondé par le colonel de Reffye à Nantes et le général Demolon à Rennes, livra 1 400 pièces, soit deux batteries par jour, tout équipées et pourvues de leur personnel. Jamais aucune armée ne manqua de munitions : Chanzy disait que la sienne en faisait une véritable orgie; Bourbaki seul, à la fin de la campagne de l'Est, n'en eut pas assez, mais à cause de la difficulté des communications.

Des ingénieurs des ponts et chaussées ayant exécuté à Orléans, dans la première quinzaine de novembre, des travaux de fortifications dont les chefs militaires, et notamment le général d'Aurelle de Paladines, avaient fait un vif éloge, M. de Freycinet créa un corps du génie civil qui, à la fin des hostilités, comptait en activité 52 ingénieurs et 200 chefs de section.

A l'arrivée de Gambetta, un sous-intendant militaire portait seul le poids de tous les services administratifs. Il fut remplacé par un ancien chef du mouvement général des chemins de fer de l'Ouest, M. Férot. Du 15 octobre 1870 au 31 janvier 1871, l'armée reçut 779 200 couvertures, 677 400 capotes, 957 200 pantalons, 714 500 tuniques et vareuses, 1 813 700 paires de souliers, 697 000 havre-sacs, 17 000 000 de rations de biscuits, 40 000 000 de rations de riz, 11 000 000 de lard, 35 000 000 de sel, 35 000 000 de sucre et de café, etc. Cet effort considérable ne se fit pas sentir tout de suite, ni partout; souvent, les chefs de corps eurent à signaler les lacunes de l'habillement et de l'équipement. Ainsi, vers le milieu d'octobre, des deux corps qui composaient l'armée de la Loire, l'un était déjà assez bien équipé, mais l'autre manquait encore de beaucoup de choses; ainsi encore, en janvier, certains corps de l'armée de l'Est étaient insuffisamment équipés et vêtus. Des commissions composées d'officiers et d'experts civils furent chargées d'examiner les offres et les achats pour les subsistances, l'habillement, l'équipement, le campement. Les services sanitaires furent amplement pourvus.

Les cadres faisaient défaut. On fut obligé de doubler l'effectif des compagnies, au risque de diminuer la qualité des troupes, pour réduire de moitié le nombre des capitaines. On puisa parmi les sous-officiers et même parmi les simples soldats. Le décret du 13 octobre suspendit les lois ordinaires de l'avancement pendant la durée de la guerre, ce qui permit à des officiers tels que Billot, de Sonis, Loysel, lieutenants-colonels en octobre, de devenir commandants de corps d'armée en décembre. Le décret du 14 octobre, inspiré de l'exemple des États-Unis pendant la guerre de Sécession, créa l'armée auxiliaire. Ce décret fut très critiqué; on fit observer, notamment, que, si la Fédération du Nord, qui s'élevait à 21 millions d'habitants, mit quatre ans à vaincre la Confédération du Sud, qui n'en comptait que 6, cela tint à l'inexpérience des officiers improvisés. M. de Freycinet reconnaît lui-même que tous les choix provisoires ne furent pas sans reproche; mais c'est grâce à ce décret que les généraux Bonnet, de Polignac, Pelissier, Cremer, Garibaldi, Bossack, Ochsenbein, purent commander nos divisions, que Lipowski, Cathelineau, Keller, Bouras, Carayon-Latour se distinguèrent à la tête des corps de volontaires, et que nos glorieux marins, Jauréguiberry, Jaurès, Penhoat, Payen, Bruat, Gougeard, etc., purent s'illustrer sur nos champs de bataille à côté de leurs frères de l'armée de terre. « Si l'on trouve que l'armée auxiliaire, dit M. de Freycinet, malgré les immenses services qu'elle a rendus, n'a pas jeté le même éclat qu'aux États-Unis, qu'on veuille bien se rappeler qu'en Amérique la guerre a duré plusieurs années, et en France quatre mois seulement; ce n'est qu'après avoir été battus pendant trois ans par l'organisation régulière du Sud, que les généraux improvisés du Nord ont appris à vaincre à leur tour.... »

Un des plus graves soucis du nouveau gouvernement fut la pénurie d'armes et de munitions. Les chassepots fabriqués par l'Empire, supérieurs au fusil allemand, avaient été pris par l'ennemi ou se trouvaient dans les places assiégées. Les fabriques de l'État en produisaient seulement 15 000 à 18 000 par mois. La commission d'armement, qui relevait du ministère des Travaux publics, avait épuisé le marché anglais, assez restreint (dépêche de notre consul Tissot, 28 septembre) et elle se tournait maintenant vers l'Amérique. Dans les trois mois qui suivirent, elle dépensa 200 millions en achats d'armes et de munitions. En février, le nombre des fusils remis aux troupes s'élevait, non compris 300 000 chassepots environ, à plus de 1 200 000, de types d'ailleurs très divers, ce qui compliquait gravement le problème des cartouches.

Un décret du 3 novembre prescrivit à chaque département de mettre sur pied, à ses frais, dans le délai de deux mois, autant de batteries tout équipées qu'il comptait de fois 100 000 habitants. Le délai était trop court, mais les résultats ne furent pas négligeables. Le rapport fait à l'Assemblée nationale par la commission nommée le 19 février 1871 pour inventorier les forces militaires de la France constate qu'il existait à cette époque 57 batteries complètes en matériel, en personnel et en chevaux, et 41 batteries complètes en matériel seulement.

Enfin, le 25 novembre, pour activer l'instruction des hommes valides jusqu'à quarante ans que le décret de mobilisation du 2 novembre avait appelés sous les drapeaux, le ministre de la Guerre décréta la création de onze camps régionaux. L'idée devait, dans la pensée du gouvernement, survivre à la guerre et devenir une des bases de la future réforme militaire; mais, là aussi, le temps fit défaut et les mesures d'exécution ne répondirent pas à la pensée qui avait inspiré le décret.

Une telle œuvre, en dépit de lacunes et d'erreurs inévitables, est gigantesque. En 1914, un détracteur de la délégation de Tours et de Bordeaux (Dutrait-Crozon, *Gambetta et la Défense nationale*) a soutenu que, si les armées de la Défense nationale purent être menées à l'ennemi, ce fut grâce aux mesures qui avaient été prises, entre le 10 août et le 4 septembre, par le comte de Palikao, ministre de la Guerre. Or, cette thèse se trouve contredite par Le Bœuf et Palikao eux-mêmes. A la déclaration de guerre, il y avait 250 000 hommes sous les drapeaux. L'appel des réserves, le 14 juillet, aurait dû porter ce chiffre à 340 000; mais, dit Le Bœuf (commission d'enquête), « il y eut un déficit très considérable : on avait accordé un grand nombre de sursis de départ et les hôpitaux civils étaient encombrés », et il évalue les effectifs à 300 000 hommes, dont 250 000 aux armées du Rhin et de Châlons. La loi du 10 août avait appelé sous les drapeaux les hommes de vingt-cinq à trente-cinq ans, mais elle n'avait pas été exécutée, car les dépôts ne pouvaient ni les recevoir, ni les habiller, ni les instruire. Au 4 septembre, la garde mobile pouvait comprendre 120 000 hommes au plus et la classe 1869, incorporée fin août, 75 000, mais ni habillés, ni équipés, ni encadrés. L'appel de la classe 1870 était fixé au 1ᵉʳ janvier 1871 seulement. Quant à l'artillerie, d'après le duc d'Audiffret-Pasquier, président de la Commission des marchés (Assemblée nationale, 22 mai 1872), il y avait, à la déclaration de guerre, 2 058 canons de campagne utilisables. Déduction faite des canons pris à Sedan, enfermés à Metz ou rentrés à Paris, il ne restait à la disposition de la délégation aucune batterie organisée, mais seulement les éléments nécessaires en matériel pour en former 80. Enfin, Palikao, dans son livre, *Un ministère de la Guerre de vingt-quatre jours*, déclare qu'il eût fallu 600 000 fusils nouveaux, qu'il avait passé des marchés pour 458 000, que 38 432 seulement furent livrés fin mars 1871. On voit ce qu'il faut penser de l'opinion qui attribue au ministère Palikao la création des forces défensives de la France en 1870.

Parlant de la délégation de Tours et de Bordeaux, le général Borel a dit à la commission d'enquête de l'Assemblée nationale : « Tout ce qu'il était matériellement possible de faire, elle l'a fait ». Son œuvre laisse loin derrière elle l'effort de 1792. Les hommes de 92 eurent, d'ailleurs, beaucoup plus de temps devant eux. Elle assure à Gambetta, à M. de Freycinet et à leurs collaborateurs l'éternelle reconnaissance de la patrie.

Gambetta rendit à la nation confiance en elle-même. Sa chaude et virile éloquence, sa foi enthousiaste remuaient les cœurs. Son voyage à travers les airs, les périls qu'il avait courus, ces nouveautés hardies frappaient les imaginations. Ses proclamations électrisaient les foules. La France sentit qu'elle avait un chef, elle se reprit à espérer. Il lui apportait l'énergie et le rayon de la jeunesse. Il croyait, lui, alors que tant d'autres ne croyaient pas. Il animait tout de sa flamme. C'est par là aussi, c'est par là surtout, qu'il est grand. Il devint, il est resté devant l'histoire la personnification de cette unanimité nationale qui, au lendemain de Ferrières, se dressa contre l'Allemagne. Il demeure, aux yeux de la France et du monde, le héros de la résistance aux coups de la force et de la ruse, aux brutalités de la conquête. Plus le crime de Bismarck falsifiant la dépêche d'Ems apparaîtra hideux à la conscience de l'humanité civilisée, plus la figure de l'homme qui a tout fait pour en réparer les conséquences apparaîtra noble.

Mais, maintenant, il fallait une épée, il fallait un chef militaire. Ni cet avocat de trente-deux ans, ni cet ingénieur de quarante-deux ne pouvaient conduire les armées : où l'auraient-ils appris? Rien ne s'improvise, cela surtout. « Que ne donnerais-je pour être militaire! » s'écriait Robespierre en 1793 au Comité de Salut public, alors que devant lui Carnot parlait de ces choses en homme du métier. Et plus tard, lorsque Gambetta fera l'éloge de Hoche, on sentira qu'il avait éprouvé le même tourment. On a reproché, non sans raison, à Gambetta et à M. de Freycinet d'être intervenus dans la conduite des opérations. Mais ils firent tout, d'abord, pour trouver, pour susciter des chefs. Parmi les généraux en vue sous le second Empire, seuls Trochu et Bourbaki avaient échappé au sort de leurs camarades, capturés à Sedan ou assiégés dans Metz. Trochu, enfermé dans Paris, conseilla à Gambetta de prendre Bourbaki : « Gardez Bourbaki à tout prix, lui écrit-il le 19 octobre, il sauvera la province comme nous sauverons Paris. »

Bourbaki avait alors cinquante-six ans. Sa carrière était éclatante. Chef de bataillon à trente ans, colonel à trente-six, général quelques jours après, il s'était couvert de gloire en Afrique, en Crimée; enfin, il avait commandé la garde impériale. De Metz, trompé par de faux rapports, il s'était rendu en Angleterre auprès de l'impératrice, fort surprise de sa venue, puis, au lieu de rentrer à Metz, il était venu à Tours le 14 octobre offrir ses services à la délégation. Gambetta aussitôt lui offrit le commandement de l'armée de la Loire. « Comme la France a besoin de votre épée, comme je ne suis pas ici pour faire de la politique, je ne vous interroge pas sur vos secrets, si vous en avez. » Et il insista longuement pour le décider. Bourbaki répondit qu' « il ne se sentait pas en mesure de réaliser ce que le public attendait de lui », et consentit seulement à se rendre dans le Nord, pour y organiser les troupes de la région. Il avait toujours commandé des troupes d'élite, l'infanterie légère d'Afrique, les zouaves, la

GAMBETTA

garde impériale, il ne croyait qu'aux vieilles troupes, et la France n'en possédait plus ; il se méfiait de ce « ramassis d'hommes », dont on voulait faire des soldats, et pensait que le mieux serait de conclure la paix.

« Un ramassis d'hommes ! » C'est avec cela pourtant qu'en 1793 la Convention avait sauvé la France, c'est avec cela qu'en 1813 la Prusse avait vaincu Napoléon. Et l'on sait de quel ton Napoléon, en 1814, répondit à Augereau, qui, devenu duc de Castiglione, se plaignait de ne pouvoir rien faire avec des « conscrits sans giberne » et des « gardes nationales pitoyables » : « Ceci est par trop ridicule ! Je vous ordonne de partir douze heures après la réception de la présente lettre, pour vous mettre en campagne. Si vous êtes toujours l'Augereau de Castiglione, gardez le commandement ; si vos soixante ans pèsent sur vous, quittez-le et remettez-le au plus ancien de vos officiers généraux. La patrie est en danger, elle ne peut être sauvée que par l'audace et la bonne volonté, et non par de vaines temporisations. Soyez le premier aux balles ! Il faut reprendre ses bottes et sa résolution de 1793. Quand les Français verront votre panache aux avant-postes et qu'ils vous verront vous exposer le premier aux coups de fusils, vous en ferez ce que vous voudrez. »

Gambetta se contenta de répondre au héros d'Inkermann : « Vous reviendrez de cette opinion ». — Il était trop optimiste.

CHAPITRE VI

LA DÉLÉGATION DE TOURS
ET LES OPÉRATIONS MILITAIRES

L'ARMÉE DE LA LOIRE || COULMIERS || BEAUNE-LA-ROLANDE ||
LOIGNY || ÉVACUATION D'ORLÉANS (20 NOVEMBRE-4 DÉCEMBRE) ||
LES RESPONSABILITÉS.

E toutes les masses organisées par le gouvernement de
la Défense nationale, l'armée de la Loire est celle qui a
joué le rôle le plus important. Elle fut, comme l'a dit
Colmar von der Goltz, « la grande armée de la République ».

Le 15ᵉ corps, constitué d'abord, avait été repoussé au Sud de
la Loire les 10 et 11 octobre, et les Allemands avaient occupé
Orléans. Gambetta, arrivé à Tours à peu près en même temps que
la nouvelle de cet échec, destitua le général de la Motterouge,
qui commandait en chef (Etienne Lamy a expliqué les motifs
de cette destitution dans le *Correspondant* du 25 juin 1903),
et lui donna pour successeur le général d'Aurelle de Paladines.
Le général d'Aurelle, au cadre de réserve depuis 1869 — il avait
soixante-six ans — était un ancien colonel de zouaves, combattant d'Afrique et de Crimée. C'était un bon et brave soldat,
apte à instruire et à dresser les troupes, mais il n'avait jamais
commandé plus de 10 000 hommes. Prudemment, il refusa les
pleins pouvoirs que Gambetta lui offrait; il accepta seulement
le commandement des 15ᵉ et 16ᵉ corps, et se retira jusqu'à
Salbris, d'où il couvrait Vierzon et Bourges, afin d'y organiser
ses forces. Quelques jours s'écoulèrent, pendant lesquels —
sauf l'héroïque défense de Châteaudun, où une poignée de
braves donna aux villes ouvertes un noble exemple — les

GAMBETTA

20 000 Bavarois de von der Tann restèrent face à face avec 100 000 Français.

Alors parvinrent à Tours des dépêches pressantes du gouvernement de Paris, pour un plan de sortie par la basse Seine, qu'avaient préparé les généraux Trochu et Ducrot. Gambetta estima, avec Bourbaki, qu'aucune force organisée n'existant alors en Normandie, il eût fallu, pour seconder les vues de ces généraux, diriger de Bourges sur Rouen les corps qui se réunissaient derrière la Loire et qu'un pareil mouvement de flanc, exécuté par de jeunes troupes non encore aguerries, sur un si long parcours et sous l'œil des contingents ennemis qui commençaient à se masser dans les environs de Chartres, serait une manœuvre grosse de périls. Il voulait, pendant que les forces allemandes étaient concentrées à Paris et à Metz, prendre l'offensive contre von der Tann, perdu à vingt lieues de son centre d'opérations, et le refouler, afin de débloquer Paris. Pour cela, il fallait d'abord reprendre Orléans. Le 24 octobre, avait lieu à Salbris une conférence à laquelle assistaient M. de Freycinet et les généraux d'Aurelle, Martin des Pallières, Pourcet et Borel. Le lendemain, on se réunit de nouveau à Tours, sous la présidence de Gambetta, et l'on arrêta les dispositions de détail. Au dernier moment, le 28 au soir, la délégation apprit que l'expédition n'aurait pas lieu. Une dépêche du général d'Aurelle faisait connaître que le temps était mauvais, les chemins difficiles, l'équipement d'une partie de la garde mobile défectueux, et qu'il n'était pas prudent, dans ces conditions, de tenter une action vigoureuse. En présence des termes de cette dépêche, il ne parut pas possible au ministre de la Guerre d'envoyer au général en chef un ordre qui aurait pu amener une défaite. Le ministre se borna à répondre : « Vos hésitations et les craintes exprimées dans votre dépêche m'obligent à renoncer à un plan sur la valeur duquel mon opinion n'a pas varié. En conséquence, arrêtez le mouvement. » Le lendemain, arrivait la terrible nouvelle : Bazaine a capitulé !

Le cri de colère et de désespoir que la chute de Metz arracha à Gambetta retentira à travers les siècles :

« Français ! Élevez vos âmes et vos résolutions à la hauteur des effroyables périls qui fondent sur la patrie : il dépend encore de nous de lasser la mauvaise fortune et de montrer à l'univers ce qu'est un grand peuple qui ne veut pas périr....

« Metz a capitulé.

« Un général sur qui la France comptait, même après le Mexique, vient d'enlever à la Patrie en danger plus de cent mille de ses défenseurs.... »

Et il continuait ainsi : « L'armée de la France... est engloutie, malgré l'héroïsme des soldats, par la trahison des chefs, dans les désastres de la Patrie!... » (30 octobre.)

Il est clair que ces mots : « la trahison des chefs » ne visaient que Bazaine; cependant certains officiers, même parmi ceux que Gambetta avait choisis, y sentirent une injure; aussi, dès le lendemain, pour les rassurer, disait-il dans une proclamation à l'armée : « Vous avez été trahis, mais non déshonorés.... Débarrassés de chefs indignes de vous et de la France, êtes-vous prêts, *sous la conduite de chefs qui méritent votre confiance*, à laver dans le sang des envahisseurs l'outrage infligé au vieux nom français? » Cette fois, l'erreur n'était plus possible; certains généraux, pourtant, continuèrent de s'y méprendre et il fallut une nouvelle proclamation, le 12 novembre, après la bataille de Coulmiers, pour dissiper ce funeste malentendu.

La conséquence immédiate de la capitulation de Metz était de rendre disponibles les 180 000 hommes du prince Frédéric-Charles. Ils pouvaient arriver vers le 16 ou le 18 novembre; il fallait donc, à tout prix, prendre les devants.

Gambetta résolut d'employer les 15ᵉ et 16ᵉ corps à la reprise d'Orléans. Le général Chanzy, qui s'était distingué à la tête d'une division, fut promu commandant du 16ᵉ corps. Le général d'Aurelle dirigeait l'opération. Le 9 novembre, dans la plaine de Coulmiers, l'armée de la Loire s'ébranla dans un ordre parfait. Von der Tann, qui n'avait que 20 000 hommes avec 110 canons, contre 60 000 hommes avec 150 pièces, fut débordé. Les généraux français, Peytavin, Barry, se mirent à la tête des troupes, comme leurs devanciers de la Révolution, et les entraînèrent. L'amiral Jauréguiberry, monté sur un petit cheval, naviguait sur sa bête, selon le mot des soldats, comme dans la tempête. A quatre heures, von der Tann abandonnait Orléans et reculait sur Artenay.

L'armée française avait vaillamment combattu, nos soldats avaient rivalisé de courage et d'entrain, l'artillerie avait tiré avec une remarquable justesse. Malheureusement, le général

GAMBETTA

Reyau, qui devait tourner la droite de l'ennemi avec sa cavalerie, se replia, lorsqu'il vit au loin les francs-tireurs de Lipowski, qu'il prenait pour des Allemands, et Martin des Pallières, venant par la rive droite de la Loire avec 30 000 fantassins, 44 pièces de canon et 800 chevaux, suivant d'ailleurs les ordres du commandement, qui ne s'attendait pas à une avance si rapide, n'arriva pas à temps.

Ces circonstances diminuèrent sensiblement les effets de la victoire de Coulmiers. C'était pourtant une victoire incontestable qui, suivant le mot du général en chef, « décuplait le moral des troupes » et produisit une impression profonde en France et à l'étranger. Elle fut notre plus grand succès pendant toute cette guerre. Elle parut nous ramener la fortune. L'armée de la Loire avait glorieusement reçu le baptême du feu et apparaissait comme l'instrument des revanches prochaines.

La surprise des Allemands fut extrême. Un officier bavarois écrivait à sa famille : « Il n'y a plus d'armée de la Loire, disait-on, les forces de l'ennemi sont épuisées, et maintenant se trouve tout un corps bien organisé avec une artillerie formidable, une cavalerie admirablement montée et une infanterie qui nous a prouvé ce dont elle était capable. La situation a changé pour nous d'une façon des plus inquiétantes. »

Gambetta adressa à l'armée cette proclamation : « Votre courage et vos efforts nous ont enfin ramené la victoire, depuis trois mois déshabituée de nos drapeaux. La France en deuil vous doit sa première consolation, son premier rayon d'espérance.... Sous la main de chefs vigilants, fidèles, dignes de vous, vous avez retrouvé la discipline et la force. Vous nous avez rendu Orléans, enlevé avec l'entrain de vieilles troupes depuis longtemps accoutumées à vaincre.... Avant-garde du pays tout entier, vous êtes aujourd'hui sur le chemin de Paris.... Paris nous attend, il y va de notre honneur de l'arracher aux étreintes des barbares.... Avec des soldats tels que vous, la République sortira triomphante des épreuves qu'elle traverse ; après avoir organisé la défense, elle est en mesure d'assurer la revanche nationale.... »

Au lendemain de la victoire de Coulmiers, les Allemands s'attendaient à ce que l'armée française poursuivît ses avantages et marchât vers Paris. Cette crainte perce dans les dépêches que le roi Guillaume envoya le 9, le 10 et même le

11 novembre à la reine Augusta pour lui expliquer cet insuccès et la rassurer sur ses conséquences ; il insistait sur le fait que les Français, au lieu d'avancer du côté de la capitale, se maintenaient dans les positions conquises. Moltke écrivait le 14 au général von Stiehle, chef d'état-major de Frédéric-Charles : « L'armée de la Loire ne s'est pas reconnu la force de pousser sur Paris en livrant de nouveaux combats ; c'est là cependant pour elle, le seul moyen de réussir. Il semble qu'elle n'ose pas attaquer. Une offensive de fortes colonnes ennemies ne serait pas moins dangereuse pour nous venant de l'Ouest que venant du Sud. Il est possible que l'armée de la Loire se borne à une défense passive d'Orléans, mais c'est bien invraisemblable, car Gambetta sait à coup sûr que Paris ne peut tenir sans être débloqué. Nous sommes très reconnaissants à son Altesse Royale (le prince Frédéric-Charles) d'avoir hâté sa marche, cela nous a aidés à sortir d'une sorte de crise. » Et, faisant allusion aux « mouvements, malheureusement encore si peu connus, de l'armée de la Loire », Moltke ajoute qu'il faut s'attendre pour le 15 à une sortie de la garnison de Paris « d'un plus grand style que les précédentes ».

Ainsi, du 12 au 14 novembre, la situation inspirait de réelles inquiétudes au grand quartier général allemand ; Moltke envisageait l'éventualité de la levée du blocus de Paris, et, le 14, il reconnaissait qu'une sorte de crise stratégique venait de se produire.

En effet, d'après les états qui existent aux Archives du ministère de la Guerre, les troupes françaises situées à moins de 60 kilomètres de Toury s'élevaient à 150 000 fantassins et 8 000 cavaliers, tandis que les Allemands ne pouvaient opposer immédiatement à cet ensemble que 35 000 fusils et 11 000 sabres. L'armée de Frédéric-Charles, parvenue le 10 sur le front Troyes-Vandeuvre-Chaumont, était encore trop éloignée pour pouvoir soutenir le grand-duc de Mecklembourg avant le 16 novembre avec un corps d'armée et avant le 21 toutes forces réunies. Le 13, nous disposions de trois jours au moins pour en finir avec le grand-duc avant l'arrivée de Frédéric-Charles. Enfin, le grand quartier général allemand ne pouvait prélever des troupes sur le corps d'investissement de Paris, puisqu'il s'attendait à une grande sortie de la garnison de la capitale.

GAMBETTA

Telle était la situation, lorsque Gambetta et M. de Freycinet vinrent à Villeneuve-d'Ingré, le 12, féliciter les généraux, remercier les troupes et apporter des récompenses. Ils y trouvèrent les généraux d'Aurelle, Borel et des Pallières, les commandants de l'artillerie et du génie, le préfet du Loiret et son secrétaire.

Ni les témoins, ni les historiens ne sont d'accord sur ce qui se passa à Villeneuve-d'Ingré. J'ai interrogé sur ce point M. de Freycinet, voici ce qu'il m'a répondu : « Ce ne fut pas un conseil de guerre, dans l'acception propre du terme. Nous étions venus, Gambetta et moi, pour féliciter les généraux et pour leur demander des informations. Au cours de l'entretien, je posai à d'Aurelle cette question : « Que comptez-vous faire ? « Croyez-vous pouvoir marcher sur Paris ? » D'Aurelle se récria. Borel dit : « Il faudrait d'abord se renseigner sur les forces et « les emplacements de l'ennemi ». D'Aurelle allégua que ses troupes étaient fatiguées, et il n'en fut plus question dans cette séance. Il n'y eut pas de proposition ferme, pas de délibération. Il fut entendu qu'on allait rester provisoirement à Orléans et qu'on attendrait les nouvelles de Paris. »

Ces déclarations de M. de Freycinet concordent avec le récit qu'il a fait dans ses *Souvenirs*, publiés en 1912, et où il dit : « Le général d'Aurelle combattit l'idée d'une marche sur Paris, visée par hypothèse dans les explications du général Borel ».

D'Aurelle, dans son livre, *la Première armée de la Loire*, dit que la marche sur Paris eût été « une tentative insensée ». Il estimait que l'on compromettrait le résultat de la bataille de Coulmiers, si on lançait sur Paris des troupes de formation récente, peu entraînées et peu manœuvrières. Il ne savait pas, d'ailleurs, exactement, le nombre et les positions des Allemands et il s'en exagérait considérablement la force. Il avait dès lors, sans le dire, car il craignait les indiscrétions (*la Première armée de la Loire*, page 130), l'idée bien arrêtée de se retrancher devant Orléans et d'y attendre, en des positions étudiées et préparées à l'avance, le choc de toutes les forces allemandes, du prince Frédéric-Charles venant de Metz, du grand-duc de Mecklembourg venant d'Angerville et de von der Tann, qui rejoignit le grand-duc vers Loury à 7 ou 8 lieues de Coulmiers et fut placé, le 10, sous ses ordres.

Devant la commission d'enquête de l'Assemblée nationale, un membre ayant demandé au général Borel si, dans sa pensée, le commandant en chef avait eu de sérieuses raisons pour ne pas poursuivre l'ennemi après sa victoire, le témoin répondit sans hésiter : « Oui, certainement », et il exposa que, les Bavarois ayant pu se retirer sans avoir été mis en déroute, on aurait eu, en les poursuivant, à livrer une seconde bataille dans laquelle on les eût trouvés notablement renforcés; que, sans doute, on eût augmenté par cette poursuite le désordre de leur retraite, mais qu'on n'eût pas été en mesure d'arriver jusqu'à Paris avec les éléments dont on disposait.

De son côté, le général Chanzy dit, dans son livre *la Deuxième armée de la Loire* (p. 35) : « Si le gouvernement de Tours eût été moins préoccupé de la position d'Orléans dont il voulait faire la base de ses opérations ultérieures, et *si le général en chef avait cru l'armée de la Loire assez complète et assez outillée pour continuer à se porter en avant,* il eût *peut-être* été possible, en mettant à profit l'enthousiasme de la victoire du 9, d'atteindre et d'achever de battre l'armée du général de Tann avant qu'elle eût pu être secourue par celle du grand-duc, sur laquelle on se serait porté ensuite, et de prendre ainsi les Allemands en détail, avant l'arrivée du prince Frédéric-Charles ».

Enfin, pour achever d'éclaircir la situation, il ne faut pas oublier que, au moment où se livrait la bataille de Coulmiers, Trochu et Ducrot mettaient la dernière main à leurs préparatifs de sortie par la basse Seine; ils ne reçurent la nouvelle du succès de Coulmiers que le 14 novembre et durent changer complètement leurs dispositions : par conséquent, leur mouvement vers Orléans eût difficilement coïncidé avec une avance de l'armée de la Loire.

Ce qui demeure certain, c'est qu'à Villeneuve-d'Ingré le commandant en chef ne reçut pas l'ordre de marcher sur Paris et il est évident que, si Gambetta et M. de Freycinet avaient cru alors fermement à la possibilité d'une poursuite immédiate, ils auraient pris au moins la précaution de laisser une trace de cette opinion, alors qu'une décision dans un sens ou dans l'autre pouvait entraîner de si graves conséquences. Gambetta en eut l'idée : la question posée par Freycinet à d'Aurelle le prouve; mais, le commandant en chef ayant repoussé cette idée, on fut d'accord, ce jour-là, pour rester à Orléans.

Seulement, il y avait entre la conception du ministre de la Guerre et celle du commandant en chef cette différence, que, pour le premier, Orléans devait être la base de prochaines offensives, tandis que, pour le second, il convenait d'y attendre l'attaque de l'ennemi. Les projets de Gambetta étaient subordonnés aux sorties de Paris, dont le délai était fort limité, tandis que le dessein de d'Aurelle tendait seulement à aider Paris par une puissante diversion. Sa conception eût peut-être été la vraie, si Paris n'avait pas appelé au secours. C'était le plan d'une guerre longue, où, en attendant l'ennemi sur la défensive, en prenant le temps de former des troupes avec la triple supériorité du nombre, de la richesse et de l'armement, on aurait pu, avec le temps, espérer le dernier mot. Mais il y avait Paris, Paris qui commandait. Entre les deux projets, il fallait choisir : demander à d'Aurelle d'exécuter un plan qu'il jugeait impraticable était s'exposer à de redoutables complications.

Cependant Frédéric-Charles arrivait de Metz à marches forcées. Le 20 novembre, il atteignait Pithiviers avec 14 000 hommes d'infanterie, 1 200 chevaux et 84 canons. Le 9ᵉ corps l'avait déjà précédé, se dirigeant sur Fontainebleau, pour couvrir Paris au Sud. Le 17 novembre, le prince envisageait ainsi la situation : « Il ne me semble pas impossible que l'ennemi réunisse en ce moment toutes les troupes disponibles de la France vers Orléans. Les quinze jours ou quatre semaines qui viennent seront intéressants; ils décideront pour longtemps de la destinée de l'Europe. »

Trois jours plus tard, il évalue les forces françaises à 120 000 ou 150 000 hommes. « Je crois que la destruction de l'armée de la Loire, ou même son simple refoulement, contribuera puissamment à amener la fin de la guerre. D'ailleurs, les immenses efforts de la France ne peuvent qu'inspirer le respect et il serait singulièrement dangereux de ne pas les prendre au sérieux.... Je vais marcher sus à l'ennemi dans la direction d'Artenay, dès que le 10ᵉ corps, une fois reposé, m'aura rejoint. » Et il remet son offensive, fixée d'abord au 21 novembre, à une date ultérieure, pour attaquer avec toutes ses forces réunies et reposées.

Cependant l'administration de la Guerre travaillait active-
ment à renforcer les deux corps qui avaient combattu à Coulmiers, et, vers le 19 novembre, trois corps d'armée nouveaux,
bien qu'imparfaitement organisés encore, étaient entrés en
ligne : les 18e et 20e corps à droite, vers Nevers et Gien, sous
les ordres de Billot et de Crouzat, et le 17e à gauche, sous les
ordres de Durrieu, bientôt remplacé par de Sonis. Le 16e corps,
qui ne comptait que deux divisions, en reçut une troisième, qui
vint prendre sa place de bataille sur la route de Châteaudun.

D'Aurelle, fidèle à son plan, continuait de voir dans l'achèvement du camp retranché la tâche qu'il devait poursuivre
d'abord : « Ce ne sera, écrit-il au ministre le 18 novembre,
que quand tous ces travaux seront terminés et que ces batteries seront armées, que l'armée de la Loire aura sa liberté
d'action. »

Gambetta pressait le gouvernement de Paris de tenter une
sortie, et, en même temps, il recommandait à d'Aurelle de
« faire de sa position un Sébastopol ». (19 novembre.)

Donc, jusqu'à cette date, il pensait que c'était à la garnison
de Paris de prendre l'offensive. Mais, dans l'après-midi de
ce même jour, son opinion se modifia, sous l'impression de
nouvelles venues de la capitale et qui fixaient le 15 décembre
comme le terme extrême des approvisionnements. Dans la
nuit du 19 au 20, M. de Freycinet invita le général en chef à
étudier un plan d'opérations qui aurait pour objet de rapprocher son armée de la capitale : « Nous ne pouvons demeurer
éternellement à Orléans ; Paris a faim et nous réclame. Étu-
diez donc la marche à suivre pour arriver à nous donner la
main avec Trochu, qui marcherait à votre rencontre avec
150 000 hommes, en même temps qu'une diversion serait
tentée dans le Nord. De notre côté, nous étudions un plan ici.
Dès que vos idées seront arrêtées sur cette grave affaire,
prévenez-moi ; nous nous réunirons à Tours ou à votre quartier général, pour en discuter. »

Le général répond le 20 : « Pour étudier un plan à suivre,
pour arriver à donner la main au général Trochu, il serait
nécessaire que je fusse au courant de ce qui se passe à Paris et
des intentions de cet officier général. Quant au projet que
vous élaborez de votre côté, je l'examinerai dès que vous voudrez bien me le soumettre. »

(81)

GAMBETTA

Gambetta réplique : « Je vous prie de méditer un projet d'opérations ayant pour suprême objectif Paris; je ne peux accepter que cette préparation implique pour vous la connaissance préalable des projets du général Trochu. Nous sommes sans nouvelles : le hasard seul nous permet, d'une façon tout à fait intermittente, d'en obtenir; c'est comme une inconnue de plus dans notre problème.... Pour cela, il suffit de supposer que Paris connaît notre présence à Orléans et que, dès lors, c'est dans l'arc de cercle dont Orléans est le point médian que les Parisiens seront fatalement amenés à agir. Je compte que vous voudrez prendre en considération les vues générales, mais sûres, d'après lesquelles nous devons opérer. »

Le lendemain 21, un secrétaire de M. de Freycinet arrive à Villeneuve-d'Ingré et remet au général d'Aurelle l'avis ci-dessous, écrit à la hâte sur une feuille de papier à lettre (*Archives historiques du ministère de la Guerre, carton D. 6*) :

« 1° Départ de des Pallières, avec une trentaine de mille hommes, dans la direction de Pithiviers 23 courant; 2° Occupation de Pithiviers le 24, par le même. Un ordre formel sera envoyé dans la journée du 22 au général d'Aurelle, pour lui enjoindre d'opérer le mouvement sus-indiqué. Consacrer la journée de demain à explorer parfaitement la région. » En outre, M. de Freycinet prescrivait directement au général Crouzat de se porter le 22 aux Bordes avec tout son corps d'armée (le 20ᵉ). Le 22, il télégraphiait à d'Aurelle de faire venir, le 24, la 1ʳᵉ division du 15ᵉ corps entre Juranville et Beaune-la-Rolande.

A quelles raisons le gouvernement obéissait-il en prenant ces décisions précipitées, alors que, la veille, il avait chargé le général en chef de « méditer un plan d'opérations »? La marche victorieuse du grand-duc de Mecklembourg de Dreux sur Nogent-le-Rotrou avait fait croire que le Mans et Tours même pouvaient être menacés : « Nous entreprîmes de faire face au danger, écrit M. de Freycinet, en opérant sur la gauche de l'ennemi, du côté de Pithiviers, une diversion qui l'obligeât à ramener ses troupes vers le Nord-Est ». Mais, à ce moment, le grand-duc se dirigeait précisément vers l'Est, pour rejoindre Frédéric-Charles, qui l'avait appelé le 21. On s'exagérait d'ailleurs beaucoup, à Tours, les effectifs allemands.

Avisé que la sortie de la garnison de Paris n'aurait pas lieu avant plusieurs jours, le ministre de la Guerre reporta l'offensive au 24 et au 25. Le général d'Aurelle, bien que « désespéré », transmit aux intéressés les ordres nécessaires; mais il crut devoir faire connaître au ministre son opinion en ces termes :

« *Saint-Jean-de-la-Ruelle, 23 novembre 1870, 2 heures du matin.* Après avoir pris mes dispositions pour assurer l'exécution des ordres que vous m'avez donnés, il me reste un autre devoir à remplir, c'est celui de vous faire connaître toute ma pensée au sujet de l'opération que vous avez prescrite et sur les conséquences qu'elle peut avoir. » Il expose que, Pithiviers se trouvant dans la zone de concentration d'une armée prussienne « forte de 70 à 80 000 hommes », le mouvement projeté provoquera une bataille générale, livrée à une journée de marche des positions fortifiées. « Au lieu de rester dans nos lignes, nous irions chercher l'ennemi dans les siennes, en nous exposant à embourber notre artillerie dont nous ne pourrions faire usage, vu l'impossibilité de la faire marcher en dehors des chemins ferrés. Dans de pareilles conditions, l'opération que vous m'avez ordonné d'entreprendre sur Pithiviers ne me paraît pas présenter assez de chances de succès pour être poursuivie. Si elle venait à échouer, elle pourrait nous placer dans une situation très grave. »

Et le même jour, le général en chef, répondant à la lettre que Gambetta lui avait adressée le 20, lui écrivait : « Vous me recommandez de méditer un projet d'opérations ayant Paris pour suprême objectif. La solution de ce problème n'est pas la moindre de mes préoccupations. Pour le résoudre, il faut la coopération et l'entente communes du gouvernement et de l'armée, représentée par les chefs que vous avez investis de votre confiance. En ce qui me concerne, vous pouvez compter sur mon dévouement absolu. Dieu veuille mettre mes forces à la hauteur de mon dévouement! »

En l'absence de Gambetta, parti pour le Mans, M. de Freycinet répond : « A vos objections, dont je ne méconnais pas la portée, je ferai cette simple réponse : Si vous m'apportiez un plan meilleur que le mien, ou même si vous m'apportiez un plan quelconque, je pourrais abandonner le mien et révoquer mes ordres; mais, depuis douze jours que vous êtes à Orléans, vous ne nous avez, malgré nos invitations réitérées, de

M. Gambetta et de moi, proposé aucune espèce de plan. Des nécessités d'ordre supérieur nous obligent à faire *quelque chose*, et par conséquent à sortir d'Orléans. Ainsi que M. Gambetta et moi vous l'avons expliqué, *Paris a faim et veut être secouru*. Il ne dépend donc pas de nous de vous laisser passer l'hiver à Orléans. Je dis : *passer l'hiver*, car il n'y a guère de chance que la saison devienne moins mauvaise pendant trois ou quatre mois qu'elle l'est en ce moment, et que l'ennemi soit moins nombreux autour de vous. Or, le nombre des Prussiens d'un côté, et l'humidité du sol de l'autre côté, sont les objections que vous mettez en avant. Elles subsisteront, je le répète, beaucoup plus longtemps que Paris n'aura de vivres pour se nourrir. Il faut donc sortir de l'immobilité dans laquelle le salut suprême de la patrie nous condamne à ne pas rester. Je ne puis donc que maintenir, sauf de légères variantes, introduites en conséquence de votre lettre de ce jour, les ordres précédemment donnés pour le mouvement de des Pallières et de Crouzat, et je vous envoie, en la confirmant, copie de ma dépêche de ce soir. Ce mouvement a, d'ailleurs, été concerté avec M. Gambetta et a eu sa pleine approbation. » (23 novembre.)

Le 25 au matin encore, d'Aurelle critique les dispositions prises par l'administration de la Guerre pour la journée du 25 et paraît décidé à accepter, pour plus tard, l'idée d'une offensive générale : « Remarquez, dit-il, quelle est la dissémination de nos forces appelées à concourir au même but, lorsque nous aurions tout avantage à nous trouver réunis ».

M. de Freycinet répond : « Je me suis concerté avec M. Gambetta, et voici la réponse que je suis chargé de vous transmettre... : « Quant au mauvais état des chemins et à la dissémination relative des forces qu'entraîne le mouvement simultané vers Montargis, Beaumont, Pithiviers, nous ne nous les dissimulons pas; mais tout plan a ses risques, et nous devons croire qu'ici les risques ne sont pas plus grands qu'ailleurs, puisqu'aucun autre plan ne nous a été proposé par vous, et cependant un plan quelconque est absolument indispensable par suite des circonstances supérieures que vous connaissez. Votre dessein d'attaquer « en toute direction, « avec toutes vos forces réunies à Orléans », nous est indiqué pour la première fois; et quelle qu'en puisse être la valeur intrinsèque, vous remarquerez qu'il est bien tard pour y revenir, notre mouvement étant fortement engagé. »

Ainsi, malgré les représentations du général en chef, le gouvernement n'abandonnait pas son projet de diversion sur Pithiviers; il consentait seulement à l'exécuter avec moins de hâte, tout en se réservant le droit de donner lui-même, de Tours, les ordres ultérieurs. M. de Freycinet a dit expressément dans son livre *la Guerre en Province* : « Les opérations commencèrent le 24 au matin, selon le plan indiqué. Elles offrirent ce caractère particulier, qui, pendant toute la période du 10 octobre au 10 février, ne s'est retrouvé dans aucune autre entreprise, d'être conduites directement par l'administration de la Guerre. »

Pourquoi, à ce moment, le général d'Aurelle de Paladines ne donna-t-il pas sa démission? Il a allégué, pour expliquer sa conduite, les motifs les plus honorables : la fidélité à la discipline, le noble désir de servir jusqu'au bout son pays. Que d'illustres exemples, cependant, à lui opposer : Condé, Turenne, Luxembourg résistant aux injonctions de Louvois et, dans cette guerre même, à ce même moment, Moltke, dans son Mémoire au roi du 30 novembre 1870, refusant de se soumettre aux interventions de Bismarck!

Napoléon a dit : « Tout général en chef qui se charge d'exécuter un plan qu'il trouve mauvais est coupable; il doit représenter ses motifs, insister pour que le plan soit changé, enfin donner sa démission plutôt que d'être l'instrument de la ruine de son armée ».

Von der Goltz, d'autres encore ont dit : « Il fallait choisir : ou laisser le commandant en chef libre d'agir à sa guise, ou le remplacer ». Certes, si, à ce moment, Chanzy avait été nommé à la place de d'Aurelle, le sort de la guerre eût pu changer; mais, le 23 novembre, Chanzy n'était pas encore en passe de devenir commandant en chef. Et comment briser alors le général qui avait remporté la seule victoire de cette guerre? Le pays, l'armée n'eussent pas compris. Dilemmes plus faciles à poser après coup qu'à trancher sur l'heure!

Quoi qu'il en soit, à cette date du 23 novembre, l'ennemi ne pouvait nous opposer que deux groupes de forces, l'un de 46 000 hommes, armée du grand-duc, l'autre de 55 000, armée de Frédéric-Charles, séparés l'un de l'autre par une distance d'environ 120 kilomètres, du Theil, quartier général du grand-duc, à Pithiviers, quartier général du prince Frédéric-Charles. Nous, de Laigle à Gien, nous avions environ 180 000 hommes. Il est aisé d'envisager une manœuvre qui eût permis à l'armée de la Loire de battre ces deux groupes successivement avant de se diriger sur Paris. C'est le contraire qui arriva : l'armée de la Loire, au lieu d'attaquer en masse, n'engagea d'abord que sa droite, qui fut mise en échec le 28, et, quatre jours après, sa gauche, qui fut battue pour les mêmes raisons.

Le 24, la division Martin des Pallières et le 20ᵉ corps (Crouzat) se dirigent sur Pithiviers ; des Pallières par Chilleurs, Crouzat par Beaune-la-Rolande. Des Pallières refoule, près de Neuville, une reconnaissance prussienne ; mais Crouzat rencontre deux brigades ennemies qui lui barrent la route de Ladon et de Maizières. Le mouvement est arrêté. Les journées du 25, du 26, du 27 sont perdues pour les Français : Frédéric-Charles gagne un temps précieux. Le 28, l'offensive reprend. Crouzat dispose de 60 000 hommes contre 10 000 Allemands, qui, de huit heures trente du matin à trois heures de l'après-midi, contiennent l'effort des nôtres. Toutes les attaques du 20ᵉ corps dirigées contre Beaune-la-Rolande échouent malgré la bravoure de nos troupes qui, de l'avis de nos ennemis, « combattirent avec une sorte d'enthousiasme sauvage rappelant les beaux jours de la première Révolution ». Le 18ᵉ corps, commandé par Billot, bouscule l'avant-ligne de l'ennemi dans la région Juranville-Lorcy-Corbeille, mais ne rejoint pas à temps le 20ᵉ corps. Une division envoyée en hâte par Frédéric-Charles débouche sur le champ de bataille et oblige Crouzat à se replier sur Nesploy, Nibelle et Chambon.

Ainsi, cette première rencontre, où l'armée de la Loire n'avait engagé que sa droite et où les 18ᵉ et 20ᵉ corps avaient combattu indépendamment l'un de l'autre, n'avait pas réussi. Cependant Gambetta, inexactement renseigné d'abord, écrit à Jules Favre : « Nos conscrits du 18ᵉ corps ont battu, à Beaune-la-Rolande, le 10ᵉ corps prussien, commandé par Frédéric-Charles en personne ». Il le croyait alors, et il espérait, par ces nouvelles optimistes, hâter la sortie de l'armée de Paris.

La nouvelle de la victoire de Coulmiers était arrivée à Paris le 18 novembre. Le gouvernement avait décidé aussitôt qu'une grande sortie aurait lieu par le Sud. Un plan avait été élaboré dès le 20 et Trochu avait télégraphié le 24 à la délégation de Tours : « Mardi 29, l'armée extérieure, commandée par le général Ducrot, le plus énergique de tous, abordera les positions fortifiées de l'ennemi et, s'il les enlève, poussera vers la Loire, probablement dans la direction de Gien ». Mais, par une de ces fatalités si fréquentes au cours de cette guerre, le gouvernement de Paris n'avait confié cette dépêche qu'à un seul ballon ; ce ballon alla tomber le 25 en Norvège à cent lieues au nord de Christiania ; le consul de France recueillit les aéronautes quatre jours plus tard et télégraphia à Tours le 29. Lorsque la dépêche parvint à la délégation, on était déjà au 30 novembre et la sortie qu'elle annonçait était commencée depuis la veille. L'émotion de Gambetta fut extrême. Il envoya immédiatement cinq messagers au-devant du général Ducrot, pour lui annoncer que l'armée de la Loire allait marcher à sa rencontre. 120 000 hommes, suivis d'un corps de réserve, s'achemineraient en deux colonnes, l'une par Pithiviers, l'autre par Beaumont, vers Fontainebleau. En même temps, d'Aurelle était invité à « préparer une vigoureuse offensive ». Le général proposa aussitôt de marcher, soit sur Étampes, soit sur Rambouillet, et demanda à être renseigné d'urgence sur l'objectif à atteindre et sur les forces dont il disposerait. M. de Freycinet lui répondit : « Je vous expliquerai de vive voix ce que nous attendons de vous et nous l'étudierons ensemble » (30 novembre, 3 heures 35 du soir). A neuf heures, le délégué à la Guerre arrive au quartier général, à Saint-Jean-de-la-Ruelle, où se réunit aussitôt un conseil de guerre, auquel assistent les généraux d'Aurelle, Chanzy et Borel.

« Les généraux, a dit M. de Freycinet dans *la Guerre en Province*, n'hésitèrent pas un instant à se porter à la rencontre du général Ducrot. Ils ne se dissimulèrent pas cependant les conditions défavorables qui résultaient d'un départ aussi précipité. Ils acceptèrent comme bonnes les données générales de l'entreprise, la mise en marche sur Fontainebleau par Pithiviers et Beaune-la-Rolande, et la coopération des cinq corps d'armée, placés à partir du lendemain sous la direction supérieure du général d'Aurelle. »

Les généraux d'Aurelle et Chanzy ne sont pas d'accord

avec M. de Freycinet : tout en acceptant le principe, ils auraient fait d'expresses réserves sur les procédés d'exécution; ils auraient exposé que l'opération serait très dangereuse si les forces ennemies étaient groupées autour de Pithiviers et qu'il fallait tout d'abord, avec les 15ᵉ et 17ᵉ corps, battre les troupes adverses réunies près de Janville.

Chanzy (*la Deuxième Armée de la Loire*) dit que, le plan arrêté à Tours ayant été exposé par M. de Freycinet, les généraux montrèrent les dangers d'une pareille opération, toutes les forces ennemies étant réunies autour de Pithiviers et la sortie de l'armée de Paris restant incertaine, mais que ce plan fut maintenu comme un ordre formel du gouvernement. « Il fut convenu, ajoute-t-il, que le 16ᵉ corps, qui se trouvait à l'aile gauche, se mettrait en marche dès le lendemain pour se porter vers Janville et Toury; que le 17ᵉ, marchant sur ses traces, lui servirait de réserve, et que, le 2 décembre, les 15ᵉ, 18ᵉ et 20ᵉ corps se porteraient à leur tour sur Pithiviers par un mouvement concentrique. »

D'Aurelle, de son côté, dit (*la Première Armée de la Loire*) : « M. de Freycinet soutint que le corps de Chanzy était plus que suffisant pour battre le duc de Mecklembourg, et il finit par déclarer que le plan qu'il indiquait était irrévocablement arrêté par le gouvernement de Tours ». Le général en chef répliqua : « Si on laisse le corps de Chanzy (le 16ᵉ) faire seul ce mouvement, on l'expose à être écrasé. »

Les opérations commencèrent suivant le plan imposé. Le 1ᵉʳ décembre fut favorable à nos armes. Chanzy s'empara de Guillonville et fut victorieux à Villepion. Le 2 au matin, la France lisait une proclamation dans laquelle Gambetta s'écriait, après avoir retracé les principales phases de la lutte sous Paris : « Le génie de la France, un moment voilé, réapparaît! Grâce aux efforts du pays tout entier, la victoire nous revient et, comme pour nous faire oublier la longue série de nos infortunes, elle nous favorise sur presque tous les points.... Nos troupes d'Orléans sont vigoureusement lancées en avant. Nos deux grandes armées marchent à la rencontre l'une de l'autre.... Qui donc douterait de l'issue finale de cette lutte gigantesque? » On sut le lendemain que, malgré des prodiges de valeur, l'armée de Paris avait dû rentrer dans l'enceinte; le blocus demeurait aussi rigoureux que jamais. Pendant que la sortie

de Paris était repoussée à Champigny, le 2 décembre à
Loigny, après une bataille qui dura de neuf heures du matin
à six heures du soir, le 16ᵉ corps et le 17ᵉ (de Sonis), que
Chanzy avait appelé à lui, étaient accablés.

Le 2, à une heure trente du soir, Frédéric-Charles recevait
mission du roi de « se porter sans délai directement sur Orléans
pour une attaque décisive ». Frédéric-Charles donne aussitôt à
ses troupes et à celles du grand-duc l'ordre de converger sur
Orléans. Il laisse de côté notre aile droite, les 18ᵉ et 20ᵉ corps
séparés du théâtre de l'action par plus de 40 kilomètres à vol
d'oiseau, pour jeter toutes ses forces sur notre centre. Le 3 au
matin, l'armée française était en pleine retraite.

Cette même nuit, à quatre heures du matin, le commandant
en chef écrit que la défense d'Orléans devient impossible. La
nouvelle cause à Tours une douloureuse stupeur. D'Aurelle
reçoit l'ordre d'opérer un mouvement général de concentration. Il répond que le temps ne le permet plus. Gambetta
réunit alors ses collègues de la délégation : celle-ci décide de
laisser au général le soin d'exécuter sa retraite. Mais au même
moment, d'Aurelle s'étant transporté à Orléans, où arrive la
division des Pallières, reprend confiance et se ravise; il dirige
sur Orléans les 16ᵉ et 17ᵉ corps, et appelle les 18ᵉ et 20ᵉ. La
délégation exprime au général toute sa satisfaction et ajoute :
« M. Gambetta part dans une demi-heure pour Orléans ».

Quelques heures plus tard, d'Aurelle, à la vue des soldats
débandés qui encombrent Orléans, estime que la désorgani-
sation des troupes empêche toute tentative de résistance. A
quatre heures du soir, il ordonne d'abandonner la ville et
annonce à Tours que, tous ses efforts ayant été impuissants,
elle sera évacuée dans la nuit du 4 au 5. Le train qui emporte
Gambetta vers Orléans est arrêté à la Chapelle-Saint-Mesmin
par les coups de feu des patrouilles allemandes; il recule
jusqu'à Beaugency, où le ministre reçoit la nouvelle du
désastre, et rentre à Tours.

« Aussitôt levés, le 5 au matin, a dit le général Thoumas,
nous nous rendîmes chez M. de Freycinet, où se trouvait
Gambetta, qui avait passé de mortelles heures d'attente dans
la gare de Beaugency. Il y avait appris l'évacuation d'Orléans
et était rentré à Tours désespéré. Quand je le vis dans la
matinée du 5, ses yeux étaient gonflés et rougis par les larmes;

il me serra la main avec une énergie concentrée et resta silencieux pendant quelques instants. Quoi qu'on puisse dire de cet homme, je dois certifier, pour l'avoir vu dans cette circonstance et dans plusieurs autres, qu'il aimait passionnément son pays, et son patriotisme ardent efface complètement à mes yeux les quelques erreurs qu'il a pu commettre. »

« Ainsi fut consommé le plus grand malheur de la seconde période de la guerre et celui qui a décidé du sort de la France », a dit M. de Freycinet. Tout au moins, l'immense effort de création accompli par Gambetta et par son éminent collaborateur était-il gravement compromis.

De longues polémiques se sont élevées sur les causes de ce désastre. L'administration civile en a rendu responsable le chef militaire; celui-ci a renvoyé les responsabilités à l'administration civile. La cause initiale apparaît clairement : tout était subordonné à la délivrance de Paris; les chefs civils, qui n'étaient à Tours que les délégués du pouvoir central, obéissaient à sa volonté en poursuivant ce même objectif. Chaque fois que Paris semblait leur offrir une chance, ils s'y précipitaient avec toute l'ardeur de leur patriotisme. Le commandant en chef, lui, avait voulu d'abord aguerrir et organiser ses troupes; il estimait que le meilleur moyen d'aider Paris était d'attendre l'ennemi sous Orléans; il ne prenait pas Paris comme objectif immédiat, tandis que le souci de délivrer la capitale avant qu'elle succombât primait, dans l'esprit de la délégation de Tours, toute autre considération. Le gouvernement enfermé dans Paris : voilà la grande erreur qui pesa sur toute cette partie de la guerre.

Mais, une fois l'offensive décidée, qui fut responsable de l'échec?

Le 30 novembre au soir, le front allemand est d'environ 65 kilomètres; il forme entre Paris et l'armée de la Loire comme une digue d'épaisseur à peu près égale sur toute son étendue. 80 000 fantassins et 18 000 cavaliers, avec 472 pièces, sont assez rapprochés les uns des autres pour participer à une même bataille. L'armée française s'étend sur un arc de cercle d'environ 75 kilomètres. Six de nos divisions ont leurs avant-postes au contact de ceux de l'ennemi, savoir : la 1re division du 16e corps, les trois divisions du 15e, une divi-

sion du 20ᵉ et une division du 18ᵉ, soit, au total, environ
100 000 hommes. Pourquoi jamais un tiers de ces forces ne
fut-il réuni pour livrer une bataille décisive?

« Parce que, dit d'Aurelle, je n'ai reçu que le 2 le commandement de l'aile droite, c'est-à-dire des 18ᵉ et 20ᵉ corps, qui,
jusque-là, étaient restés aux mains du ministre de la Guerre.
Trop éloignés lorsqu'ils reçurent l'ordre d'agir, ils ne purent
se mettre en mouvement que lorsque l'armée prussienne était
déjà aux portes d'Orléans. »

La dépêche envoyée par le ministre de la Guerre sur
laquelle d'Aurelle se fonde, est du 2 décembre, 4 heures 55 du
soir : « *Il demeure entendu*, dit cette dépêche, qu'à partir de
ce jour, vous donnerez directement vos instructions straté-
giques aux 15ᵉ, 16ᵉ, 17ᵉ, 18ᵉ et 20ᵉ corps. J'avais dirigé *jusqu'à
hier* le 18ᵉ et le 20ᵉ et par moments le 17ᵉ; je vous laisse ce
soin désormais. » Cette dépêche était la confirmation d'ordres
envoyés depuis la veille. En fait, dès le 1ᵉʳ et même dès le 30 au
soir, le général en chef adressait des instructions aux corps
d'armée.

Des critiques militaires ont exprimé l'avis que, nos avant-
postes étant, sur une grande étendue, au contact de ceux de
l'ennemi, nos divers corps d'armée, quoique séparés les uns
des autres, auraient pu être portés simultanément à sa rencontre.
Selon ce plan, un chef hardi, faisant converger toutes ses forces
droit à l'ennemi le 1ᵉʳ décembre, eût-il vaincu? Peut-être. C'est
l'opinion soutenue par le colonel V. Dupuis, chef de la section
historique de l'état-major de l'armée, dans son ouvrage : *la
Direction de la Guerre* (1912). Mais ce plan n'était pas celui
adopté à Saint-Jean-de-la-Ruelle, c'est-à-dire l'avance suces-
sive des cinq corps d'armée et l'action commune fixée seulement
au 2.

D'ailleurs, en face des troupes allemandes accoutumées à
leurs chefs, les improvisations dans le commandement français,
— Sonis appelé au commandement du 17ᵉ corps le 22 novembre,
d'Aurelle ne pouvant disposer de l'ensemble de ses forces que
le 1ᵉʳ décembre, Bourbaki arrivant *in extremis* le 3 pour
commander l'aile droite, — assuraient à l'ennemi un évident
avantage. Et la défiance réciproque, les tiraillements entre le
commandement militaire et l'administration civile, mal ren-
seignés sur les mouvements de l'ennemi, les avaient mal

préparés à une lutte décisive, qui exigeait l'unité de volonté et d'action.

Telles furent, du 24 novembre au 4 décembre 1870, ces tristes journées, toutes remplies d'espoirs vite fauchés, d'héroïsme et de trépas sublimes, journées de malheur et de gloire, où Chanzy et Jauréguiberry ne cessèrent de grandir, où Sonis, Charette, Bouillé se couvrirent d'honneur, où nos jeunes soldats déployèrent une admirable bravoure, mais journées maudites, où se joua encore une fois injustement, cruellement, le destin de la France.

C'est alors que Bismarck proposa à l'Autriche l'alliance prussienne. Ses premières suggestions à ce sujet sont contenues dans une dépêche du 14 décembre. Jusque-là, l'Autriche avait observé une grande réserve au sujet des exigences manifestées par la Prusse. Son attitude désormais se modifia et, quelques mois plus tard, les ouvertures de Bismarck aboutirent à la conclusion de cette alliance austro-allemande qui devait peser d'un poids si lourd sur la politique européenne et entraîner dans l'avenir, pour le monde entier, de si terribles conséquences.

CHAPITRE VII

LA FIN DE LA DÉLÉGATION

MAINTENANT, l'armée de la Loire était coupée en deux :
les 15ᵉ, 18ᵉ et 20ᵉ corps en retraite au sud du fleuve;
les 16ᵉ et 17ᵉ sur la rive droite. De ces forces éparses, la
délégation forma deux armées et donna l'une à Bourbaki,
l'autre à Chanzy. Le 8 décembre, menacée à Tours, elle-même
se retira à Bordeaux. Cependant Gambetta se rendait au
milieu des troupes. Sa volonté intrépide ne faiblit pas. Il écrit
à Jules Favre : « Je ferai tête à l'orage. Jamais le désespoir
ne s'est approché de mon âme. »

Deux jours après la défaite d'Orléans, Chanzy est debout
dans les plaines de Josnes et résiste à Frédéric-Charles. Gambetta l'y rejoint : « J'ai trouvé tout ici parfaitement maintenu,
dit-il, grâce à la fermeté et à l'énergie indomptables du général
Chanzy ». Chanzy avait alors quarante-sept ans. « Officier,
dit Gambetta, dont l'ascendant sur les troupes, l'expérience
militaire, l'esprit de décision sont les plus saillantes qualités. »
Chanzy venait de montrer à Coulmiers et dans les batailles
suivantes son coup d'œil et sa résolution. Il était calme,
énergique, et il croyait, lui, à la victoire. Victorieux ou non,
c'est à ceux qui ont cru en son destin que la France est restée
fidèle.

C'est alors que Chanzy commença cette série de batailles

qui retardèrent le succès définitif de ses adversaires. Il demanda à Bourbaki de venir à son aide. Moltke craignait la jonction des deux armées et le ministère de la Guerre y poussait. Mais il y avait maintenant entre elles une distance de cent kilomètres. Bourbaki avait dû reculer jusqu'à Bourges dans la neige et le verglas, son armée était exténuée et Gambetta, venu de Josnes pour se rendre compte de la situation, télégraphia de Bourges à Bordeaux : « Les 15ᵉ, 18ᵉ et 20ᵉ corps sont en véritable dissolution; c'est encore ce que j'ai vu de plus triste ». (12 décembre.)

A ce moment, depuis la prise d'Orléans jusqu'au 16 décembre, la ligne de Gien à Orléans était tenue par un mince cordon de troupes allemandes qui eût été incapable de s'opposer à un mouvement vigoureux de l'armée de Bourbaki. Celui-ci ne commença l'opération que le 19. Frédéric-Charles, avisé du mouvement, quitte le Loir, arrive à Orléans à marches forcées le 17. Dès lors, tout change de face.

Déjà Bourbaki avait porté son quartier général à Baugy, lorsque M. de Freycinet envoya à Bourges un personnage de confiance, l'ingénieur de Serres, chargé d'obtenir de Gambetta l'adoption d'un plan nouveau : transporter dans l'Est, par les voies ferrées, l'armée de Bourbaki, débloquer Belfort et couper les communications de l'ennemi.

Serres expose à Gambetta le projet. Le ministre hésite, il consent néanmoins à ce que Serres voie Bourbaki, ajoutant que, si le général accepte, lui-même ne fera pas d'objection. Serres rejoint le général en chef, lui montre le danger résultant, pour sa marche, de l'approche des Allemands, et n'éprouve aucune difficulté à le convaincre. Le soir même, Bourbaki écrit au ministre qu'il est prêt à exécuter l'opération, qui est décidée.

L'idée d'une expédition dans l'Est, mise en avant dès septembre par le général Le Flô, s'était présentée plusieurs fois à l'esprit de Gambetta. Le 14 novembre, il avait télégraphié à Freycinet de faire étudier pratiquement la question d'une offensive dans l'Est.

Dès que Chanzy, au Mans, le 2 janvier, est informé de ce nouveau plan, il écrit à Gambetta pour l'en dissuader et pour proposer une action convergente des trois armées, de la Loire, de l'Est, et du Nord sur la capitale. Mais déjà le gouvernement de Paris avait donné son approbation à la marche vers l'Est; Bourbaki était en route.

Le général était plus convaincu que jamais de l'inutilité de la résistance. M. de Freycinet, qui redoutait les effets de son découragement, lui avait donné comme commissaire extraordinaire de Serres, qui avait en poche la révocation du général.

La campagne fut compromise par la lenteur des transports; au lieu de six ou sept jours, ils en prirent quinze.

Bourbaki put se plaindre qu'on n'eût point tenu deux promesses qui lui avaient été faites : le concours de 100 000 mobilisés du Midi (il n'en vint que 18 000) et l'approvisionnement de Besançon. Contrairement à ce qu'il devait attendre, il ne fut couvert, ni sur son flanc, ni sur ses derrières, et il ne put s'organiser dans cette place.

Les opérations commencent. Bourbaki marche sur Vesoul et, le 9 janvier, s'empare de Villersexel. Le 13 seulement, il se remet en marche. Le 15, vingt-cinq jours après le premier départ de Bourges, commence, sous le nom de bataille d'Héricourt, entre 45 000 Allemands et 120 000 Français, la lutte où se joue le destin de Belfort. Le 16, nous ne sommes plus qu'à deux lieues de cette ville.

Mais le reste de l'armée n'avance pas. Le 17, une attaque générale est repoussée. Un froid de 18 degrés accable les troupes. Les vivres manquent. Un grand nombre d'hommes, exténués, malades ne se battent plus. Les attelages tombent. Bourbaki se décourage et recule sur Besançon le 22 janvier.

Cependant Manteuffel, envoyé par Moltke, arrive à Gray le 19 et veut barrer la route à Bourbaki en l'acculant au Jura. Il se dirige vers le Doubs. Aucune précaution n'avait été prise pour l'arrêter. L'administration de la Guerre recevait de Dijon, où Garibaldi était malade et se tenait dans l'expectative, des informations inexactes sur la marche de Manteuffel. Et, d'autre part, Bourbaki croyait toujours avoir devant lui des forces très supérieures.

Quel parti, maintenant, va-t-il prendre? Le 24, il convoque un conseil de guerre. Tous ses lieutenants proposent de reculer sur Pontarlier. On marche donc vers Pontarlier, afin de se glisser le long de la frontière suisse, vers la vallée du Rhône. Mais déjà Manteuffel est à Salins. Le filet se resserre. Affolé, Bourbaki braque un revolver sur son front et lâche la détente. La balle s'aplatit sur son crâne; il survit à sa blessure.

A l'instant où il essayait de mourir, il était relevé de son commandement. Clinchant, nommé à sa place, continue la retraite. Pris entre Werder et Manteuffel, il se croit sauvé par l'armistice que Jules Favre venait de signer à Versailles; mais la ligne de démarcation ne devait être tracée dans l'Est que lorsque la situation militaire serait exactement connue. Moltke télégraphie à Manteuffel que la trêve ne s'étendait pas encore aux départements de la Côte-d'Or, du Doubs et du Jura. Clinchant, qui, ignorant cette clause, s'était arrêté, est alors cerné de toutes parts et obligé de se jeter en Suisse. Le 2 février, ses 80 000 hommes passent la frontière.

Pendant que ces événements se déroulaient dans l'Est, le général Faidherbe, dans le Nord, tenait vaillamment le drapeau de la France. « C'est un homme qui pense et qui prévoit, disait Gambetta, rare trouvaille dans le temps où nous vivons. » Le 3 janvier, il chasse l'ennemi de Bapaume; mais, le 19, la bataille de Saint-Quentin, âprement disputée, laisse l'avantage à l'ennemi. Gambetta se rend à Lille, y trouve la population découragée. « La guerre est horrible, s'écrie-t-il, et tous doivent la maudire, mais elle est dans la nécessité de la situation. La paix, ne l'oubliez pas, c'est la mutilation de la patrie. Avons-nous le droit de sacrifier trois millions de Français à cette avide Allemagne? N'aurions-nous pas honte d'abandonner des milliers d'Alsaciens? Celui-là violerait le droit de tous qui croirait pouvoir céder une partie de notre pays, comme le maître cède une partie de son troupeau. La France est le bien commun de tous les Français, et chaque motte de terre que la France couvre de son drapeau appartient à tous. Ce sentiment de solidarité nous impose notre politique : c'est celle de la résistance à outrance.... Pas de faiblesse! Si nous ne désespérons pas, nous sauverons la France. Quand cet heureux jour viendra, on verra que, si je suis possédé de la passion patriotique qui ne souffre pas l'invasion étrangère, je suis profondément animé de la foi républicaine, qui a horreur de la dictature! » (22 janvier.)

LA FIN DE LA DÉLÉGATION

Le 29 janvier au matin, il reçoit à Bordeaux la dépêche suivante de Jules Favre : « *Versailles, 28 janvier 1871, 11 heures 15 du soir.* — Nous signons aujourd'hui un traité avec M. le comte de Bismarck. — Un armistice de 21 jours est convenu. — Une Assemblée convoquée à Bordeaux pour le 15 février. — Faites connaître cette nouvelle à toute la France; faites exécuter armistice et convoquez les électeurs pour le 8 février. — Un membre du gouvernement va partir pour Bordeaux. » Ordre est aussitôt transmis à tous les chefs de corps de cesser les hostilités.

La journée du 29 s'écoule à Bordeaux dans l'attente d'autres nouvelles. Le 30, Gambetta télégraphie à Jules Favre pour se plaindre de ce silence : « Le pays est dans la fièvre, il ne peut pas se contenter de ces trois lignes. Le membre du gouvernement dont vous nous annonciez l'arrivée et dont vous ne nous avez pas dit le nom n'est pas encore signalé. Cependant il nous est impossible, en dehors de l'exécution pure et simple de l'armistice par les troupes et dont nous avons assuré le respect, de prendre les mesures administratives que comporte la convocation des électeurs en l'absence de toute explication de votre part et sans connaître le sort de Paris. »

Ce fut Bismarck qui reçut le télégramme. Il ne le communiqua au gouvernement de Paris que le lendemain 31 ; mais il répondit lui-même à Gambetta : « *Versailles, 31 janvier, 12 h. 15 du matin.* — Votre télégramme à M. Jules Favre, qui vient de quitter Versailles, lui sera remis demain matin à Paris. *Sous titre de renseignements,* j'ai l'honneur de vous communiquer ce qui suit : L'armistice conclu le 28 durera jusqu'au 19 février. La ligne de démarcation séparant les deux armées part de Pont-l'Évêque en Calvados, traverse le département de l'Orne, laisse à l'occupation allemande la Sarthe, l'Indre-et-Loire, Loir-et-Cher, Loiret, Yonne, entre à travers le territoire composé de la Côte-d'Or, du Doubs, du Jura, réserve le Nord, le Pas-de-Calais et le Havre intacts.... Les hostilités continuent devant Belfort et dans le Doubs, le Jura et la Côte-d'Or, jusqu'à entente. Assemblée nationale à convoquer. Reddition de toutes les fortifications de Paris. Armée de Paris prisonnière de guerre, sauf effectif nécessaire pour maintenir la sûreté intérieure. La garde nationale reste

(97)

armée. Les troupes allemandes n'entreront pas en ville pendant l'armistice. Paris ravitaillé. Circulation libre pour les élections. J'ajoute que les forts ont été occupés aujourd'hui même par nos troupes, et je crois que les élections sont fixées au 8; la réunion de l'Assemblée à Bordeaux, au 12. Épuisement absolu des vivres à Paris. Population réduite aux provisions de l'armée allemande. L'Assemblée décidera question de guerre ou conditions de paix. »

Cette dépêche fut pour Gambetta et ses collaborateurs un coup de foudre. Ainsi, l'armée de l'Est était exceptée de l'armistice, les lignes de démarcation avaient été tracées à Versailles et Jules Favre n'en avait rien dit!

Quelques heures plus tard, Gambetta recevait de Chanzy, qui le tenait du prince Frédéric-Charles, le texte même de la convention. Gambetta télégraphia aussitôt au général Clinchant et à Garibaldi de continuer les hostilités. Mais Manteuffel, lui, avait poursuivi ses mouvements; il avait refusé à Clinchant une suspension d'armes de trente-six heures. Le 29 janvier, Clinchant avait encore trente heures pour passer le Jura et se diriger vers la Bresse. Ces trente heures furent perdues pour l'armée de l'Est; elle dut suspendre son mouvement, tandis que Manteuffel, dès le 29, avait reçu l'ordre d'activer ses opérations « jusqu'à ce qu'elles aient donné un résultat décisif ». Avant l'armistice, la campagne de l'Est avait échoué, mais l'armée n'était pas anéantie; l'armistice fut le coup de grâce.

Bismarck, déloyal une fois de plus et qui s'en vantait, avait tendu à Jules Favre un piège. A Paris, on espérait encore le succès de Bourbaki. C'est afin de ne pas arrêter sa marche, que le plénipotentiaire français accepta de laisser provisoirement l'armée de l'Est hors de la convention; la précaution se retourna contre lui.

Quant aux lignes de démarcation dans les autres départements envahis, Bismarck insista pour qu'elles fussent fixées à Versailles même. Or, il est d'usage, en matière d'armistice, de réserver ces opérations aux commandants des corps belligérants qui sont sur les lieux. L'observation de cette règle, ici surtout, eût été nécessaire, puisque le négociateur sortait d'une ville investie depuis quatre mois et ignorait la position des armées hors Paris. Les lignes de démarcation tracées à Versailles dans ces conditions coûtèrent à nos armées deux arrondissements dans le Calvados, la moitié d'Indre-et-Loire et du Loiret avec les lignes du Cher et de la Vienne, la moitié de l'Yonne et une partie du Morvan, et toute la rive gauche de la Seine, avec Saint-Valéry-en-Caux, Bolbec, Lanquetot et Lillebonne.

L'indignation et la douleur de Gambetta en apprenant enfin ces stipulations furent d'autant plus vives, que toujours il avait été convenu que le gouvernement de Paris traiterait pour Paris seul et non pour la France. Une dépêche qu'il avait adressée le 27 janvier à Paris, disait : « Capituler comme gouvernement, vous ne le pouvez ni en fait, ni en droit. En fait, cernés dans Paris depuis quatre mois, réduits par la disette à en ouvrir les portes à l'ennemi, vous ne pouvez stipuler que pour la ville et exclusivement comme représentants de la ville. C'est Paris qui est réduit, en effet, ce n'est pas la France, et toute immixtion sur un autre terrain vous amènerait à consentir à l'ennemi des avantages qu'il est loin d'avoir conquis. Tout ce que vous accompliriez en dehors des intérêts propres de Paris, sans notre consentement ou notre ratification, serait nul et de nul effet.... Quant à nous, gouvernement central, devenu le gouvernement lui-même à partir de la capitulation, notre route est clairement tracée. Poursuivre la guerre jusqu'à l'affranchissement,... telle doit être notre tâche. »

A ce moment-là, le gouvernement de Paris était d'accord avec Gambetta. Le 15 décembre 1870, Jules Ferry lui avait écrit : « Si l'ennemi dompte Paris par la famine, il sera bien avéré que Paris n'est pas la France, et il ne trouvera, j'en fais serment, personne avec qui traiter de la France. Quelqu'un vous portera notre testament; mais nous vous léguerons la France à défendre, derrière la Loire, derrière la Garonne, dans Toulon ou dans Cherbourg, comme si Paris n'existait pas. » Le 9 janvier 1871, Jules Favre avait dit : « Il serait horrible de voir tomber Paris à la veille de sa délivrance. Quoi qu'il en soit, la France ne se rendra pas, et quel que soit notre sort, nous nous associerons à sa résistance.... La France ne déposera son épée que lorsque sa cause aura triomphé. » Le 14, le général Trochu écrivait à Gambetta : « Je pense avec vous que, Paris succombant sous l'étreinte de la faim, la France et la République n'en doivent continuer que plus énergiquement la lutte à mort où elles sont glorieusement engagées ». Et le 21, quarante-huit heures après la bataille de Buzenval, Jules Favre, donnant à entendre que le moment était venu de négocier la capitulation, ajoutait : « Je ne sais quelles conditions on nous fera. Si la Prusse veut consentir à ne pas entrer dans Paris, je céderai un fort, et je demanderai que Paris soit seulement soumis à une contribution de guerre. Si ces propositions sont rejetées, nous serons forcés de nous rendre à merci. Il est probable, alors, si nous ne sommes pas tués dans les séditions qui se préparent, que nous irons dans une forteresse de Poméranie encourager par notre captivité la résistance du pays. »

Ainsi, vingt-quatre heures avant de solliciter de Bismarck l'autorisation de se rendre à Versailles pour y négocier la reddition de Paris, Jules Favre, prévenu la veille de la défaite de Chanzy au Mans, se voyait dirigé sur la Poméranie, encourageant ainsi, suivant ses propres expressions, la résistance du pays par sa captivité. Gambetta venait de recevoir cette dépêche, lorsque lui parvint l'annonce de la convention d'armistice.

Jules Simon, dans son livre *le Gouvernement de la Défense nationale*, a expliqué comment le gouvernement de Paris fut amené, après un long débat, à modifier son attitude. Toutes les voix s'étaient réunies d'abord pour déclarer qu'on ne traiterait que pour Paris, sans engager ni le pays, ni la délégation. Mais ensuite, on se demanda ce qu'on ferait si l'ennemi refusait cette condition. Plutôt que d'y renoncer, fallait-il livrer Paris purement et simplement? Il fut reconnu que cela était impossible, qu'on demanderait d'abord à localiser l'armistice et que, si l'ennemi s'y opposait, on céderait. De là, on vint à chercher s'il y avait intérêt à localiser l'armistice. La convention ainsi restreinte donnerait à la puissante armée qui entourait Paris la liberté de se porter contre les armées françaises encore debout dans les départements et qui, déjà accablées, seraient hors d'état de lutter contre de nouveaux ennemis. En outre, il fallait une Assemblée. Cette considération détermina les généraux et le Conseil tout entier à désirer un armistice général.

Cependant Gambetta ne recevait toujours aucune nouvelle du membre du gouvernement de Paris, dont l'arrivée lui avait été signalée par la dépêche du 28 janvier, et il restait sans instructions pour faire procéder à la convocation des électeurs. Le 31 janvier, il crut le moment venu de sortir de sa réserve et il adressa au pays une proclamation : « On a signé à notre insu, sans nous avertir, sans nous consulter, un armistice dont nous n'avons connu que tardivement la coupable légèreté, qui livre aux troupes prussiennes des départements occupés par nos soldats et qui nous impose l'obligation de rester trois semaines au repos. Délégation du gouvernement, nous avons voulu obéir pour donner un gage de modération et de bonne foi, pour remplir ce devoir qui commande de ne quitter le poste qu'après en avoir été relevé. Cependant personne ne vient de Paris et il faut agir. »

Cette proclamation était suivie d'un décret réglant les dispositions légales des futures élections et écartant des scrutins toutes les personnes qui, depuis le 2 décembre 1851 jusqu'au 4 septembre 1870, avaient accepté les fonctions de ministre, de sénateur, de conseiller d'État, de préfet, ou le titre de candidat officiel. Cette mesure n'était pas l'effet d'une résolution momentanée; à plusieurs reprises, dès le mois de septembre 1870, chaque fois qu'il s'était agi de convoquer une Assemblée, Gambetta avait soutenu la nécessité de frapper d'une sorte d'indignité au moins temporaire, devant le suffrage universel, les notabilités de l'Empire. Ce décret, arbitraire — et inutile, car sur 768 députés à élire, le pays allait nommer un nombre infime de bonapartistes, — donna lieu aux protestations les plus vives. Bismarck s'en empara aussitôt pour intervenir dans les affaires intérieures de la France. La convention d'armistice stipulait la convocation d'une « Assemblée librement élue ». Bismarck télégraphia à Gambetta : « Au nom de la liberté des élections stipulées par la convention d'armistice, je proteste contre les dispositions *émanées en votre nom* pour priver du droit d'être élues à l'Assemblée des catégories nombreuses de citoyens français. Des élections faites sous un régime d'oppression arbitraire ne pourront pas conférer les droits que la convention d'armistice reconnaît aux députés librement élus. »

Gambetta porta en ces termes à la connaissance du pays le télégramme de Bismarck : « L'insolente prétention qu'affiche le ministre prussien d'intervenir dans la constitution d'une

GAMBETTA

Assemblée française est la justification la plus éclatante des mesures prises par le gouvernement de la République. L'enseignement ne sera pas perdu pour ceux qui ont le sentiment de l'honneur national. » (3 février.)

Sur ces entrefaites arrivait à Bordeaux, le 1ᵉʳ février, l'envoyé de Paris, Jules Simon. Il apportait un décret publié le 29 par le gouvernement central et réglant les éligibilités conformément à la loi de 1849, par conséquent frappant à l'avance de nullité les exceptions prescrites par Gambetta. Jules Simon, invoquant le droit suprême du suffrage universel, demanda à la délégation la suppression de la clause d'inéligibilité; elle s'y refusa. Il annonça alors qu'en vertu des pleins pouvoirs dont il était investi, il allait annuler le décret et il rédigea une proclamation, mais la délégation en empêcha la transmission et l'affichage.

Le 4, on organisa au Grand-Théâtre une réunion, avec l'intention de décerner à Gambetta la dictature. Il refusa de s'y rendre et désavoua les promoteurs de la manifestation. Il fallait éviter, à tout prix, la guerre civile.

Jules Simon appela auprès de lui trois autres membres du gouvernement de Paris, Garnier-Pagès, Emmanuel Arago et Eugène Pelletan, qui arrivèrent à Bordeaux le 6 et assurèrent la majorité à ses décisions.

Gambetta adressa alors aux préfets une circulaire où, tout en maintenant son opinion sur la clause d'inéligibilité, il donnait le conseil de procéder aux élections : « Il y a là, disait-il (dans les mesures prises par le gouvernement de Paris), tout à la fois un désaveu et une révocation du ministre de l'Intérieur et de la Guerre. La divergence des opinions, au point de vue intérieur et extérieur, se manifeste ainsi de manière à ne laisser aucun doute. Ma conscience me fait un devoir de résigner mes pouvoirs de membre d'un gouvernement avec lequel je ne suis plus en communion d'idées ni d'espérances. J'ai l'honneur de vous informer que j'ai remis ma démission aujourd'hui même. »

Avec une émotion douloureuse, il prit congé de ses collaborateurs. Le général Thoumas a décrit la scène dans son livre *Paris, Tours, Bordeaux* : « Avant de me séparer de vous, permettez-moi de vous remercier du concours dévoué que vous n'avez cessé de me prêter. Pour moi, mon rôle est terminé, je n'ai plus qu'à me retirer. » « Puis il s'approcha de chacun de nous, nous serra la main et nous remercia encore avec effusion. Tels furent les adieux de Gambetta, qui avait déployé tant d'énergie et de patriotisme, sans avoir malheureusement une connaissance suffisante des rouages qu'il avait à faire mouvoir. Je l'ai revu depuis lors dans des circonstances bien différentes. Je l'ai toujours entendu parler de la revanche comme du but suprême de ses aspirations et de ses espérances. Mais je me le suis toujours représenté dans cette froide journée de janvier, lorsque calme, mais la voix altérée par des sanglots que son énergie comprimait, il nous adressait un adieu désespéré. Je l'avoue, j'ai aimé cet homme, et je ne fus pas le seul! »

CHAPITRE VIII

LA LUTTE A OUTRANCE

GAMBETTA, à Tours, disait : « Je croirais voler la patrie, si je dérobais une heure, une minute au soin de la défense nationale, pour la consacrer à la politique intérieure ». Mais c'était encore défendre la patrie que d'en maintenir l'unité. En arrivant à Tours, il avait trouvé l'autorité du gouvernement compromise sur plusieurs points, notamment à Lyon et à Marseille. A Lyon, le conseil municipal ayant voté un impôt sur le capital, le ministre menaça cette assemblée de dissolution, et elle se soumit. A Marseille, le conseil municipal républicain était tenu en échec par une commission départementale anarchique. Esquiros faiblissait. Gambetta qui, le 4 septembre, avait donné l'ordre d'enlever le drapeau rouge arboré à la préfecture, lui télégraphie : « Je vous en conjure, réfléchissez que la politique du gouvernement, c'est la défense nationale et uniquement la défense ». Esquiros ayant fait incarcérer douze prêtres, prononcé l'expulsion des jésuites et mis leurs biens sous séquestre avec le dessein d'étendre la mesure à d'autres congrégations, Gambetta lui écrit : « Je regrette profondément de voir les esprits se détourner de la défense pour se jeter dans d'autres questions. En ce qui touche les congrégations religieuses, n'oubliez pas que si, à la très grande rigueur, il est possible de trouver des textes de loi contraires à l'esprit d'association, — qu'il appartient à la République d'encourager, — et permettant l'expulsion des jésuites, il y a nécessité absolue de respecter la liberté individuelle des personnes. Quant aux étrangers faisant partie de l'ordre des jésuites, on peut les éloigner; mais pour les Français, l'institut étant dissous, tous vos droits cessent à l'instant sur eux et ils peuvent même compter sur votre protection. »

Esquiros ayant supprimé *la Gazette du Midi* qui avait publié un manifeste du comte de Chambord et une lettre du prince de Joinville : « J'apprends, lui dit Gambetta, que les bureaux de *la Gazette du Midi* ont été envahis et qu'on s'oppose à la réapparition de ce journal. Il est impossible de laisser se commettre aucune violence contre la liberté et la propriété. Je compte que vous prendrez des mesures immédiates pour assurer la liberté de la presse. Si, d'ailleurs, il existait un acte commis par les directeurs ou propriétaires du journal contraire aux lois de la République, vous agiriez avec énergie et vous m'en référeriez. » Esquiros insiste. Gambetta réplique : « La République se doit à elle-même de vivre et de durer à travers les agitations des partis en imposant le respect des lois, mais rien que le respect des lois. La fermeté n'a rien de commun avec l'arbitraire.... Il est impossible de suspendre la publication d'un journal. Sévissez rigoureusement contre les personnes, si elles conspirent, mais laissez l'instrument libre. C'est une question sur laquelle je ne puis capituler. » (14 octobre.)

Esquiros donne sa démission. Gambetta publie les décrets suivants :

« En ce qui touche le décret de suspension de *la Gazette du Midi* : Considérant que le Gouvernement de la République ne saurait admettre qu'en dehors de la violation formelle des lois, les journaux et les écrivains puissent être l'objet de mesures pénales; Considérant, au contraire, qu'il importe de prouver que la République est le seul gouvernement qui puisse supporter dans sa plénitude la liberté de la presse et qu'il n'appartient pas à ceux qui ont toujours réclamé dans l'opposition en faveur de cette liberté de la restreindre ou de la mutiler; Décrète : L'arrêté de l'Administration des Bouches-du-Rhône qui frappe de suspension *la Gazette du Midi* est annulé, et le journal est autorisé à reparaître.

GAMBETTA

« En ce qui touche l'arrêté préfectoral qui frappe d'expulsion les membres des congrégations religieuses non reconnues et met leurs biens sous séquestre : Considérant que, si l'on peut dissoudre légalement la corporation, on ne peut porter atteinte à la liberté individuelle des Français qui en font partie et à leur droit de résidence en France; Décrète : Tout arrêté d'expulsion s'appliquant à un Français membre d'une congrégation religieuse non reconnue par la loi est nul, de nul effet et sans force exécutoire. »

Grande effervescence à Marseille. La *Ligue du Midi* étend son arrêté de dissolution de l'ordre des jésuites de Marseille à toutes les congrégations du département; des manifestations retentissantes se produisent. Gambetta est entouré, pressé de toutes parts. Il écrit à Jules Favre : « Je reçois délégation sur délégation; mais je ne cède pas sur les principes ». Et il nomme Gent à la place d'Esquiros.

Comme Danton, devenu, dans l'invasion et au contact des réalités, homme d'État et patriote, il cherche ce qui unit, écarte ce qui divise, désavoue la guerre religieuse et la guerre sociale.

Sa politique à l'égard des conseils municipaux fut dictée uniquement par les nécessités de la défense. Dès le 7 septembre, il adressait aux préfets une circulaire ainsi conçue : « Vous devez, en premier lieu et en règle générale, vous efforcer de vivre avec les municipalités existantes et tirer d'elles tout le parti possible au point de vue de la défense ». Les révocations furent très rares.

Il en fut de même pour les conseils généraux et d'arrondissement, jusqu'au décret de dissolution du 25 décembre. A cette date, les difficultés de la guerre s'aggravant, les anciens partis devenaient agressifs, l'esprit de résistance faiblissait. Gambetta concentra son effort, demanda à ses collègues de « tailler dans le vif », de « balayer les créatures de la monarchie déchue qui conspirent ouvertement contre la République et le salut de la France ».

On lui a reproché d'avoir interdit au prince de Joinville de se joindre à l'armée de la Loire. La question s'était posée dès le lendemain de la chute de l'Empire et le gouvernement de Paris avait été unanime pour refuser : Gambetta ne pouvait revenir en décembre sur une décision prise quatre mois plus tôt par le gouvernement dont il était le délégué.

Au lendemain du 4 septembre, en pleine invasion, il avait

dû improviser, sur tous les points du territoire, une administration préfectorale et essayer tout à coup des hommes en des emplois où l'on n'arrive d'ordinaire qu'après s'être formé en des grades inférieurs. Tous ses choix ne furent pas au-dessus de la critique; il y eut des excès de zèle, des manques de tact et d'expérience; quelques sectaires obéirent plus à leurs passions qu'à l'intérêt public. Mais on peut noter, parmi les préfets qu'il nomma, des hommes qui devaient occuper un jour les plus hauts postes de l'État, Sadi Carnot, Challemel-Lacour, Antonin Dubost, de Freycinet, Paul Bert, Ricard, Allain-Targé; Tirman, qui devint gouverneur général de l'Algérie; Massicault, qui devint résident général en Tunisie; Camescasse, qui fut préfet de police; Edmond Valentin, l'intrépide préfet de Strasbourg; Anatole de la Forge, le vaillant défenseur de Saint-Quentin; Alphonse Gent, qui rétablit les affaires dans le Midi, et un grand nombre d'hommes qui, depuis, ont représenté dans nos Assemblées les départements qu'ils administrèrent alors. Ranc fut directeur de la Sûreté. Sauf quelques exceptions, chacun se montra digne du mandat qu'il avait reçu et contribua à maintenir la paix sociale.

Le 30 décembre, en arrivant à Bordeaux, Gambetta pouvait dire : « Ce ne sera pas un des moindres honneurs du gouvernement de la Défense nationale d'avoir voulu et d'avoir su donner la plus extrême liberté, au milieu de la crise la plus épouvantable qu'un peuple ait jamais traversée ». Le lendemain, il proclamait de nouveau « le respect de la liberté jusqu'à la calomnie, jusqu'à l'injure ». Et, quelques années après, lorsqu'il reviendra, le 13 janvier 1876, dans cette même ville, il s'écriera : « C'est ici, repoussé et acculé par l'ennemi, quarante-trois départements ravagés par ses armes, avec la capitale assiégée et fermée, avec une Europe hostile ou dédaigneuse, avec des partis hostiles ou déchaînés contre lui, que le gouvernement de la Défense nationale s'est maintenu, et avec quelles armes? Au nom des libertés publiques : car pas une seule des libertés, celle de la presse, le droit de réunion, le droit d'association, pas une seule n'a souffert ni une atteinte ni un outrage : voilà la dictature! »

Le témoignage qu'il se rendait ainsi à lui-même sur son administration intérieure pendant la guerre, les hommes de tous les partis et les juges les plus éminents et les plus désintéressés le lui ont dès longtemps rendu sur son action diplomatique pendant la même période.

En septembre et en octobre, Thiers, à Londres, à Vienne, à Saint-Pétersbourg et à Florence, avait demandé aux gouvernements étrangers d'intervenir; il avait trouvé partout, avec les égards les plus courtois, une abstention obstinée, pour les raisons que nous avons dites.

Le 29 octobre, le prince Gortschakoff, profitant de la situation de l'Europe, avait prescrit à tous les agents diplomatiques de la Russie de dénoncer le traité de 1856, qui avait été imposé à cette puissance par ses défaites en Crimée, notamment la clause relative à la neutralisation de la mer Noire. Un échange de vues eut lieu entre les chancelleries, et il fut décidé qu'une conférence se réunirait à Londres pour régler la question. Bismarck, redoutant qu'à cette conférence les plénipotentiaires français n'amenassent sur le tapis le conflit franco-allemand, stipula qu'elle aurait pour unique objet la navigation de la mer Noire.

Jules Favre avait envoyé à Tours, pour diriger les services extérieurs, le comte de Chaudordy, ancien chef de cabinet de Drouyn de Lhuys, esprit vif, pénétrant, habile négociateur, élevé à la bonne école diplomatique. Chaudordy avait auprès de lui des collaborateurs de mérite, parmi lesquels un jeune secrétaire qui allait devenir un historien célèbre, Albert Sorel. Gambetta goûtait l'intelligence politique de Chaudordy, qui obtint toute sa confiance. Le ministre et le délégué virent au premier coup d'œil le rôle que la France pourrait jouer à la conférence. Ce serait pour elle l'occasion de sortir de son redoutable tête-à-tête avec la Prusse. Chaudordy, au nom de la délégation, écrivit à Jules Favre plusieurs lettres pour le presser de se rendre à Londres.

Jules Favre n'aperçut pas d'abord l'intérêt de sa présence au congrès. Quitter Paris en plein bombardement, abandonner ses amis au moment où ils étaient le plus menacés! N'était-ce pas une désertion? Il garda pour lui les premières lettres de Chaudordy et ne consulta pas ses collègues.

Gambetta, à son tour, dans une dépêche du 31 décembre, parvenue à Jules Favre le 9 janvier : « C'est à vous, lui dit-il, qu'il appartient d'échapper au programme mesquin de la conférence, et nul n'osera vous arrêter quand vous parlerez de Paris, de la guerre, de la France. Les protestations de la Prusse seront impuissantes à vous arrêter.... » Le 16 encore : « Vous le pouvez, vous le devez. J'attache la même importance, dans des ordres divers, à votre présence à Londres qu'à la sortie immédiate du général Trochu des murs de la capitale. Et au fond, c'est du même intérêt qu'il s'agit, du salut de la patrie. »

De nouvelles lettres de Chaudordy étant arrivées à Paris le 17, Jules Favre les apporta au conseil, et l'on décida qu'il assisterait à la conférence. Mais, après divers incidents provoqués par Bismarck, le gouvernement dut changer d'avis : Paris était au bout de ses subsistances; son sort serait donc fixé avant que le plénipotentiaire français parvînt en Angleterre.

La France aurait-elle trouvé à Londres un appui? La réponse à cette question est contenue dans une dépêche adressée, le 4 février, par lord Granville à lord Lyons : « Si le plénipotentiaire français portait la question de la paix devant la conférence, je me trouverais obligé de lui retirer la parole; mais si, à la fin de la conférence, ou après une des séances, il désirait profiter de la présence des plénipotentiaires pour leur soumettre quelques questions, dans ce cas je n'aurais pas à intervenir : chaque plénipotentiaire aurait à agir d'après ce qu'il croirait son devoir ou selon ses instructions; pour moi, je ne manquerais pas de prêter attention à ce qui pourrait m'être dit par le plénipotentiaire français ». On aperçoit le parti qu'un négociateur habile ou un orateur avisé aurait pu tirer de cette suggestion. Quoi qu'il en soit, il fallait tenter : tout valait mieux que l'absence ou l'isolement. A défaut de Jules Favre, Gambetta et Chaudordy avaient pensé à Thiers, voire à Guizot. Gambetta aurait pu penser à Chaudordy lui-même.

Le 16 décembre, Chaudordy demanda à l'Angleterre et aux puissances d'appuyer l'une ou l'autre des trois propositions suivantes : ou un armistice avec ravitaillement, pour procéder à des élections générales; ou la conclusion de la paix sans cession de territoire; ou la réunion d'un Congrès devant lequel la France pourrait consentir à des sacrifices plus étendus pour mettre fin à une lutte inégale. Lord Granville fit communiquer immédiatement ces propositions à Bismarck; mais, le 19, le chancelier répondit que le sentiment public en

GAMBETTA

Allemagne lui interdisait de souscrire à aucune de ces conditions. *(Correspondence respecting war between France and Germany.* 1870-1871. N° 317. N° 320.)

Parmi les principaux actes diplomatiques de Chaudordy, on ne saurait omettre sa protestation du 29 novembre contre les atrocités allemandes. Les crimes commis par les Allemands furent moins nombreux en 1870 qu'en 1914, parce que la guerre fut plus courte et plus restreinte, mais ils furent les mêmes. En 1870, il y eut quelque chose de plus grave. Les chefs de l'armée allemande, feignant d'oublier qu'en 1813, « le *landsturm* n'avait ni uniformes, ni signes particuliers, car ces uniformes et ces signes serviraient à les faire reconnaître par l'ennemi » (ordonnance prussienne du 23 avril 1813), annoncèrent, dès le début des hostilités, que « nos francs-tireurs seraient fusillés sans jugement ». Il en fut ainsi pendant toute la durée de la guerre. Une proclamation officielle affichée dans le département des Ardennes, le 10 décembre 1870, par le général-major Senden, disait : « Tout individu qui ne fait partie ni de l'armée régulière ni de la garde mobile et qui sera trouvé muni d'une arme, portât-il le nom de franc-tireur ou autre, au moment où il sera saisi en flagrant délit d'hostilité vis-à-vis de nos troupes, sera considéré comme traître et pendu ou fusillé sans autre forme de procès. Les maires des environs doivent prévenir le commandant du détachement prussien le plus proche, dès que les francs-tireurs se montrent dans leurs communes.... Les maisons et les villages qui donneront abri aux francs-tireurs et où les troupes seront attaquées seront brûlés ou bombardés. »

Chaudordy flétrit à la face du monde les réquisitions inouïes des Allemands en nature et en argent, leurs exécutions sommaires de citoyens inoffensifs, leurs procédés barbares, leur facilité à recourir aux moyens de guerre les plus sauvages pour terroriser les populations. Il articule une longue série de faits, contrôlés par des enquêtes, montrant que l'ennemi avait employé la spoliation et la destruction dans ce qu'elles avaient de plus odieux : vols, pillages, viols, assassinats, massacres et mutilations d'otages, de blessés, de médecins, de vieillards, de femmes, d'enfants. A Châteaudun, par exemple, des malades furent tués à coups de fusil et de revolver, quelques-uns brûlés vifs dans leur lit et retirés des flammes carbonisés ; des centaines de personnes de tout âge et de toute condition, prises au hasard dans la ville, des infirmes, des vieillards, de tout jeunes gens, furent enlevés et conduits comme prisonniers en Allemagne ; 235 maisons furent incendiées au pétrole.

A ces faits il faut ajouter les bombardements de cathédrales (Strasbourg), de musées, de bibliothèques, d'écoles, d'ambulances, d'hôpitaux (le Val-de-Grâce, la Salpêtrière, la Charité, etc...), les incendies de villes ouvertes.... C'était toujours le même « système de terreur » ; c'était toujours le mot de Gœthe : « L'Allemand est né cruel, mais la civilisation le rendra féroce ». Et Chaudordy terminait sa circulaire en disant : « Ces horreurs font de cette guerre la honte de notre siècle ».

Les Allemands n'ont jamais fait la guerre autrement. Leur férocité avait été la même en 1814 et en 1815. Leurs procédés militaires, comme leurs procédés diplomatiques, d'âge en âge, n'ont jamais varié. Mais, chaque fois, la France, généreuse, oublie.

Concluons sur le rôle de Gambetta dans la guerre de 1870-1871.

Ministre de la Guerre, il accomplit, avec Freycinet, en quatre mois, une œuvre colossale, qui est une des grandes créations de l'histoire. Ils donnèrent à la France, qui avait la supériorité financière, la supériorité du nombre et de l'armement. Ils eussent vaincu, si les Allemands n'avaient eu des troupes plus aguerries et des chefs plus expérimentés. Et aussi, jamais l'orateur ne fut plus inspiré ; intrépide, émouvant, pathétique, il tenta l'impossible, souleva l'âme de tout un peuple. C'est la France qui parla par ses lèvres. Rien ne lui ôtera cette double gloire.

L'étranger qui, suivant un mot célèbre, est « une sorte de postérité contemporaine », n'a pas attendu le recul des années pour la consacrer.

Quinze jours après la reddition de Metz, Moltke écrivait au général von Stiehle : « Il faut rendre justice aux puissantes ressources de ce pays et au patriotisme des Français. Après avoir vu emmener en captivité toute l'armée française, la

GAMBETTA

France a pu mettre en campagne, dans ce temps bien court, une nouvelle armée, qui mérite toute notre attention. » Et au mois de décembre : « Par des opérations couronnées d'un succès sans exemple, l'armée allemande a pu faire prisonnières toutes les forces que l'ennemi a mises en campagne au début de la guerre. La France n'en a pas moins trouvé le moyen de créer, dans un délai de trois mois à peine, une nouvelle armée encore plus nombreuse que celle qui a été détruite. Les ressources en apparence presque inépuisables du pays ennemi pourraient mettre en question le résultat rapide et décisif de nos armes, si, de notre côté, le pays ne faisait pas un effort égal. » A chaque page de l'historique du grand état-major prussien, il laisse voir sa surprise : « Cette lutte nous a tellement étonnés au point de vue militaire, qu'il faudra étudier cette question durant de longues années de paix ».

En 1874, Colmar von der Goltz, alors capitaine d'état-major, publia, dans *les Annales prussiennes*, ses études sur *Gambetta et ses armées* : « Gambetta, disait-il, avait fait preuve de qualités éclatantes d'organisateur; il avait, en peu de temps, uni les partis, mis les masses en mouvement et, avec sa volonté puissante, il avait dirigé toutes les forces vives vers un seul but, la guerre à outrance. On ne peut nier qu'il ait montré en ces circonstances un grand courage, une force d'âme peu commune. L'armée immense qu'il leva, qu'il arma, vêtit et organisa est une preuve éloquente de son génie. Il accomplit ce travail de géant en moins de temps qu'il n'en avait jamais fallu à aucun organisateur avant lui.... Il est injuste de lui reprocher de n'avoir obtenu ces résultats qu'au moyen de sacrifices d'argent tout à fait disproportionnés : l'administration financière de Tours et de Bordeaux fut très habile et, si l'on tient compte des circonstances, elle ne fut nullement dépensière.... Les attaques ou les soupçons dont l'honneur personnel de Gambetta a pu être parfois l'objet ne méritent pas qu'on s'y arrête. En cela il a partagé le sort de toutes les grandeurs déchues. Les pygmées piétinent bravement sur le géant renversé. Celui qui a seulement aperçu dans ses traits généraux la nature de cet homme se dira qu'il n'était pas fait pour sauver un sac d'or du naufrage de sa patrie....

« L'histoire fera ressortir sa grandeur et disparaître les ombres et les taches. Elle lui reconnaîtra deux mérites immortels. Le premier, ce sera d'avoir rendu à la France le sentiment de sa force immédiatement après une chute aussi profonde. Le deuxième, d'avoir frayé le chemin à une restauration morale, restauration qu'on ne peut refuser de constater en France à l'heure actuelle, en ramenant violemment ses compatriotes vers un but idéal. Si jamais, ce qu'à Dieu ne plaise! notre patrie devait subir une défaite pareille à celle que la France a essuyée à Sedan, je désirerais qu'un homme sût, comme Gambetta, l'embraser de l'esprit de résistance poussée jusqu'à ses dernières limites. »

Louis Schneider, le biographe de Guillaume Ier, dans ses *Souvenirs intimes*, revus et annotés par le souverain, fait ce récit : « L'empereur écoutait toujours avec un intérêt particulier ce qui peignait la merveilleuse activité déployée par Gambetta et il parla de lui en plusieurs circonstances avec beaucoup d'estime, ainsi que des généraux Chanzy et Faidherbe. Plus tard même, un jour que je lui montrais à Berlin un recueil d'illustrations où l'on appliquait d'une façon frappante les passages les plus connus de *la Pucelle d'Orléans*, de Schiller, à la guerre de France, quand j'en vins à ces vers : « Puis-je faire sortir des armées de terre en frappant du pied le sol? » l'empereur dit : « Je connais pourtant quelqu'un qui a su faire cela, c'est Gambetta ». Et un jour, à celui qui allait être son successeur : « Souviens-toi, mon fils, qu'au cours de la grande guerre, si nos succès ont étonné le monde par la grâce de Dieu, pourtant il fut des heures où, malgré tant de chances favorables, je pus douter de la finale issue ».

Écoutons maintenant, parmi les Français, les adversaires politiques de Gambetta. Le 3 décembre 1870, Guizot adressait aux membres du gouvernement de la Défense nationale la lettre suivante : « Bien des gens ne sont pas assez reconnaissants envers vous. Vous avez cru, quand presque tout le monde en doutait, à la résistance héroïque de Paris et à un élan patriotique dans nos provinces. Vous avez soutenu la guerre sans faire appel aux passions révolutionnaires et, en vous montrant amis de la paix pourvu qu'elle ne fût ni honteuse ni vaine, vous avez ranimé les forces vives du pays et refait des armées qui se sont montrées efficaces. Vous vous êtes conduits en hommes de cœur et en bons citoyens. »

Plus tard, le duc Albert de Broglie écrivait : « La France

GAMBETTA

de 1870 n'est pas restée, en fait d'énergie patriotique, au-dessous de sa devancière de 1792. La France que nous avons connue a même eu cet avantage sur celle qui lui avait légué sa gloire : elle a gardé l'unanimité de la résistance. Les haines politiques, sociales et religieuses, qui avaient si profondément troublé la première épreuve, ont fait silence devant l'ennemi. Aussi, la génération qui va bientôt disparaître tiendra sa place dans l'histoire à côté de celle qui l'a précédée. Et si l'orateur grec a pu jurer par la mémoire des combattants de Platée et de Marathon qu'Athènes n'avait pas failli à Chéronée, nous aussi nous pouvons dire que les morts de Jemmapes et de Fleurus ont reconnu leurs héritiers dans les héros tombés à Loigny et à Champigny. »

Albert de Mun a rappelé avec des accents pathétiques l'émotion enthousiaste des officiers de Metz emmenés captifs en Allemagne, lorsqu'ils apprirent à Mayence la continuation de la lutte : « Soudain la patrie nous apparaissait en armes, convulsée par un effort gigantesque : Paris inviolé, la province debout. Ce fut comme une revanche pour nos cœurs ulcérés. Quelles mains tenaient le drapeau? Nous ne voulions pas savoir, mais seulement qu'il flottait encore, quand les nôtres étaient livrés. Ceux que n'a pas secoués, après l'horrible cauchemar, le sursaut de ce réveil imprévu n'en peuvent mesurer l'intense émotion. Nos âmes s'y livraient avec une sorte d'orgueil, et, à défaut de confiance dans la victoire, l'espoir surgissait en nous des relèvements futurs. »

A cette guerre il manqua un homme de guerre. Chanzy ne parvint pas assez tôt au commandement d'une armée; il monta trop tard sur l'horizon de nos malheurs. Bourbaki, dans sa déposition au procès Bazaine, s'exprima en ces termes : « Aussitôt que je fus à Tours, je dis aux membres du gouvernement combien je croyais inutiles leurs efforts; que je pouvais d'autant mieux en juger que j'étais du métier; qu'ils augmenteraient les malheurs de la France en se faisant battre presque honteusement. »

Eh quoi! n'étaient-ils donc pas du métier, Chanzy, Faidherbe, Jauréguiberry, Jaurès, Gougeard, de Sonis, de Colomb, Cremer, Clinchant, Lecointe, Derroja, Rebillard, du Bessol, Borel, Billot, Seré de Rivières, du Temple, Pallu de la Barrière, Penhoat, de Jévigny, Saussier, Denfert-Rochereau, tous ces généraux, ces amiraux, qui firent la guerre, non seulement avec la bravoure du soldat, mais avec la foi du chef? Peut-on dire qu'ils aient « augmenté les malheurs de la France », ceux qui, sans être du métier, lui donnèrent leur grand cœur, les Cathelineau, les Bouillé, les Charette?...

Oui, à Sedan et à Metz, nous avions perdu nos cadres, et Gambetta se plaignait de l'insuffisance des nouveaux officiers qui manquaient d'ascendant sur les troupes. Dans un décret du 26 janvier encore, il leur reprochait de ne pas vivre assez de la vie du soldat.

Les troupes se battaient avec vaillance, mais elles n'avaient ni l'endurance, ni la trempe que le temps seul peut donner. Gambetta jugeait qu'elles n'avaient pas assez de solidité et d'haleine; il les comparait à un mécanisme hâtivement dressé qui ne fonctionne qu'un temps et qu'il faut remonter et reviser d'une façon chronique. Les vieux régiments étaient très rares. Le courage individuel ne remplace pas la force collective, qui ne s'acquiert qu'à la longue. Les victoires se gagnent autant pendant la paix que pendant la guerre. Nous eûmes pourtant, après Sedan, la supériorité du nombre, parfois écrasante, comme à Beaune-la-Rolande, où nous étions six contre un; mais nous n'avions pas la préparation, l'organisation, qui étaient, avec le commandement, la force de nos ennemis. « S'il suffisait, disait Bismarck à Jules Favre, d'armer un citoyen pour le transformer en soldat, ce serait une duperie de consacrer le plus clair de la richesse publique à l'entretien des armées permanentes; là est la véritable supériorité, et vous êtes vaincus parce que vous l'avez méconnue. »

Et pourtant, en dépit de tant de causes d'infériorité, que de belles journées encore et que de gloire pour nos armes, à Coulmiers, à Châteaudun, à Saint-Quentin, à Josnes, à Vendôme, à Pont-Noyelles, à Bapaume, à Villersexel! Quelle fière résistance à Belfort et dans nos autres places!

Cela, malgré la fatalité qui luttait contre nous avec acharnement et tant de circonstances contraires : la capitulation de Bazaine, lequel, en tenant seulement quelques jours de plus, aurait permis à l'armée de la Loire de débloquer Paris avant l'arrivée du prince Frédéric-Charles; les fautes d'exécution qui compromirent les résultats de la victoire de Coulmiers; l'arrêt après cette bataille; la défaite d'Orléans, qui eût pu être évitée, si le gouvernement de Paris n'avait pas confié à un unique ballon son projet de sortie, si l'arrivée de la nouvelle en temps utile avait permis à l'armée de la Loire de se préparer et de se resserrer et si tous les corps d'armée avaient été lancés résolument à la fois en avant; la campagne de l'Est entravée par de longs retards, dans une région difficile, rendue plus dure encore par un hiver particulièrement cruel; les clauses déplorables de l'armistice; la délégation de Tours, émanation du gouvernement de Paris, obligée de tout subordonner au salut de la capitale; le conflit entre ses desseins et celui du commandement; les chefs civils, aux moments critiques, se substituant à lui, mais ne pouvant, eux non plus, suppléer tout à coup à ce qui leur manquait, la science stratégique de Moltke; l'abstention de l'Europe, qui ne vit alors que ses intérêts immédiats et ne comprit pas qu'en laissant grandir une puissance ambitieuse, avide, enivrée de ses triomphes, elle se préparait de terribles réveils!

Il serait aisé, en recueillant avidement les erreurs des chefs civils, de faire un pamphlet. On l'a fait. Il est impossible de soutenir, comme Gambetta devant la commission d'enquête de l'Assemblée nationale, qu'ils n'intervinrent pas dans la conduite des opérations militaires : cela est contredit par ses propres dépêches et par le récit de M. de Freycinet. Ces immixtions ne furent pas toujours heureuses. Il serait aisé de critiquer une excessive confiance, et, pourquoi ne pas le dire? quelque présomption. Richelieu, à Arras, refusait de répondre aux maréchaux, lorsque ceux-ci lui posaient des questions qui n'étaient pas de sa compétence. Mais quoi! si ces hommes avaient été plus défiants d'eux-mêmes, auraient-ils pu, en peu de temps, accomplir de si grandes choses? Oui, il est facile de s'armer contre eux de leurs fautes, et les passions des partis ne s'en sont point privées, mais ces fautes ne doivent pas cacher aux regards impartiaux la beauté de leur œuvre. La postérité oublie les unes pour ne voir que l'autre. Les contemporains sont trop près pour bien juger. Les faits seuls ne sont pas l'histoire. La distance qui, dans le monde physique, fait paraître les objets et les hommes plus petits, dans l'ordre moral les fait paraître plus grands. L'histoire n'aperçoit que les grandes perspectives, les larges avenues.

LA LUTTE A OUTRANCE

A mesure que le temps avance, la poussière du chemin tombe. D'ailleurs, les chefs de peuples ne sont pas seulement ce qu'ils sont, mais ce qu'ils paraissent. Le vrai n'est pas le réel, le vrai est un compromis entre le réel et l'idéal. La simple reproduction de la réalité peut être une injustice, une trahison. Un trait peut suffire à peindre l'homme, mais aussi un trait peut en donner une idée inexacte. Un détail qui, chez l'un, est caractéristique, chez l'autre est insignifiant. Le kodak saisit des mouvements que l'œil ne perçoit pas et, les décomposant, il en détruit l'harmonie. Enfin, l'âme des foules refait les hommes après coup. C'est ce que Renan appelait le miracle psychologique; et cette création synthétique de l'esprit populaire, plus encore que l'analyse, contribue à l'effet d'ensemble. Les générations ajoutent aux hommes ce que leur imagination, leurs espérances, leur foi ont mis en eux; elles veulent communier en de grands souvenirs : la gloire est une religion.

En tous cas, il est des griefs définitivement condamnés : par exemple, que Gambetta a voulu la dictature. C'est lui, au contraire, qui tenait pour l'élection d'une Assemblée contre la délégation de Tours. Il refusa jusqu'au bout de quitter Paris. Et son premier acte, en arrivant à Tours, fut d'offrir le ministère de la Guerre à un soldat.

On a prétendu que la continuation de la guerre a aggravé les conditions de la paix. Thiers et, d'après lui, plusieurs historiens (M. de Lacombe, *Correspondant*, 10 juin 1903) ont soutenu que, si l'on avait traité après Sedan, on aurait pu sauver la Lorraine. Cette opinion est en contradiction avec les faits.

Depuis 1814, toute l'Allemagne revendiquait l'Alsace et la Lorraine; la guerre n'avait pas d'autre but. Dès le 21 août, douze jours avant la capitulation de Sedan, un ordre de cabinet, daté de Pont-à-Mousson et publié dans les deux langues, décidait que les arrondissements de Sarrebourg, Château-Salins, Sarreguemines, Metz et Thionville seraient séparés de la circonscription administrative du gouvernement de la Lorraine pour être rattachés à celle du gouvernement d'Alsace. Et l'on prenait soin de dire que ces territoires étaient soustraits à la souveraineté de l'Empire français, à la différence des arrondissements de Nancy, Toul, Lunéville et Briey, ce qui indiquait clairement l'intention de garder les premiers et de rendre les seconds. Le nouveau gouverneur général, Bismarck-Bohlen, confirmait cet arrangement dans une proclamation datée de Haguenau, le 30 août.

Le 2 septembre, à Sedan, dans la conférence qui précéda la capitulation, Bismarck déclara que la Prusse avait l'intention bien arrêtée d'exiger Strasbourg et Metz, l'Alsace, la Lorraine et quatre milliards. (*Sedan*, par le général de Wimpffen, p. 242; *la Journée de Sedan*, par le général Ducrot, p. 62.)

Le 7 septembre, le *Times* publiait cette dépêche officieuse de Berlin : « Une partie de la Lorraine ayant été placée dans le gouvernement prussien de l'Alsace, ce gouvernement comprend maintenant tous les districts dont la cession sera probablement réclamée par le Cabinet de Berlin, lors de la conclusion de la paix.... Les territoires réclamés par la Prusse comprendraient donc, outre l'Alsace tout entière, les arrondissements lorrains de Sarrebourg, Sarreguemines, Metz, Thionville et Château-Salins. »

Le 15 septembre, Bismarck dessine le tracé de la future frontière (celle du traité de Francfort) sur une carte murale trouvée dans le château du sénateur Larabit, à Buzancy. Au même moment, la même carte est publiée à Berlin par la division géographique et statistique de l'état-major général. C'est la fameuse carte « au liséré vert », qui servira, en février 1871, aux négociations pour les préliminaires de paix.

A la même heure aussi, Bismarck démasque ses batteries : le 13 septembre, de Reims, le 16 de Meaux, il lance deux circulaires à ses agents à l'étranger, indiquant l'annexion de Strasbourg et de Metz comme nécessaire à la sécurité de l'Allemagne.

Le 19, à Ferrières, il réclame de Jules Favre, outre l'Alsace, Sarrebourg, Château-Salins, Sarreguemines, Metz, Thionville. Le 27 septembre et le 1ᵉʳ octobre il confirme ces exigences par des circulaires aux princes confédérés, puis à ses agents. Le 17 octobre, Jules Favre en reconnaît l'exactitude.

Le 1ᵉʳ novembre, à Versailles, Bismarck déclare à Thiers qu'il ne veut pas d'élections en Alsace et en Lorraine allemande, que l'annexion de l'Alsace et de Metz (qui venait de capituler le 27 octobre) est, pour l'Allemagne, une question de sécurité. (Thiers, *Notes et Souvenirs*, p. 77, 79.) Il dit à

Gortschakoff le 29 janvier : « Nous devons nous en tenir au programme qu'il y a cinq mois nous avons communiqué à Saint-Pétersbourg. La réalisation de ce programme est indispensable à notre sécurité, et l'Allemagne ne tolérerait pas une minute qu'on en changeât une virgule. Il nous faut Metz et la Lorraine. » Même langage encore à Thiers, le 21 et le 22 février 1871. (*Notes et Souvenirs*, p. 115, 118.)

Alors, sur quoi Thiers a-t-il fondé son assertion que, après Sedan, nous aurions pu obtenir des conditions moins dures? — Sur un mot, un seul, que Bismarck lui aurait dit le 4 novembre. Le voici.

Thiers : « Si l'on vous offrait de traiter tout de suite, que demanderiez-vous ? »

Bismarck : « L'Alsace. *Peu de chose autour de Metz.* »

— « Et Metz ? » — « Si vous traitez tout de suite, *je vous promets de faire un effort auprès du roi pour qu'on vous le rende.* » (*Notes et Souvenirs*, p. 95, 96.)

C'est tout. Le rapport de Thiers, en date du 9 novembre, ne fait mention d'aucune concession de Bismarck. (Voir *Journal Officiel* du 2 décembre.) Or, dans cet entretien, il s'agissait d'obtenir un armistice et les deux négociateurs avaient intérêt à ne pas se heurter sur le fond des choses. Bismarck ne voulait pas, ce jour-là, parler de Metz. (Busch, *le Comte de Bismarck et sa suite.*) Il n'est pas vraisemblable qu'il ait songé sérieusement à abandonner Metz au lendemain même du jour où cette place venait de tomber. Il voulait gagner du temps. Comme l'a indiqué Chaudordy avec sa perspicacité ordinaire, il ne voulait préciser ses conditions de paix « que lorsque, l'armistice étant conclu, il deviendrait à peu près impossible d'engager le pays à reprendre les hostilités ». (*Enquête de l'Assemblée nationale*, t. II, p. 4.)

Thiers écrivit ces *Notes* plus tard (elles furent publiées en 1903, sans qu'il les eût relues). Après les incidents de Bordeaux, après sa sortie injurieuse contre Gambetta et la guerre à outrance, n'avait-il pas quelque raison de laisser croire — et de se laisser croire à lui-même — que, si sa démarche avait réussi, il aurait épargné à la France une partie des pertes qu'elle avait dû consentir?

Il y eut sans doute, à certains moments, dans l'entourage du roi, quelques hésitations au sujet de Metz; il y eut, après la guerre, certaines feintes de la part de Bismarck ; il fit, avec la France, le bonhomme, le bon apôtre, laissant entendre que le parti militaire lui avait forcé la main. De même, Guillaume II dira : « Je n'ai pas voulu cela ». Mais jamais ni lui-même, ni le roi, ni Moltke, ni l'état-major, pas plus que les professeurs, les historiens, les poètes, les écrivains allemands, — depuis 1814, depuis Görres, Gagern, Gentz, jusqu'à ceux de 1840, Becker, Arndt, jusqu'aux libéraux de 1848, qui réclamaient en outre, pour la Prusse le Slesvig et pour l'Autriche la Lombardie, jusqu'à Ad. Schmidt, Adolph Wagner, Mommsen et au « parti démocratique de la jeunesse des universités allemandes » en 1870, — jamais aucun Allemand n'envisagea la conclusion d'une guerre victorieuse sans l'annexion de l'Alsace et de la Lorraine.

Et il est un fait que les historiens favorables à Gambetta et à son gouvernement n'ont pas assez mis en lumière. En septembre 1870, dans la pensée de Bismarck, c'était toute l'Alsace que l'Allemagne devait annexer, c'est-à-dire le département du Bas-Rhin et celui du Haut-Rhin entiers. La trouée de Belfort a toujours été considérée comme très importante au point de vue stratégique, et le parti militaire allemand, dont Bismarck se servait comme d'une sorte de paravent pour établir plus solidement ses exigences, ne manquait pas d'en faire état. Il est donc pour ainsi dire prouvé que les Allemands n'auraient pas cédé ce territoire, si la prolongation de la guerre, due à l'énergie de Gambetta, n'avait permis au colonel Denfert de faire durer sa défense à tel point que la ville n'a jamais été prise. Les compensations que les négociateurs prussiens semblent avoir demandées et obtenues en Lorraine du côté de Briey auraient sans aucun doute été exigées par eux en septembre, puisque le tracé de la frontière marqué sur la carte ayant servi à Versailles lors de la signature des préliminaires de paix était le même que celui fixé par le traité de Francfort, et l'on a vu que cette carte avait été imprimée à Berlin en septembre 1870. Ces faits réfutent la déclaration de Thiers à l'Assemblée nationale (29 juin 1871) : Si l'on n'avait pas prolongé la guerre, « nous aurions perdu moins en territoire ».

La résistance n'a donc pas aggravé les conditions de la paix, au contraire. Surtout, elle a rendu possibles les réparations de l'avenir. Une nation encore si riche et si puissante n'a pas le droit de livrer une partie de ses enfants sans avoir épuisé ses dernières chances; elle est tenue envers eux, envers les ancêtres, envers la postérité, de défendre jusqu'au bout ceux qu'on veut lui ravir. Pour la France, au-dessus du succès, il y a le devoir et il y a l'honneur. Gambetta, en assumant ce rôle magnifique et terrible, en tenant jusqu'au bout le drapeau, réserva les chances de la patrie. Son nom resta synonyme de foi républicaine et patriotique. Un peuple qui, après des désastres foudroyants, avait héroïquement résisté à l'envahisseur pouvait encore tout espérer et le chef de la Défense nationale personnifia désormais cette grande espérance.

Après la capitulation de Paris, il voulait continuer la guerre. Ce que les Allemands redoutaient le plus, c'était la persistance de notre effort. Gambetta était d'accord en cela avec Chanzy et avec Faidherbe. « Pour moi, disait Chanzy, la résistance est non seulement possible, elle ne peut manquer d'être efficace, si le pays la veut sérieusement, en acceptant toutes ses obligations et toutes ses conséquences. On pourrait obtenir des conditions meilleures, si l'on se montrait bien décidé à reprendre la lutte plutôt que de subir une paix humiliante. » Et il énumérait les ressources de la France : 222 000 hommes d'infanterie, 20 000 de cavalerie, 33 900 d'artillerie; 1 232 bouches à feu pourvues de 242 coups par pièce, 4 000 voitures de parc; et comme ressources à organiser et dont les éléments existaient, 354 000 hommes dans les divisions territoriales, dans les dépôts et en Algérie; les 132 000 recrues de la classe 1871; 12 000 chevaux que la remonte promettait de livrer en six semaines; 443 canons non attelés, mais montés, avec 398 000 projectiles et 1 200 voitures dans les arsenaux; 98 batteries de 4, 7 et 12 fournies par les départements; nos usines fabriquant 25 000 chassepots par mois, nos ateliers donnant 2 millions de cartouches par jour, sans compter les armes et les munitions commandées à l'étranger et dont les livraisons se continuaient sans interruption; enfin un pays riche, de 25 millions d'habitants, dans lequel l'ennemi n'avait pas encore mis le pied.

Les chiffres donnés par Chanzy concordent à peu près avec

les évaluations de la commission chargée par l'Assemblée nationale d'inventorier les ressources militaires de la France, et qui comptait, avec l'amiral Jauréguiberry, huit généraux, trois colonels et plusieurs anciens officiers.

Chanzy concluait qu'il fallait se préparer à la lutte dans tous les cas, qu'on fût partisan de la guerre à outrance ou de la paix à tout prix : car, pour ceux qui voulaient la paix, c'était le moyen le plus sûr de la conclure à de moins mauvaises conditions.

La France était riche, beaucoup plus riche que l'Allemagne; elle pouvait payer. Mais la déception avait été trop forte. Accoutumée à vaincre en Crimée, en Italie, elle ne revenait pas de sa surprise. La chute avait été trop rapide, trop profonde. Elle était lasse. La capitulation de Paris lui ôtait son dernier espoir : elle voulait en finir.

TROISIÈME PARTIE

A L'ASSEMBLÉE NATIONALE L'ÉTABLISSEMENT DE LA RÉPUBLIQUE

(1871-1875)

CHAPITRE IX

A L'ASSEMBLÉE NATIONALE

GAMBETTA ÉLU PAR DIX DÉPARTEMENTS ‖ SAGES CONSEILS DE SPULLER ‖ DISCOURS DE GAMBETTA A BORDEAUX : PRINCIPES DE CONDUITE ‖ LES MONARCHISTES, POUR PROUVER QUE L'ASSEMBLÉE A LE POUVOIR CONSTITUANT, VOTENT LA RÉPUBLIQUE.

LES élections à l'Assemblée nationale eurent lieu le 8 février 1871 et les jours suivants, au scrutin de liste par département. 600 000 ennemis occupaient l'Est, le Nord et le centre de la France, administrés par des préfets allemands. 420 000 Français étaient prisonniers en Allemagne. Le nombre des députés était fixé à 768. Certains candidats furent nommés plusieurs fois : Thiers par vingt-six départements; Gambetta par dix : Bas-Rhin, Bouches-du-Rhône, Haut-Rhin, Meurthe, Moselle. Seine, Seine-et-Oise, Var, Alger, Oran. Il opta pour le Bas-Rhin.

La convention d'armistice avait dit : L'Assemblée « se prononcera sur la question de savoir si la guerre doit être

continuée ou à quelles conditions la paix doit être faite ».
C'est là-dessus que la France vota. Paris et la plupart des
villes se prononcèrent, avec Gambetta et les chefs du parti
démocratique, pour la continuation de la guerre; les campagnes, pour la paix. Les partis d'opposition à l'Empire —
légitimiste, orléaniste, républicain — comprimés et écartés des
affaires pendant vingt ans, reparaissaient en leurs personnages
les plus représentatifs. Les députés républicains étaient environ
deux cents. Les légitimistes et les orléanistes, ceux-ci plus nombreux, formaient les deux autres tiers de l'Assemblée; mais ils
n'avaient pas eu à faire de profession de foi politique : les électeurs les avaient choisis surtout pour leur situation sociale, pour
leur honorabilité, et parce qu'ils étaient partisans de la paix. Au
fond, la majorité avait deux passions maîtresses : la haine de
l'Empire, qui avait fait la guerre, et la haine de la « dictature
gambettiste », qui voulait la poursuivre. Entre ces travées
distantes de quelques mètres, il y avait des lieues, des mondes,
des siècles de distance.

L'Assemblée se réunit le 13 février, à Bordeaux. Le 16,
elle élut président Jules Grévy, suivant le conseil de Thiers.

L'ancien ministre de Louis-Philippe, tout en écrivant l'histoire du premier Empire, avait signalé les fautes du second
et les périls qui nous menaçaient; ses discours de 1866, de
1867, avaient été prophétiques; il avait fait tous ses efforts
pour éviter la guerre; il venait de plaider la cause de la
France auprès des gouvernements européens : ce passé récent
couvrait un passé politique plus lointain et plus discuté. Il avait
soixante-treize ans, mais son activité et son ardeur égalaient
sa lucidité et sa jeunesse d'esprit. Il était apparu à la première
place avant même qu'elle lui fût donnée.

Le 17, Keller, député du Haut-Rhin, donna lecture de la
déclaration des députés d'Alsace-Lorraine : « L'Alsace et la
Lorraine protestent hautement contre toute cession; la France
ne peut la consentir, l'Europe ne peut la sanctionner. Nous
tenons d'avance pour nuls et non avenus tous actes et traités,
vote ou plébiscite, qui consentiraient abandon, en faveur de
l'étranger, de tout ou partie de nos provinces. Nous proclamons
à jamais inviolable le droit des Alsaciens et des Lorrains de
rester membres de la nation française. Et nous jurons, tant
pour nous que pour nos commettants, nos enfants et leurs

descendants, de le revendiquer éternellement et par toutes les voies, envers et contre tous les usurpateurs. »

Protestation poignante, effusion de douloureux et pur patriotisme. Il eût été sage de s'en tenir là. En demandant à l'Assemblée un vote, on commettait un acte imprudent, puisqu'elle ne pouvait s'y associer sans rendre impossible la paix qu'elle avait mandat de conclure, et puisque, en marquant qu'elle ne pouvait l'adopter, elle donnait barre sur nous à l'ennemi.

En effet, l'Assemblée ayant déclaré l'urgence sur la proposition de Keller, Thiers intervint aussitôt : « Je partage, dit-il, tous les sentiments de M. Keller; mais il faut que nous sachions ce que nous voulons mettre derrière nos paroles. Ayez le courage de votre opinion : ou la guerre ou la paix. Allons donc dans nos bureaux et disons tout de suite ce que nous pensons. »

La commission chargée d'examiner la proposition présenta la résolution suivante : « L'Assemblée nationale, accueillant avec la plus vive sympathie la déclaration de M. Keller et de ses collègues, s'en remet à la sagesse et au patriotisme des négociateurs. » Dès lors, Bismarck savait à quoi s'en tenir sur la volonté de l'Assemblée et sur le degré de résistance que pourraient lui opposer nos plénipotentiaires.

Quelques instants après, l'Assemblée nommait, à la presque unanimité, Thiers chef du pouvoir exécutif. Il demanda qu'on ajoutât ces mots : « de la République française ».

Le lendemain, l'extrême gauche adopta une Adresse déclarant que « l'Assemblée nationale et le peuple français tout entier étaient sans aucun droit pour faire d'un seul des Alsaciens et des Lorrains un sujet de la Prusse ». Cette Adresse était signée par Victor Hugo, Louis Blanc, Edgar Quinet, Victor Schœlcher, Charles Floquet, Edouard Lockroy, Alphonse Peyrat, Sadi Carnot, Edmond Adam, Henri Brisson, Arthur Ranc — et Georges Clemenceau, qui devait présider aux revanches de 1918 et jouer dans notre histoire un si grand rôle.

Le 19, Thiers annonça à l'Assemblée la constitution du Cabinet, composé de Dufaure, Jules Favre, Ernest Picard, Jules Simon, Pouyer-Quertier, de Larcy, Lambrecht, général Le Flô et amiral Pothuau : c'était, en attendant que la France pût décider de ses destinées, la trêve des partis. Le chef du pouvoir exécutif faisait appel à tous pour le relèvement de la patrie : « Pacifier, réorganiser, relever le crédit, ranimer le travail, voilà la seule politique possible et même concevable en ce moment. A celle-là tout homme sensé, honnête, éclairé, quoi qu'il pense sur la monarchie ou sur la république, peut travailler dignement. Quand nous aurons relevé du sol où il gît ce noble blessé qu'on appelle la France, quand nous aurons fermé ses plaies, nous le rendrons à lui-même; alors, ayant recouvré la liberté de ses esprits, il dira comment il veut vivre. » Puis il partit pour Versailles, afin de négocier avec Bismarck.

Le 28, il rapporta les préliminaires de paix. Le 1ᵉʳ mars, Bamberger, Edgar Quinet, Victor Hugo, Louis Blanc, George, Brunet, Millière, Emmanuel Arago, Keller et Langlois parlèrent contre le traité. Victor Hugo s'écria : « Si l'œuvre à laquelle on donne en ce moment le nom de traité s'accomplit, c'en est fait du repos de l'Europe ». Edgar Quinet : « La cession de l'Alsace-Lorraine, c'est la guerre à perpétuité sous le masque de la paix ». Thiers, Vacherot et le général Changarnier soutinrent que la France se trouvait placée en présence d'une inéluctable nécessité. Buffet déclara que quatre députés des Vosges, se séparant avec douleur de leurs collègues d'Alsace-Lorraine, s'abstiendraient. Conti ayant tenté de défendre l'Empire, l'Assemblée, frémissante, vota, à la presque unanimité, la déchéance de Napoléon III et de sa dynastie, en le déclarant « responsable de la ruine, de l'invasion et du démembrement de la France ». Le traité fut adopté par 546 voix contre 107 et 23 abstentions.

Alors Jules Grosjean, député du Haut-Rhin, lut la protestation immortelle dont tous les mots, pendant quarante-quatre ans, n'ont cessé de tomber sur notre cœur comme des pelletées de terre sur une tombe. Les représentants de l'Alsace-Lorraine quittèrent l'Assemblée au milieu des sanglots. Gambetta donna sa démission de député du Bas-Rhin. Le soir même, Küss, maire de Strasbourg, député du Bas-Rhin, mourait à Bordeaux, désespéré. A ses obsèques, Gambetta prit la parole en ces termes : « La force nous sépare, mais pour un temps seulement, de l'Alsace, berceau traditionnel du patriotisme français. Nos frères de ces contrées malheureuses

Les représentants de l'Alsace et de la
Lorraine ont déposé, avant toute négociation de
paix, sur le bureau de l'Assemblée Nationale
une déclaration affirmant de la manière la plus
formelle leur volonté et leur droit de
de rester françaises.

Livrés au mépris de toute justice et par un odieux
abus de la force à la domination de l'étranger,
nous avons un dernier devoir à remplir :

Nous déclarons encore une fois nul et non avenu
le pacte qui dispose de nous sans notre
consentement.

La revendication de nos droits reste à jamais
ouverte à tous et à chacun dans la forme et
dans la mesure que notre conscience nous dictera.

Avant de quitter cette enceinte où notre dignité ne
nous permet plus de siéger, et malgré l'amertume
de notre douleur, la pensée suprême que nous
aurons au fond de notre cœur est une pensée de
reconnaissance pour ceux qui pendant six mois n'ont
pas cessé de nous défendre et d'inviolable attachement à la Patrie dont nous sommes violemment
séparés arrachés.

Nous vous suivrons de nos vœux et nous attendrons avec

FAC-SIMILÉ DE L'ORIGINAL DE LA PROTESTATION
DES DÉPUTÉS ALSACIENS-LORRAINS

une confiance entière dans l'avenir, que la France, ~~délivré de ses déchirures morales et politiques~~, reprenne le cours de sa grande destinée.

Vos frères d'Alsace et de Lorraine ~~que les victoires~~ séparés en ce moment de la famille commune conserveront à la France absente de leurs foyers une affection filiale jusqu'au jour où elle viendra reprendre sa place.

Bordeaux, le 1er Mars 1871.

PROTESTATION
DES DÉPUTÉS ALSACIENS-LORRAINS
LUE PAR JULES GROSJEAN, A L'ASSEMBLÉE NATIONALE
LE 1ᵉʳ MAI 1871

D'après l'original qui nous a été remis par Madame Marti, sa fille, et que j'ai déposé aux Archives de la Chambre, après la signature des préliminaires de paix, le 30 juin 1919.

(129)

ont fait dignement leur devoir, et, eux du moins, ils l'ont fait jusqu'au bout. Qu'ils se consolent en pensant que la France désormais ne saurait avoir d'autre politique que leur délivrance ! Pour atteindre ce résultat, il faut que les républicains s'unissent étroitement dans la pensée d'une revanche qui sera la protestation du droit et de la justice contre la force et l'infamie ! » Les cris de « Vive l'Alsace ! » répondirent à cet appel.

Le lendemain, malade, à bout de forces, il partait pour Saint-Sébastien. « Je suis brisé par toutes les infortunes qui nous accablent, écrit-il à un de ses amis ; devant l'odieuse cession que l'Assemblée vient de consentir à l'ennemi, je me retire ; j'attends que la France républicaine se retrouve. »

L'Allemagne, poursuivant la mutilation de 1815, qui avait éventré notre frontière en nous enlevant Sarrebruck, Saint-Jean, Sarrelouis et les houillères de la Sarre, nous arrachait, cette fois, l'Alsace, Metz et les mines de fer de la Moselle, — 1 597 228 âmes, — nous interdisant ainsi toute offensive de départ, s'assurant à elle-même cet avantage, et conquérant l'élément essentiel de sa métallurgie, le minerai de fer (29 millions de tonnes sur 36 millions en 1913), avec l'espoir de nous prendre un jour le bassin minier de Briey et Verdun : car, pour elle, chaque traité n'est qu'une trêve, une étape, chaque démarcation n'est qu'une frontière d'attente, chaque annexion en prépare d'autres. Thiers avait réussi à sauver Belfort. L'indemnité de guerre était fixée à cinq milliards.

L'Assemblée de 1871 vota les préliminaires de paix le couteau sur la gorge, pour abréger le supplice de la patrie et pour empêcher l'occupation de Paris par les troupes allemandes. Le traité de Francfort, issu de la falsification criminelle de la dépêche d'Ems, allait empoisonner l'Europe pendant quarante-quatre ans et devenir le tourment de la conscience humaine.

Où l'Assemblée siégerait-elle ? Paris faisait peur à la majorité. Thiers se prononça pour Versailles, qui fut choisi.

En même temps, il affirma sa loyauté envers tous les partis : « Lorsque le pays sera réorganisé, je vous en donne la parole d'un honnête homme, aucune des questions qui auront été réservées n'aura été altérée par une infidélité de notre part ». C'est ce qu'on appela « le pacte de Bordeaux ».

A L'ASSEMBLÉE NATIONALE

L'Assemblée devait se réunir à Versailles le 20 mars. La Commune éclata le 18. Les adversaires de Gambetta lui ont souvent reproché son abstention pendant la guerre civile; ils ont raillé « les orangers de Saint-Sébastien ». Il n'était plus député. Il était malade. Mais qu'aurait-il pu faire? Tout fut tenté pour essayer de rapprocher les deux camps; tout fut inutile, à partir du moment où le sang coula, où les généraux Lecomte et Clément Thomas furent tués. Au début, les maires, les députés de Paris, le colonel Langlois, commandant de la Garde nationale, et après lui l'amiral Saisset s'efforcèrent d'empêcher la rupture; plus tard, à diverses reprises, la *Ligue des droits de Paris*, avec Schœlcher, Edmond Adam, Ranc, Lockroy, Floquet, Clemenceau, essaya en vain de s'interposer. Si Gambetta avait été encore député pendant la Commune, il serait resté dans l'Assemblée avec Louis Blanc, Edgar Quinet, Henri Martin. Le 20 mars, les députés et les maires de Paris firent un suprême effort auprès du Comité central. Louis Blanc lui dit : « Vous êtes des insurgés contre l'Assemblée la plus librement élue. Nous, mandataires réguliers, nous ne pouvons accepter une transaction avec des insurgés. Nous voulons bien prévenir la guerre civile, mais non paraître vos auxiliaires aux yeux de la France. » En ces jours terribles, une pensée supérieure inspirait ces grands républicains : ils ne voulaient pas d'une révolution devant l'ennemi, ils redoutaient de compromettre l'unité nationale. ▪

Lyon, Saint-Étienne, Toulouse, Narbonne, Marseille, Limoges s'agitaient; un grand nombre de villes adressaient à Versailles des protestations émues contre toute entreprise de restauration monarchique. Pour sauver le pays, il fallait maintenir l'unité nationale et le seul moyen de maintenir l'unité nationale était de conserver la République. Thiers allait répétant : « C'est le gouvernement qui nous divise le moins ». Le 27 mars, il disait à l'Assemblée : « Il y a des ennemis de l'ordre qui prétendent que nous nous préparons à renverser la République. Je leur donne un démenti formel. Je ne détruirai pas la forme de gouvernement dont je me sers maintenant pour rétablir l'ordre. » Et il déclarait aux représentants des municipalités venus pour lui exprimer leurs inquiétudes que, si un complot se formait pour rétablir la monarchie, il ne s'y prêterait pas.

GAMBETTA

Cependant une tentative de fusion entre la branche aînée et la branche cadette de la maison de Bourbon se poursuivait sous les auspices de Mgr Dupanloup, évêque d'Orléans. En mars, à Dreux, le duc d'Aumale déclarait aux mandataires du parti légitimiste que, si la France voulait la monarchie, les princes d'Orléans n'élèveraient aucune compétition, qu'ils étaient prêts à se réconcilier avec le comte de Chambord.

Une série de lettres inédites adressées par Gambetta, de Saint-Sébastien, à Barthélemy, consul de France à Southampton, montre ses perplexités et ses angoisses :

26 mars. — « Qu'allons-nous devenir? Tout ceci ne peut finir que par une catastrophe : des journées de septembre ou une Terreur blanche à courte échéance, et peut-être les deux. Il n'y aurait qu'un moyen de sauver la situation : déclarer la République institution définitive, prendre les trois ou quatre mesures radicales qui en assurent le véritable jeu, faire une loi électorale, dissoudre l'Assemblée et convoquer dans Paris la nouvelle Chambre en indiquant d'avance le programme législatif qu'elle devra suivre; puis rentrer hardiment dans la capitale en lui tenant le langage qui convient à la fois à la France et à la population de la grande cité. »

Il touche une des plaies les plus cuisantes de la défaite : « Ce n'est pas le moindre sujet d'opprobre de la situation présente, que de voir le profit que tous les partis cherchent à tirer des menaces et des prétentions de l'étranger.... Ah! que nous sommes malheureux! »

5 juin. — « Sur les élections prochaines, je suis très perplexe; mon sentiment actuel est toujours de ne pas accepter de faire partie d'une Assemblée que je considère comme finie et ayant épuisé son mandat. Dans tous les cas, je serai amené à m'expliquer. »

14 juin. — « Je partage pleinement votre avis : il est temps de parler. Quant à la question du mandat législatif, je penche à croire que le refus vaut mieux. J'attends Spuller demain avec qui j'ai besoin de conférer, et je vous écrirai ma résolution définitive.... »

Spuller vient à Saint-Sébastien et le décide : il se présentera.

Spuller, de sa retraite de Sombernon, en Côte-d'Or, avait écrit à Gambetta, à Saint-Sébastien, des lettres pleines de sagesse et de clairvoyance. La Commune ne peut réussir. La monarchie « s'effondrera au dernier moment ». Un grand rôle est à prendre, « un rôle si grand qu'il va presque jusqu'à m'effrayer ». « Tu es considéré comme l'homme d'une situation qui ne tardera pas à se dégager de cette terrible crise.... On te garde pour l'avenir. » Il l'incite à parler souvent au pays, à faire des tournées de ville en ville, comme les hommes d'État anglais. « Jusqu'à ce que la République soit enfin proclamée et assise, ton rôle m'apparaît comme celui d'un O'Connell républicain. » Il s'agit de tracer, non un plan de réformes, mais un plan de conduite, une « déclaration des devoirs » du parti républicain. « C'est sur toi principalement que retombe la lourde mission de réunir ses forces éparses, de relever les espérances, d'apaiser les ressentiments, de consoler les douleurs, de réconcilier ces deux Frances qui luttent l'une contre l'autre. » Si l'Assemblée n'est pas constituante, elle est souveraine. Elle durera : il faut agir en conséquence. Thiers, en affirmant sa volonté de maintenir « le fait républicain », avait lancé à Gambetta et à ceux qui avaient continué la guerre une sanglante invective : « politique de fous furieux » (8 juin). — « Fou furieux ! » Hélas ! Fou d'amour pour la France, pour son honneur, pour sa gloire, fou de désespoir de la voir souillée par l'ennemi et démembrée ! Heures de douleur suprême, où les plus grands serviteurs de la patrie se déchirent sur son cœur saignant ! Spuller s'efforce de panser la blessure ; il montre à son ami l'intérêt que l'orateur avait à accabler devant la Chambre une fraction du parti républicain afin d'en louer une autre, et à atténuer ses déclarations aux yeux de la majorité. En expliquant l'injuste attaque, il l'excuse à demi. A l'injure il faut répondre par une parole de sagesse, de confiance : « Plus on aura été violent envers toi, plus il te sera facile d'être modéré ; et, plus tu seras modéré, plus le succès de tes plans sera assuré ».

Puis, il montre à son ami le danger de l'absence : « Si tu avais été présent, cette attaque ne se serait pas produite. Les sentiments qui existent entre M. Thiers et toi se seraient accusés en d'autres termes et cela eût mieux valu pour tout le monde. Il n'est pas bon pour un homme qui a joué dans l'histoire contemporaine le plus éclatant des rôles, que ses actes et ses intentions soient trop longtemps dénaturés : une fausse opinion publique ne tarderait pas à se former, que l'on aurait mille peines à faire revenir de ses faux jugements. Rentre donc à la Chambre. Quand tu seras là, nul n'osera plus te dire, sans crainte de se voir contredit et relevé, que la politique d'honneur et de courage que tu as soutenue n'était pas la seule digne de la République et de la France. »

Ces lettres de Sombernon font grand honneur à Spuller. Ces semences, d'ailleurs, tombaient en un terrain dès longtemps préparé à les recevoir. Gambetta — on l'a vu par son discours de 1870 à la jeunesse des écoles — était naturellement enclin à ces idées. On les retrouve dans celui qu'il va prononcer le 26 juin 1871 à Bordeaux et qui est comme le point de départ de sa carrière nouvelle.

Il y évoque d'abord le plébiscite et les catastrophes qui l'ont suivi. La France veut-elle abdiquer encore une fois ou se constituer en gouvernement libre? Le « fou furieux » répète avec Thiers : « Le pouvoir au plus sage, au plus digne, au plus capable ». Il veut faire du suffrage universel, qui est la force par le nombre, le pouvoir éclairé par la raison, poursuivre la Révolution sans la violence et transformer le parti républicain, coutumier de l'opposition et défiant du pouvoir, en parti de gouvernement. Il appelle à la République tous les partis et la masse des citoyens, ceux qui ne sont d'aucun parti. Il se tourne vers ceux qui ont professé des opinions contraires : « Vous voulez gouverner la République? Eh bien! nous ne vous demandons qu'une chose, c'est d'abord de la reconnaître. Une fois que vous l'aurez reconnue, nous admettrons parfaitement votre passage aux affaires. » Il pose la question sociale en ces termes : « Comment admettre que les hommes qui ne connaissent la société que par le côté qui les irrite, par la peine et le travail, un travail sans lucre suffisant,... ne s'aigrissent pas dans la misère et n'apparaissent pas un jour sur la place publique avec des passions effroyables?... Il n'y aura de paix et d'ordre qu'alors que toutes les classes sociales auront été amenées à la participation des bienfaits de la civilisation et de la science et considéreront leur gouvernement comme une émanation légitime de leur souveraineté et non plus comme un maître jaloux et avide. Jusque-là, en persévérant dans la voie funeste où nous sommes, vous ferez, des ignorants, tantôt les soutiens des coups d'État et tantôt les auxiliaires des violences de la rue, et nous resterons exposés aux fureurs impies de multitudes inconscientes,... qui cherchent à se venger en accumulant les ruines.... » Et il rappelle le mot de Channing : « Les sociétés sont responsables des catastrophes qui éclatent dans leur sein, comme les villes mal administrées, où on laisse pourrir les charognes au soleil, sont responsables de la peste ».

Il rend hommage au paysan. Il faut refaire le sang et les moelles de la France. La reconstitution de l'armée, voilà la première œuvre à accomplir. Il fait commencer l'éducation militaire dès l'école. Que doit être l'homme des nouvelles générations? « Je ne veux pas seulement que cet homme pense, lise et raisonne; je veux qu'il puisse agir et combattre. Il faut mettre partout, à côté de l'instituteur, le gymnaste et le militaire. » Ces deux éducations, « il faut les pousser de front. Autrement, vous ferez une œuvre de lettrés, vous ne ferez pas une œuvre de patriotes. Que, pour tout le monde, il soit bien entendu que, lorsqu'en France un citoyen est né, il est né un soldat.... » Il reprend ainsi la tradition républicaine, celle de la loi du 27 brumaire an III, par laquelle la Convention avait réglé simultanément l'éducation civique et l'éducation militaire.

Cet appel rassura le pays et prépara la manifestation du 2 juillet 1871, qui allait rendre la République indéracinable. Il y avait cent onze députés à élire, dont vingt et un pour la Seine. Quarante-six départements étaient appelés à voter. Gambetta fut nommé dans la Seine, le Var et les Bouches-du-Rhône; il opta pour la Seine. Vingt-cinq départements avaient à remplacer Thiers (élu dans vingt-six départements et optant pour la Seine) : trois seulement élurent des conservateurs.

A ce moment même, le comte de Chambord vint en France et déclara ses intentions au sujet du drapeau. Le 5 juillet, il lançait son manifeste : « Je ne laisserai pas arracher de mes mains l'étendard d'Henri IV, de François Ier et de Jeanne d'Arc. Il a flotté sur mon berceau, je veux qu'il ombrage ma tombe. Henri V ne peut abandonner le drapeau d'Henri IV. »

Gambetta, à peine revenu dans l'Assemblée, saisit la première occasion pour offrir son concours à Thiers. Lors de l'entrée des Italiens à Rome, un certain nombre d'évêques avaient adressé à l'Assemblée des pétitions pour le rétablissement du pouvoir temporel du pape. L'Assemblée nomma une commission favorable. « Il y a un fait accompli, dit Thiers ; l'Italie est une ; je ne suis pas l'auteur de cette unité, et moins que personne je puis être mis en cause. Il ne faut pas nous imposer une diplomatie qui aboutirait à ce que vous désavouez, la guerre. Quand toute l'Europe compte avec l'Italie, voulez-vous que je prépare avec elle des rapports compromettants pour l'avenir ? » Il ajoute qu'il défendra les intérêts de la religion et qu'il assurera le plus possible l'indépendance du Saint-Siège. Il déclare accepter un ordre du jour où il est dit : « L'Assemblée, confiante dans le patriotisme et la prudence du chef du pouvoir exécutif... ». Gambetta, aussitôt, s'y rallie : « Après les déclarations si nettes, si fermes sur nos relations avec l'Italie et le Saint-Siège, qui ménagent à la fois leurs libertés, les droits de la conscience et la paix européenne, nous nous rallions à l'ordre du jour qu'a accepté le chef du pouvoir exécutif ».

Alors, Keller, au nom de la droite : « Du moment que cet ordre du jour est également accepté par M. Gambetta, il change de signification », et il déclare que ses amis ne peuvent plus le voter. Thiers sursaute : « Je ne recherche l'accord avec personne, mais je ne le fuis pas quand il vient à moi. Vous donneriez un exemple désastreux et qui serait le signal de la désunion éternelle du pays, si vous pouviez venir faire une déclaration pareille à celle-ci : « Puisque tel ou tel collègue, « dont les sentiments ne sont pas les nôtres aujourd'hui, accepte « la même rédaction que nous, nous n'en voulons plus. » Il déplore que M. Keller ait laissé échapper une parole malheureuse, car, « si la discorde avait une voix, elle n'en prononcerait pas d'autre ».

L'Assemblée adopte l'ordre du jour de confiance, mais renvoie les pétitions au ministre des Affaires étrangères : Jules Favre donne sa démission et est remplacé par Charles de Rémusat.

Le vicomte de Meaux, député légitimiste à l'Assemblée nationale, gendre de Montalembert, qui a laissé de précieux *Souvenirs* sur la période 1871-1877, juge ainsi cette première rencontre entre la droite de l'Assemblée et Thiers : « Les évêques réclamaient de l'Assemblée un vote qui nous eût brouillés avec l'Italie, une démarche — je ne sais laquelle, et ils ne le savaient pas davantage — en faveur du pouvoir temporel du pape. Que pouvait M. Thiers, et que pouvions-nous alors? Les évêques voulaient-ils provoquer avec l'Italie une querelle que l'Allemagne eût évidemment soutenue? Assurément non; et quand ils protestaient de leurs intentions pacifiques, ils étaient aussi sincères qu'inconséquents. Mais ils ne se sentaient pas responsables du pays; et, sans se demander s'ils ne nous acculaient point soit à un précipice, soit à une reculade, ils se satisfaisaient eux-mêmes, eux et leur entourage. »

Le 12 août, Rivet, ami de Thiers, dépose la proposition suivante : « M. Thiers exercera, sous le titre de Président de la République, les fonctions qui lui ont été dévolues par le décret du 17 février dernier. Ses pouvoirs sont prorogés de trois ans.... » Gambetta, dans les bureaux, combat la proposition; il soutient que la vraie cause du malaise dont souffre le pays est la division de l'Assemblée : le remède, à ses yeux, est la nomination d'une Constituante.

La proposition Rivet offre à l'Assemblée l'occasion de se déclarer constituante. Le 28 août, la commission dépose un projet ainsi conçu : « L'Assemblée nationale, considérant qu'elle a le droit d'user du pouvoir constituant, attribut essentiel de la souveraineté dont elle est investie, décrète : « Le « chef du pouvoir exécutif prendra le titre de Président de la « République française et continuera d'exercer, sous l'auto- « rité de l'Assemblée nationale, tant qu'elle n'aura pas ter- « miné ses travaux, les fonctions qui lui ont été déléguées par « décret du 17 février 1871... ».

Ainsi, la proposition Rivet était amendée sur un point essentiel : les pouvoirs de Thiers, au lieu d'être limités à trois ans, devaient durer autant que l'Assemblée. La situation, pour Gambetta et ses amis, ne laissait pas d'être embarrassante : adopter la proposition, c'était reconnaître à la majorité monarchiste le droit de fixer les destinées du pays; la rejeter, c'était rendre la situation de Thiers plus difficile. Gambetta, qui redoutait avant tout une restauration de la royauté, se déclara contre le pouvoir constituant de l'Assemblée : « Elle n'a été élue, dit-il, que pour en finir avec l'étranger. Lorsqu'on veut fonder un gouvernement, que ce soit une monarchie ou une république, ce qui doit préoccuper ceux qui fondent cette œuvre, c'est de créer une forteresse qu'on puisse défendre contre les factieux qui l'attaquent, non une tente ou un hangar ouvert à tous les vents et que tout le monde peut renverser en passant. C'est là ce que vous feriez si vous délibériez une Constitution dans l'état d'incompétence où vous vous trouvez. Je le dis au point de vue monarchique comme au point de vue républicain. » Et il allait jusqu'à prononcer ces paroles quelque peu téméraires : « S'il sortait d'ici une Constitution républicaine, je ne me trouverais pas assez puissamment armé, je le déclare en conscience, pour frapper ceux qui oseraient y porter la main ».

Cette déclaration, à laquelle la suite des événements allait donner un si éclatant démenti, eut un effet auquel l'orateur ne s'attendait pas : elle rapprocha de Thiers la droite et la jeta dans la République; les monarchistes, pour montrer qu'ils avaient le pouvoir constituant, établirent, provisoirement au moins, la forme de gouvernement qu'ils redoutaient le plus. Par 434 voix contre 225, l'Assemblée se déclara constituante; par 491 voix contre 94, elle donna au chef du pouvoir exécutif le titre de Président de la République française. Celui-ci, dans son message de remerciement, marqua le coup : « L'honneur que l'Assemblée m'a fait en me décernant la première magistrature de la République... ».

Ainsi, par un singulier paradoxe, la gauche, qui ne voulait pas être constituante, entendait que la loi Rivet, dès qu'elle serait votée, aurait la force d'une loi constitutionnelle; et la droite, qui revendiquait si hautement le pouvoir constituant, déclarait qu'elle ne votait qu'une loi ordinaire, voire une simple résolution essentiellement révocable (peut-être, chez quelques-uns, avec la pensée de laisser à la République la responsabilité du traité de paix). Ceux qui avaient combattu le projet triomphaient de son adoption, ceux qui l'avaient voté étaient mécontents. Ceux qui voulaient rétablir la monarchie fortifiaient le pouvoir de Thiers et affermissaient la République. Gambetta et ses amis réclamaient la dissolution d'une Assemblée d'où ils allaient tirer, au bout de plusieurs années de lutte, un gouvernement définitif. Cette Chambre à laquelle ils déniaient le pouvoir constituant, devait finir, sous leurs inspirations, par donner à la France sa Constitution républicaine. Mais ce paradoxe avait une cause profonde : la division des monarchistes et les haines qui les séparaient. En brisant sa couronne, le comte de Chambord brisait du même coup la branche cadette ; il se vengeait de 1830. Les monarchistes étaient obligés de choisir entre des princes, au lieu que la République, gouvernement anonyme, pouvait prendre des formes diverses et se prêter à toutes les transactions.

CHAPITRE X

LA RÉPUBLIQUE NOUVELLE

FONDATION DU JOURNAL *la République française* ‖ CAMPAGNE ORATOIRE ‖ GAMBETTA ET LA LOI MILITAIRE ‖ DISCOURS A VERSAILLES (24 JUIN) ‖ VOYAGE EN SAVOIE ET EN DAUPHINÉ : « UNE COUCHE SOCIALE NOUVELLE » ‖ LE DUC DE BROGLIE.

VERS la fin de 1871, Gambetta réalisa un rêve qu'il caressait depuis longtemps. Dès 1868, il avait projeté, avec Lavertujon et Spuller, de fonder un journal. Le propriétaire du château des Crêtes, Dubochet, devait fournir les premiers fonds. La feuille s'appellerait *le Suffrage universel*. Pendant son séjour à Saint-Sébastien, il s'entretenait de son projet dans sa correspondance avec Barthélemy. Enfin, en novembre 1871, il met au point *la République française* avec le concours de ses amis Arnaud de l'Ariège, Dorian et cette noble conscience, Scheurer-Kestner. Challemel-Lacour, dont le talent n'allait cesser de grandir, Spuller, Ranc, Dionys Ordinaire, Charles Floquet, Gaston Thomson devaient traiter la politique intérieure; Antonin Proust, Gabriel Hanotaux, Camille Barrère, Marcellin Pellet les affaires étrangères; Allain-Targé les finances, Freycinet la guerre et les travaux publics, Paul Bert l'instruction publique, Berthelot les sciences, Lannelongue, Broca l'hygiène et la médecine. Gustave Isambert était chargé des soins de la rédaction. Joseph Reinach y fit ses débuts. Albert Grodet y entra un peu plus tard. Dans la pensée de son fondateur, *la République française* devait être un organe et une pépinière de gouvernement. C'était un journal de doctrine, d'allures modérées et graves.

LA RÉPUBLIQUE NOUVELLE

Ses *Premiers Paris* donnèrent au parti républicain le mot d'ordre. Presque tous les soirs, Gambetta venait au journal, et, tout en conversant, livrait à ses amis le canevas, les traits principaux des articles. Un de ses collaborateurs évoque un Gambetta à peu près inconnu, revoyant la première page, accueillant avec une grâce fraternelle la collaboration, les conseils même des plus modestes, des plus jeunes, revivant, devant ses rédacteurs, les séances de l'Assemblée, puis écrivant, sur un coin de table, une lettre.... « C'était une force inexprimable, un foyer ; rien de comparable à cela ! »

Il demande le concours de ses amis d'Alsace. Il écrit aux anciens représentants de l'Alsace-Lorraine à l'Assemblée nationale : « Tant que nous n'aurons pas rendu à la France son intégrité, nous n'aurons pas le droit de nous considérer comme satisfaits. Je suis tout entier à cette pensée. » Une circulaire annonce en Alsace-Lorraine l'apparition du journal : « Je désire en faire une tribune pour la revendication quotidienne devant l'Europe de nos droits et de nos provinces ravies. La France est à la merci de l'Allemagne. Nous sommes en guerre *latente*; il n'y a plus ni paix, ni liberté, ni progrès possible en Europe. »

En même temps, il commence à travers tout le pays un apostolat républicain et patriotique. Il se fait grand éducateur populaire. En d'heureuses rencontres, il marche, au milieu des foules enthousiastes. Il annonce le prochain triomphe de la République, laisse deviner la revanche, répand sur ses pas l'espérance, fait naître, sous son ardente parole, une démocratie nouvelle, comme il avait fait naître les armées.

Le 16 novembre, à Saint-Quentin, célébrant l'anniversaire de la défense de la ville et la mémoire des citoyens tombés dans la lutte : « Ce qui a manqué, c'est ce qui manque à tous les peuples qui se sont laissés asservir trop longtemps, c'est la foi en eux-mêmes et une haine suffisante de l'étranger. La France doit reprendre son véritable rôle dans le monde. Ne parlons jamais de l'étranger, mais que l'on comprenne que nous y pensons toujours. Alors vous serez sur le chemin de la revanche. »

Il explique ce qu'il entend par laïcité : le respect de la liberté des consciences. A l'Église, l'enseignement de la foi ; à l'école, l'enseignement de la science. Il essaye de gagner le clergé des campagnes; il en parle avec émotion et avec respect (cette distinction entre le clergé populaire et le clergé aristocratique, comme la distinction entre le clergé séculier et le clergé régulier, idées chères à Mirabeau, reviendront souvent sur ses lèvres). Enfin, il demande qu'on rende à la France la libre disposition d'elle-même et il appelle tous les Français, après les échecs successifs de la monarchie, à la République. « Il nous sera peut-être donné, et je tiens à exprimer cette espérance dans le deuil même qui nous a réunis, d'assister, avec le concours de tous les citoyens, à la fondation du grand parti républicain national, qui n'a d'autre ambition que de sceller l'union de tous les Français par la reconnaissance et l'harmonie de tous les droits. Alors la nation, ramassant toutes ses forces, unie et libre, pourra se tourner vers l'Europe, se faire rendre ce qui lui appartient et la place qui lui est due. »

L'Assemblée, déçue par l'échec de la fusion, inquiète des progrès du parti républicain, plus divisée que jamais, hésitait à rompre avec Thiers, qui inclinait de plus en plus vers la République. « Croyez-moi, disait-il, vous qui voulez faire un essai de la République, et vous avez raison, il faut le faire loyal. Je m'adresse tout spécialement à ceux qui se font de la République un souci continuel, et je suis du nombre. » (26 décembre.) Quelques jours après, le 7 janvier 1872, sur dix-sept élections partielles, douze étaient républicaines.

Le 20 janvier, Thiers, mis en échec sur un projet grevant les matières premières, donna sa démission; mais l'Assemblée fit remarquer que ce vote sur une question économique ne pouvait être considéré comme un acte de défiance et refusa cette démission : le Président la retira. La droite se préparait pour le cas où une autre crise présidentielle viendrait à se produire. On négocia, et le comte de Paris se déclara prêt à rendre visite au comte de Chambord, à Anvers : il s'agissait de nommer le duc d'Aumale à la place de Thiers. Le comte de Chambord prit fort mal la chose; le 25 janvier, il lança un nouveau manifeste contre ce qu'il appelait « les combinaisons stériles » et, affirmant de nouveau son attachement au drapeau blanc : « Rien n'ébranlera mes résolutions, rien ne lassera ma patience, et personne, sous aucun prétexte, n'obtiendra de moi que je consente à devenir le roi légitime de la Révolution ». Ainsi, chaque fois que les monarchistes tentaient de s'unir et de se relever, le représentant de la royauté légitime replaçait sur leurs têtes la pierre du sépulcre. Le parti bonapartiste essaya d'en profiter; le 11 février, Rouher fut élu en Corse, commença une propagande active à travers la France et créa à l'Assemblée « un groupe de l'appel au peuple ».

Le 29 mars, l'Assemblée se prorogea pour trois semaines. Gambetta, pendant ses vacances, répondit aux invitations qui lui avaient été adressées par les républicains d'Angers et du Havre.

Le 7 avril, à Angers, au centre d'une contrée qui avait nommé des députés royalistes, il cherche à rassurer le pays, à lui inspirer confiance dans la sagesse du parti républicain. Contre ceux qui opposent Paris à la province, il défend l'unité morale de la patrie. Il fait voir les divisions de la droite; au contraire, le parti républicain, en prêtant son concours au gouvernement établi, se montre dévoué aux intérêts suprêmes de la nation et à la paix sociale; minorité dans l'Assemblée, il est la majorité dans le pays. Puis, l'orateur proclame le respect de la propriété, de la liberté de conscience, de la liberté des cultes. Et il termine par cet appel et cet hommage au Président de la République : « Il sait qu'il y a quelque chose de plus beau que d'avoir écrit les annales de la Révolution française, c'est de l'achever... ».

Au Havre, le 18 avril : « Si le gouvernement républicain a paru, au milieu des désastres, comme le seul possible, c'est que seul, il s'est trouvé debout en face du danger. Au moment de la catastrophe, nul n'a pensé à un autre gouvernement. Où étaient les prétendants ? » Il revient sur le problème de l'éducation. L'État ne peut avoir aucune compétence ni aucune action sur les dogmes ni sur les doctrines philosophiques. Il faut qu'il ignore ces choses, ou bien il devient arbitraire. On l'a raillé en l'appelant commis voyageur; il se pare de ce titre : « Eh bien oui! je suis un voyageur et le commis de la démocratie. C'est ma commission, je la tiens du peuple. Si je crois mon pays perdu en dehors de la République, il faut bien que je le dise! C'est ma mission! Je la remplis; advienne que pourra! »

Il jette, en passant, un mot qui va soulever de longues

polémiques : « Ne nions pas les misères, les souffrances d'une partie de la démocratie. Mais tenons-nous en garde contre les utopies de ceux qui croient à une panacée, à une formule pour faire le bonheur du monde. Il n'y a pas de remède social, parce qu'il n'y a pas une question sociale. Il y a une série de problèmes à résoudre, de difficultés à vaincre. Ces problèmes doivent être résolus un à un et non par une formule unique. Il n'y a pas de panacée. » Il ne disait pas : « Il n'y a pas *de* question sociale ». Il disait : « Il n'y a pas *une* question sociale », une question sociale unique, ni une solution unique. Il faut regarder de près ses formules : elles sont calculées avec un soin non exempt d'artifice. On pouvait s'y tromper d'abord. Challemel-Lacour lui-même s'y méprit, s'étonnant que son ami qui, à Bordeaux, avait défini la question sociale en termes si pathétiques, parût maintenant en nier l'existence. Louis Blanc s'y trompa aussi et protesta avec vivacité. C'est sans doute ce que voulait Gambetta : s'opposer aux socialistes, sans couper les ponts. Il saisit l'occasion; *la République française* riposta à Louis Blanc (que Gambetta, au fond, n'aimait guère; on le vit encore mieux dans la suite). Louis Blanc avait raison, en disant qu'il y a un problème social, celui des relations du capital et du travail. Ce problème en contient une multitude d'autres, et Gambetta énonçait une vérité non moins évidente, en disant qu'il n'y a point de remède unique, point de panacée.

Enfin, il réclame la réunion d'une nouvelle Assemblée à Paris, « Paris, berceau de notre civilisation, bouclier de nos libertés publiques, initiateur et guide de l'esprit national, Paris qu'on peut dénoncer à la haine imbécile de quelques ruraux, mais qu'on ne peut parvenir ni à abattre ni à déshonorer ». Il appelle à lui les nouveaux venus : « On a dit que nous sommes un parti fermé : ce n'est pas vrai!... » Ainsi, en même temps qu'il se sépare des socialistes, il devient l'homme de la réconciliation avec Paris. Et il proclame la République ouverte.

Le 9 mai, un grand nombre d'Alsaciens viennent lui offrir un bronze. Il répond : « La ténacité est une des qualités de votre race. C'est par là que notre chère Alsace était particulièrement nécessaire à l'unité française; elle représentait parmi nous, à côté de cette mobilité et de cette légèreté qui, malheureusement, à certains moments, déparent notre caractère national, l'énergie invulnérable. Tant qu'elle ne sera pas rentrée dans la famille, il n'y aura ni France ni Europe. Ne parlons pas de revanche, ne prononçons pas de paroles téméraires, recueillons-nous. Quant à moi, je n'ai d'autre ambition que de rester fidèle au mandat que vous m'avez donné et que je considère comme la loi et l'honneur de ma vie. » Il continue d'être le représentant et le porte-parole des provinces en exil.

L'Assemblée rentre le 22 avril. La droite cherche à compromettre Gambetta par une discussion sur les marchés de la guerre. D'avance elle en avait mené grand bruit; elle annonçait que de honteuses spéculations seraient mises au jour. Rouher attaque le gouvernement de la Défense nationale et défend l'Empire. Le duc d'Audiffret-Pasquier lui crie : « *Vare, redde legiones!* Rendez-nous nos légions! Rendez-nous la gloire de nos pères! Rendez-nous nos provinces! » Et Gambetta : « Le Mexique vous tient, le Mexique vous poursuit, le Mexique a déjà fait justice, par l'éternel châtiment qui sort des choses, de tous ceux qui ont compromis l'honneur et la grandeur de leur pays dans cette détestable équipée. Oui, la justice a commencé, elle a saisi tour à tour et Morny, et Jecker, et Maximilien, et Napoléon III! Elle tient Bazaine. Elle vous attend! » De tous les marchés du 4 septembre, un seul motiva des observations sérieuses, un achat de canons fait en Amérique par la « commission d'études ». Gambetta la couvrit; des lettres incriminant le lieutenant-colonel président furent lues à la tribune et l'Assemblée renvoya le rapport aux ministres compétents. L'attaque avait échoué.

A travers ces vifs débats, Thiers poursuivait les négociations pour la libération du territoire et le vote de la nouvelle loi militaire. Le relèvement rapide de la France inquiétait l'empereur Guillaume et Bismarck. Notre ambassadeur à Berlin, le comte de Gontaut-Biron, écrivait : « L'esprit de l'empereur est sérieusement ému par la préparation de notre loi militaire, par les menaces de revanche augurées des mouvements de Gambetta et d'une prétendue entente qui serait faite entre Thiers et lui pour la réorganisation de l'armée ». Thiers répondait à l'ambassadeur : « Nous voulons la paix. Quant à

(145)

nos prétendus *armements*, ce n'est pas parler la langue française que de les qualifier de ce nom. » Et il exposait ses vues sur la reconstitution de l'armée : pas de service obligatoire; une armée de métier; la loi de 1832, qui en limitait l'effectif total à 400 000 hommes. Mais il dut céder à la volonté de l'Assemblée, qui, suivant elle-même la volonté du pays, entendait appeler désormais tous les citoyens valides sous les drapeaux. Thiers, redoutant une agression de l'Allemagne, — les militaires s'agitaient autour du roi et Bismarck devenait menaçant — exigea, sous peine de se retirer, le service de cinq ans, afin de pouvoir mettre deux ou trois classes immédiatement en ligne (nous n'avions pas encore de réserves). Le 10 juin, la droite essaya de le renverser en votant un amendement qui réduisait à quatre ans la durée du service; ce fut Gambetta, qui apporta au vieil homme d'État le concours décisif. L'Assemblée vota les cinq ans, au grand déplaisir du gouvernement et de l'état-major allemands. Gambetta fut, avec Thiers, le principal artisan de notre réorganisation militaire après 1870.

Les débats sur la loi militaire étaient achevés; les négociations relatives à l'évacuation du territoire étaient sur le point d'aboutir : la droite trouva l'heure propice pour poser au Président ses conditions. Une délégation de neuf membres, dont faisaient partie le duc Albert de Broglie fraîchement débarqué de l'ambassade de Londres, le duc d'Audiffret-Pasquier et le général Changarnier se rendit chez lui le 20 juin et le supplia de « s'appuyer sur la droite pour combattre le radicalisme ». Thiers répondit qu'il n'avait pas manqué à sa mission, que son gouvernement, formé de républicains et de monarchistes, avait triomphé de la Commune, qu'ayant accepté le dépôt de la République, il n'avait pas le droit de s'opposer à des élections républicaines. Il ajouta que la division des monarchistes rendait impossible la restauration de la monarchie et qu'il fallait bien accepter comme légale la République, qui existait déjà en fait. Par quelques lois sages, dit-il, confions le pouvoir législatif à deux Chambres; donnons à la Chambre haute et au pouvoir exécutif le droit de dissoudre, d'un commun accord, la Chambre des députés : dans ces conditions, le gouvernement sera suffisamment armé pour résister aux pires entreprises de la démagogie. Quant aux radicaux, il réprouvait leurs principes et leur campagne; il blâmait les attaques de Gambetta contre l'Assemblée. Si le pays votait pour ce parti, c'est qu'il voulait marquer sa volonté de fonder la République en portant ses suffrages sur les seuls candidats qui affirmaient leur dévouement aux institutions existantes. D'ailleurs, l'Assemblée était souveraine; elle pouvait, si elle le jugeait bon, proclamer la monarchie. « Puisque vous êtes la majorité, pourquoi ne proposez-vous pas vous-même qu'on la rétablisse? » Le « Conseil des neuf » publia un compte rendu qui se terminait par ces mots : « Regrettant de ne pouvoir s'entendre avec M. le Président de la République sur les véritables conditions de la République conservatrice, les délégués ont dû se retirer en maintenant leur opinion et en se réservant toute liberté pour la défendre ». C'était la rupture. On sentait le vent des tempêtes. L'Assemblée se prorogea du 3 août au 11 novembre. Gambetta allait mettre ces vacances à profit en portant à travers le pays l'évangile de la République nouvelle.

Le 24 juin, à Versailles, il commémore la naissance de Hoche. Ce sera désormais, chaque année, comme un pèlerinage du parti républicain, où Gambetta, tuteur fidèle de l'armée, initiateur de sa grandeur nouvelle, devenu en quelque sorte le représentant de la nation armée et tribun des soldats, prêchera à la France l'amour du drapeau, le culte de la discipline et des lois. « Le devoir militaire est le premier », disait-il. Écoutez comme il parle, lui, le « démagogue », en ces sortes de sermons militaires et patriotiques; il propose en exemple le jeune héros écrivant : « Dans ce pays, vous n'aurez la paix, le calme à l'avenir qu'avec la tolérance religieuse ». « Il fit mieux que de le dire et de l'écrire : il mit ce principe en pratique. C'était là, à ses yeux, le secret de la pacification. A de tels hommes il faut rendre cet hommage suprême que Tacite réclamait pour les grands citoyens, non des louanges, mais une fidèle imitation de leur conduite. » Puis, après la guerre civile, le pardon : Hoche, le lendemain du jour où il a vaincu, proclame l'amnistie. Les règles de la politique sont éternelles, parce qu'elles reposent sur la morale; il n'y a pas de politique vraie, efficace, fructueuse, quand la force viole, même momentanément, les principes de la justice et de l'humanité.

Le 14 juillet, à la Ferté-sous-Jouarre : « Il faut refaire le faisceau du 14 juillet 1789, rapprocher ceux qu'on s'est ingénié à diviser, le paysan et l'ouvrier, l'ouvrier et le bourgeois. Il exhorte les républicains à faire la démonstration de leurs principes en plein soleil : que vos champs, vos veillées, vos réunions, vos marchés, vos foires deviennent pour vous des occasions d'entretien et d'instruction. »

Aux ouvriers de la Loire : « Il faut que partout où il y a une mère française, elle élève ses enfants dans l'amour religieux de la France. S'il y a quelque chose de consolant au milieu des tristesses et des deuils de la patrie mutilée, c'est de penser que ce sont les mères françaises et patriotes qui assureront des défenseurs et des vengeurs à la France. Mais, avant de songer à l'avenir, il faut assurer le présent, en fondant définitivement un gouvernement de justice et d'égalité, non d'une égalité envieuse et jalouse, mais de cette égalité de droits et de devoirs qui ne reconnaît d'autres distinctions parmi les hommes, que celles qui tiennent au caractère, à l'intelligence et à l'activité dans les luttes de la vie. »

A Chambéry, le préfet interdit le banquet préparé pour célébrer l'anniversaire de la première République; Gambetta accueille les invités à son hôtel, par fournées successives. A ces auditoires qui se renouvellent sans cesse il verse un flot d'éloquence sans cesse renouvelé. Ces journées de Savoie font penser à celle du 24 février 1848, où Lamartine, sur les marches de l'Hôtel de Ville, avait répandu pendant de longues heures sur les vagues successives de l'ouragan populaire la lumière de sa raison et de son courage. Mais, ici, les foules s'offraient. « La République ne doit pas être le règne exclusif de quelques-uns, mais l'instrument de tous. » Il prêche la prudence, la patience. « Ajournons la discussion des doctrines pour nous en tenir momentanément aux questions de conduite, cultivons avec toutes les précautions imaginables ce germe de République, surveillons le jeune arbre avec tendresse. »

Toujours la mesure : « Préparons un programme précis, posant les questions les plus urgentes en première ligne, non pas toutes à la fois, mais successivement. Sachons ne rien mêler, ce serait tout compromettre. » — C'est la règle de Descartes : « Diviser chacune des difficultés en autant de parcelles qu'il se pourrait et qu'il serait requis pour les mieux résoudre. »

Et toujours la frontière : « La France s'est vu enlever une

partie de son bien, qu'il lui faudra reprendre. Pensons sans cesse à ce que nous avons à faire, mais n'en parlons jamais! » Il en parlait, cependant.

A Albertville, il revient sur la question religieuse. « Allez dans vos temples, croyez, affirmez, priez. Ce que je demande, c'est la liberté, une liberté égale pour vous et pour moi, pour ma philosophie comme pour votre religion. Nous ne sommes pas les ennemis de la religion; nous la voulons assurée, libre et inviolable. »

Le 26 septembre, à Grenoble, au cours d'une harangue qui va retentir longuement et réagir sur l'Assemblée, il salue l'avènement de la démocratie : « Que voulez-vous? On ne peut pas s'habituer, depuis quarante-cinq ans, dans certaines classes de la société, à prendre son parti, non seulement de la Révolution française, mais de ses conséquences. Et c'est dans ce défaut de résolution chez une notable partie de la bourgeoisie française, que je trouve l'explication de tout ce qu'il y a encore d'incertain, d'indécis et de malsain dans la politique du jour. On se demande, en vérité, comment ces hommes peuvent fermer les yeux à un spectacle qui devrait les frapper. N'ont-ils pas vu apparaître, depuis la chute de l'Empire, une génération neuve, intelligente, propre aux affaires, soucieuse des droits généraux? Ne l'ont-ils pas vue faire son entrée dans les conseils municipaux, s'élever, par degrés, dans les autres conseils électifs du pays, réclamer et se faire sa place, de plus en plus grande, dans les luttes électorales? N'a-t-on pas vu ce monde du travail faire son entrée dans les affaires politiques? N'est-ce pas l'avertissement caractéristique que le pays, après avoir essayé bien des formes de gouvernement, veut enfin s'adresser à une autre couche sociale pour expérimenter la forme républicaine? Oui! je pressens, j'annonce la venue et la présence, dans la politique, d'une *couche sociale nouvelle* qui est aux affaires depuis tantôt dix-huit mois, et qui est loin, à coup sûr, d'être inférieure à ses devancières. »

Le 29 septembre, à Thonon, une société d'Alsaciens-Lorrains arrive, de Genève, pour le saluer. A ce moment même, de l'autre côté de la nouvelle frontière, des événements douloureux ravivaient la plaie de la France. Passé le 1er octobre 1872, tous les Alsaciens-Lorrains qui n'auraient pas opté pour elle seraient considérés comme Allemands, et

GAMBETTA

ceux qui avaient opté seraient mis en demeure de quitter le pays. Alors commença un lamentable exode : pendant la seconde quinzaine de septembre, près de 200 000 Alsaciens-Lorrains émigrèrent en France. Gambetta, désespéré de cet exil qui livrait le pays aux Allemands, essaye de parler : « Ah! elles n'avaient jamais marchandé leur sang, ces deux provinces chéries; c'étaient leurs enfants dont les poitrines étaient trouées les premières! Ah! nobles provinces! toujours dévouées à la France, toujours regardant son drapeau. — Oh! nous souffrons, disaient-elles, mais c'est pour la patrie, nous souffrons, mais nous portons en nous le cœur même de la nation!... Messieurs, je ne peux pas continuer, c'est impossible.... Voilà!... ce sont ces pays-là.... » Et, la voix pleine de larmes, épuisé, il s'arrête, se jette sur un siège, au milieu de l'émotion profonde des assistants. Sanglot plus émouvant que tous les discours!

Un conseiller général ayant dit que, si la monarchie était rétablie en France, la Savoie se tournerait vers la Suisse, car « là où est la liberté, là est la patrie », le patriotisme jaloux de Gambetta éclate en jets de flammes : « Il faut bien réfléchir, quand on parle du patrimoine de la France! La France, vous avez eu raison de le dire, sera d'autant plus attrayante qu'elle sera aux mains de tous les citoyens et non plus soumise aux caprices d'un seul. Ah! oui, la France glorieuse et replacée, sous l'égide de la République, à la tête du monde et présentant au monde ses légions d'artistes, d'ouvriers, de bourgeois et de paysans, ah! oui, il est bon de faire partie d'une France pareille, et il n'est pas un homme qui, alors, ne se glorifiât de dire, à son tour : « Je suis citoyen français! » Mais il y a une autre France que je n'aime pas moins, une autre France qui m'est encore plus chère, c'est la France vaincue et humiliée, c'est la France accablée. Oh! cette France-là, je l'aime comme on aime une mère; c'est à celle-là qu'il faut faire le sacrifice de sa vie, de son amour-propre et de ses jouissances égoïstes; c'est de celle-là qu'il faut dire : « Là où est la France, là est la patrie! »

Au moment même où la déchirure se faisait encore plus profonde et plus cruelle, le jeune orateur, en son amour filial exalté, criait, avec une force toujours croissante, ses idées saintes : l'unité française, l'amour des provinces perdues, la religion de la patrie. Il aimait la France comme on aime une personne vivante, avec passion et avec tendresse.

LA RÉPUBLIQUE NOUVELLE

Ses succès croissants émurent profondément les monarchistes. Le mot de Grenoble : « une couche sociale nouvelle »
fit scandale. Le 10 octobre, la commission de permanence de
l'Assemblée se rendit auprès de Thiers pour lui faire part de
ses appréhensions. Le Président répondit que ce discours était
« profondément regrettable, mauvais, très mauvais. Il n'y a
pas de classes sociales dans la nation. Une pareille théorie, si
elle avait été produite à la tribune, eût été combattue par le
gouvernement. » Thiers se trompait, ou faisait semblant de se
tromper : l'orateur de Grenoble n'avait pas parlé de « classes »;
il avait toujours et partout répudié cette idée; il avait toujours
prêché et il devait prêcher jusqu'à la fin l'union du prolétariat
et de la bourgeoisie; il fut toujours préoccupé de rapprocher
l'ouvrier et le bourgeois, le paysan et le citadin. Il avait parlé
d' « une couche sociale nouvelle ». C'était un fait, un fait que
des hommes comme Chateaubriand, Royer-Collard, de Serre,
Montalembert, Tocqueville, Prevost-Paradol avaient constaté
dès longtemps et en termes autrement hardis, un fait qui s'est
continué à travers toute notre histoire avec le caractère d'une
loi. C'est l'apparition, dès le moyen âge, entre les vilains et
les nobles, des gens de métier, des bourgeois; puis, l'élévation
constante de ce Tiers État, conquérant, au XVIe siècle, une
influence légitime sur la royauté, régnant en maître, sous
Louis XIV, dans la politique, l'armée, les lettres, les arts;
enfin, sous la Révolution, s'emparant du gouvernement. Derrière le Tiers et au-dessous de lui, une autre couche sociale,
celle qui, sous Louis XIV, arrachait à Fénelon, à Vauban, à
Boisguillebert des cris de douleur et de révolte, ces fils de pale-
freniers, de tonneliers, de maçons, de domestiques et de
garçons d'écurie, qui devaient illustrer la France révolutionnaire sur les champs de bataille et la sauver de la coalition
européenne. Et lorsque le suffrage universel, que Guizot
appelait « cet océan obscur, illimité », remplaça le régime
censitaire, comment cette force nouvelle n'eût-elle pas poussé
les éléments populaires dans les conseils locaux et dans les
Assemblées politiques?

Le fils de l'épicier de Cahors devenu le chef de la France,
voilà, n'est-il pas vrai? un grand scandale! Pour la droite de
l'Assemblée, c'était quelque chose comme l'invasion des barbares. Sous Louis XIV, le duc de Saint-Simon, furieux de ne

rien être et de voir arriver des « hommes de rien », comme Colbert, répandait en secret sa bile contre « ce long règne de vile bourgeoisie ».

Tocqueville avait été bien plus loin, non seulement sur l'avènement de la démocratie, mais sur le Concordat, sur la propriété. Mais il fallait trouver des prétextes ; on se prenait à tout. Il fallait acculer Thiers à une impasse, en le rendant responsable du progrès de doctrines révolutionnaires et subversives. La droite ne voyait la République qu'à travers les crises de 1793 et de 1848. Elle avait peur du suffrage universel, et cependant elle-même en était sortie, elle l'avait invoqué, elle devait finir par le conserver : cette contradiction interne faisait son embarras et sa faiblesse. Gambetta, lui, fidèle à son origine, au lieu de repousser les nouveaux venus que le suffrage universel amenait aux affaires, entendait les accueillir en les éclairant.

Dès la rentrée, le 13 novembre, le général Changarnier déposa une demande d'interpellation à l'occasion du voyage de Gambetta en Savoie et en Dauphiné. L'Assemblée décida que le débat aurait lieu le 18.

Le duc Albert de Broglie arrivait de l'ambassade de Londres pour mener la bataille contre Thiers ; il avait alors cinquante et un ans. Petit-fils de Mme de Staël, fils du ministre de la monarchie de Juillet, il apportait aux luttes politiques tout ce que la culture la plus étendue et la plus fine pouvait ajouter à un esprit naturellement distingué et à une âme courageuse et fière. Il avait trouvé dans son héritage les vertus de son père, « la sincérité des sentiments, la franchise du langage et l'absence de toute recherche soit de la popularité, soit de la faveur ». (Avant-propos d'Albert de Broglie au livre de son père, *Vues sur le gouvernement de la France*.) Comme lui aussi, il avait une certaine timidité, une certaine gaucherie naturelle, qui l'entourait de réserve. Cette timidité lui donnait des airs de hauteur. On le trouvait distant, ses amis le disaient distrait, et il l'était en effet, quand il voulait. Il était très attentif aux hommes et aux choses qui lui paraissaient en valoir la peine, mais il ne prodiguait pas ses prévenances. Son spirituel maître, X. Doudan, qui ne voyait pas sans humeur le libéralisme assez peu démocratique de son entourage et qui était resté, au fond, un homme du XVIIIe siècle, agacé par l'évolution du monde où il vivait, avait pénétré son élève et essayé de le mettre en garde contre l'infatuation et les airs d'infaillibilité. Il écrivait au jeune Albert de Broglie, âgé de vingt-quatre ans : « Que Dieu te garde de l'orgueil, de la vanité, de l'insolence, du mépris des autres et de la disposition à abonder dans son propre sens, du ton décisif et péremptoire, enfin de tous les vices que donne la supériorité intellectuelle, et surtout du pire de tous, qui est celui de se rendre cet hommage qu'on ne fait pas trop sentir aux autres sa supériorité; enfin, je te souhaite l'impossible, mon cher enfant ». (22 juillet 1845.)

Le duc Albert de Broglie se défiait de la mobilité démocratique, incompatible à ses yeux avec une politique d'alliances. Il estimait que le gouvernement parlementaire, sans la tradition de l'hérédité, ne pourrait pas s'acclimater dans notre pays et que le principe électif était incompatible avec l'irresponsabilité présidentielle. Il ne se trompait pas en constatant que la constitution du pouvoir exécutif dans une République parlementaire et dans un État centralisé est la difficulté suprême. Mais, sur les solutions, il se montrait plus absolu que son père, qui avait prévu l'institution parlementaire, soit avec la forme monarchique, soit avec la forme républicaine. Il s'était fait une conception de la société française et de ses conditions de vie et il dédaignait d'en sortir. Prisonnier volontaire d'un monde où les conventions sociales tiennent tant de place et sont le support de l'existence, il demeurait fermé aux profonds mouvements de l'âme populaire; il n'admettait pas que des réformes qui déjà s'étaient acclimatées chez d'autres peuples, et même en des pays monarchiques, pussent réussir en France. Il eût été le grand ministre d'une monarchie absolue ou d'une monarchie censitaire, en des cadres restreints. La démocratie lui paraissait vulgaire et il le lui montrait; elle le trouva impertinent et elle le lui montra aussi. Il se vengea de sa disgrâce en honorant les lettres françaises et en devenant un bel historien. Quelles que pussent être les vues de l'esprit, il s'agissait, à ce moment, de savoir si la monarchie était possible et si, le monarque manquant à cette Assemblée monarchiste, on pouvait laisser la France dans un éternel provisoire.

CHAPITRE XI

CHUTE DE THIERS
LE MARÉCHAL DE MAC-MAHON

EFFET DES DISCOURS DE GAMBETTA SUR L'ASSEMBLÉE ‖ L'ÉLEC-
TION BARODET ‖ CHUTE DE THIERS ‖ PRÉSIDENCE DU MARÉCHAL
DE MAC-MAHON (24 MAI 1873) ‖ GAMBETTA ET LE MARÉCHAL ‖
SUPRÈME TENTATIVE DE RESTAURATION MONARCHIQUE.

Aux yeux de Thiers, le régime sous lequel la France vivait alors, c'est-à-dire une Assemblée unique et souveraine avec un pouvoir exécutif issu d'elle et responsable devant elle, ne pouvait pas durer; la prolongation de ce système ne pouvait être souhaitée que par les partis extrêmes : l'extrême gauche, parce qu'une Chambre unique et souveraine était conforme à sa doctrine; l'extrême droite, parce qu'elle espérait trouver dans la faiblesse d'un régime provisoire des facilités pour restaurer la monarchie. Thiers considérait comme son devoir de signaler à l'Assemblée le danger auquel elle exposerait le pays en laissant après elle des pouvoirs publics insuffisamment organisés et il croyait, en cela, faire œuvre conservatrice. Ce n'était pas, il faut l'avouer, une conception révolutionnaire; mais ce n'était pas la monarchie, et, pour les monarchistes, c'était la trahison.

Le 13 novembre 1872, il donna lecture de son message, le plus important, le plus décisif de sa présidence : « La République existe, elle est le gouvernement légal du pays : vouloir autre chose serait une nouvelle révolution et la plus redoutable de toutes. Le pays vous a donné la mission de le sauver en lui procurant la paix d'abord; après la paix, l'ordre; avec

(154)

l'ordre, le rétablissement de sa puissance, et enfin un gouvernement régulier. A la date que vous aurez déterminée, lorsque vous aurez choisi quelques-uns d'entre vous pour méditer sur cette œuvre capitale, si vous désirez notre avis, nous vous le donnerons loyalement et résolument. » Enthousiasme des gauches. Colère des droites, qui proposent de nommer une commission pour examiner le message. Le lendemain, on lit dans *la République française* : « La journée d'hier est décisive dans l'histoire de la France. M. Thiers vient de couper le câble. Il a rompu avec la monarchie. Il a proclamé la République comme le seul gouvernement qui puisse désormais convenir à notre pays. Heureux les hommes qui, à certains jours de leur vie, peuvent être ainsi les interprètes de tout un peuple! M. Thiers a présenté hier notre jeune République à la vieille Europe. »

Le 18, le général Changarnier interpelle sur les voyages de Gambetta; il supplie le Président de la République de se séparer d'un factieux prêt à tout bouleverser. Le duc de Broglie demande au Président de renouveler les déclarations qu'il a faites à la commission de permanence. Thiers répond : « C'est me faire une offense, que de m'appeler ici à venir professer ma foi, lorsque quarante ans de vie l'ont fait connaître. Quand on paraît douter de moi, on me donne le droit de provoquer un témoignage de confiance. Je le demande immédiatement. »

Changarnier l'accuse d' « ambition sénile ». Thiers : « Je suis blessé, oui et j'ai le droit de l'être. Après ce que j'ai fait depuis deux ans, le doute même, je l'ose dire, est un acte d'ingratitude. M. Gambetta a pu être l'objet de cette interpellation, mais la véritable interpellation s'adressait à moi. » Puis, au lieu d'accepter l'ordre du jour de confiance, il se rallie à un autre texte : « L'Assemblée, confiante dans l'énergie du gouvernement et réprouvant les doctrines professées au banquet de Grenoble... ». L'extrême gauche vote contre; une grande partie de la gauche s'abstient; il n'y a que 379 votants, parmi lesquels 263 pour, 116 contre. Thiers est coupé à la fois de la droite et de la gauche : c'est ce que voulait le duc de Broglie.

Thiers fait décider la nomination d'une commission de trente membres pour organiser les pouvoirs publics. Un vaste pétitionnement commence dans le pays pour la dissolution de l'Assemblée. Un débat s'ouvre sur ces pétitions le 14 décembre.

GAMBETTA

Gambetta soutient que l'Assemblée n'a reçu qu'un mandat limité, qu'elle est en désaccord avec le pays et qu'il est urgent de le consulter. Dufaure, garde des Sceaux, prend position contre lui et déclare qu'il appartient à l'Assemblée seule de fixer le terme de son mandat. La droite, voyant dans ce discours une revanche du message, en vote l'affichage. La situation de Thiers entre la droite et la gauche devient de plus en plus difficile.

Ce revirement du gouvernement avait pour cause principale la situation extérieure, l'état d'esprit qui régnait à Berlin. La fortune de Gambetta donnait de l'ombrage au gouvernement allemand. Le comte de Saint-Vallier, commissaire du gouvernement près du commandant en chef des armées allemandes à Nancy, écrivait : « Le point noir est toujours M. Gambetta; son nom inspire une répulsion croissante ». A quoi Thiers, pour rassurer Berlin, répondait : « Gambetta ne me succédera pas. Le mouvement est démocratique en France comme dans toute l'Europe et spécialement en Allemagne, mais nullement démagogique. »

A Versailles, la droite attaquait violemment Gambetta et ses amis. Challemel-Lacour, mis en cause à propos des marchés passés à Lyon pendant la guerre, se défendit avec une mordante éloquence, accusant la commission des marchés de prendre à tâche « de fournir à la France des prétextes de se mépriser ». L'Assemblée vota un blâme pour les procédés révolutionnaires de la municipalité lyonnaise, qui avait substitué le drapeau rouge au drapeau national : or, Challemel-Lacour avait combattu la municipalité au péril de sa vie; cette attaque contre le gouvernement de la Défense nationale à propos des marchés aboutissait à une condamnation unanime du drapeau rouge.

Thiers, infatigable, voulait achever la libération du territoire; il était en avance de deux ans sur les délais prévus. « Je n'ai pas, disait-il, à m'occuper du reste, car, aussitôt la convention signée, la majorité déclarera, par un beau décret, que j'ai bien mérité de la patrie et elle me mettra par terre. »

Le 19 février, la commission proposa que l'Assemblée ne se séparât pas sans avoir statué sur l'organisation des pouvoirs législatif et exécutif, la création et les attributions d'une seconde Chambre et la loi électorale. En présence de l'attitude intransigeante du comte de Chambord, les orléanistes avaient faussé compagnie aux légitimistes : ils allaient travailler à faire la République. Le duc de Broglie, nommé rapporteur, lut son rapport le 21. Les questions de principe étaient réservées. On se bornait à entraver l'action de Thiers : quand il voudrait parler à l'Assemblée, il devrait en faire la demande par un message; la discussion serait suspendue et le Président serait entendu le lendemain; la séance serait levée après le discours présidentiel et la discussion reprendrait à une séance ultérieure, hors la présence du Président de la République; les interpellations seraient adressées, non au Président, mais aux ministres.

Gambetta combattit ce « cérémonial compliqué et impuissant ». Il s'éleva, conformément à la doctrine radicale de cette époque, contre l'institution d'une seconde Chambre, « Chambre de résistance », « produit d'une combinaison artificielle », « cause perpétuelle de conflit », « précaution contre le suffrage universel ». Et, constatant les résultats des élections partielles, il réclama une fois de plus la consultation du pays.

Le duc de Broglie répondit que le projet des Trente n'impliquait en rien la solution de la question république ou monarchie. Thiers essaya de remettre le gouvernement en équilibre entre la droite et la gauche. Le 13 mars, l'ensemble du projet fut adopté par 411 voix contre 234. On s'efforçait de ligoter le principal orateur de la République; mais en même temps, sans le vouloir, et avec l'espoir de réserver l'avenir, on déposait le germe de la République dans la loi.

Trois jours après, une note officielle annonçait qu'un nouveau traité pour l'évacuation du territoire venait d'être signé avec l'Allemagne. Le dernier milliard de l'indemnité devait être versé en quatre paiements égaux, les 5 juin, 5 juillet, 5 août et 5 septembre 1873. En retour, les départements des Vosges, des Ardennes, de la Meuse, de Meurthe-et-Moselle et Belfort devaient être évacués à partir du 1er juillet et l'évacuation ne devait pas durer plus de quatre semaines. Pour gage des deux paiements restant à accomplir, la place de Verdun devait seule continuer à être occupée jusqu'au 5 septembre. Il y eut dans tout le pays une explosion de joie.

Le ministre des Affaires étrangères, Rémusat, donna lecture du traité à l'Assemblée. Dès qu'il eut terminé son exposé, la

gauche tout entière se leva et, après trois salves d'applaudissements, fit entendre le cri vingt fois répété de : « Vive la
République! » A droite, on cria : « Vive la France! » Le président du centre gauche, Albert Christophle, proposa une
résolution ainsi conçue : « L'Assemblée nationale déclare que
M. Thiers, Président de la République, a bien mérité de la
patrie ». Aussitôt la droite y opposa l'ordre du jour suivant :
« Accueillant avec une patriotique satisfaction la communication qui vient de lui être faite et heureuse d'avoir accompli
ainsi une partie essentielle de sa tâche, l'Assemblée vote des
remerciements solennels à M. Thiers, Président de la République, et au gouvernement. » Enfin, après un débat assez
pénible, une motion qui réunit les deux ordres du jour fut
votée à l'unanimité moins quelques voix. Le président Grévy se
leva : « Je suis heureux d'avoir, par ma fonction, à proclamer
cette résolution de l'Assemblée. Les nations s'honorent par
leur grandeur morale, lorsque, élevant leur reconnaissance à
la hauteur des services rendus, elles savent décerner aux hommes
qui les servent une récompense digne d'elles et digne d'eux. »
Ces paroles furent accueillies par les acclamations des gauches.

Quelques jours après, le 1ᵉʳ avril, la droite prit sa revanche.
La présence de Grévy au fauteuil de la présidence gênait les
chefs de la droite pour l'accomplissement de leurs desseins
contre Thiers. Un coup fut préparé. Au cours d'une discussion sur une proposition tendant à reconstituer la municipalité lyonnaise, Le Royer, après avoir énuméré les principaux
arguments du rapport du vicomte de Meaux, prononça cette
phrase : « Voilà le *bagage* de la commission! » Aussitôt la
droite poussa de longues clameurs. « C'est une impertinence! »
s'écrie le marquis de Grammont. Le président le rappelle à
l'ordre. Le tumulte redouble. Grévy offre sa démission et
lève la séance. Le lendemain, Grévy obtient 344 voix et Buffet
251. Grévy, réélu, déclare persister dans sa résolution, malgré
Thiers, qui en voit le péril. Un nouveau scrutin a lieu, et
Buffet est nommé président par 304 voix contre 285, accor-
dées par les gauches à Martel. « C'était la première fois, dit
le vicomte de Meaux, que la majorité de l'Assemblée s'accor-
dait sur un choix destiné à contrecarrer M. Thiers; cet
accord lui présageait une chute dont M. Buffet devint l'instrument. Sans Buffet, l'attaque qui devait renverser M. Thiers

n'aurait pas eu de chance d'aboutir; et c'était là, sans doute, ce que le duc de Broglie avait calculé en poussant à cette élection. »

Le lendemain, au Conseil des ministres, on s'entretenait de ces incidents. Jules Simon dit, en riant, au Président de la République : « Voilà votre œuvre accomplie : il faut dire votre *nunc dimittis*. — Mais ils n'ont personne, répondit Thiers. — Ils ont le maréchal de Mac-Mahon. — Oh! pour celui-là, je réponds de lui, il n'acceptera jamais! »

L'Assemblée s'ajourna du 7 avril au 19 mai. Des élections partielles devaient avoir lieu le 27 avril, notamment à Paris. Thiers mit en avant la candidature de Rémusat; il croyait qu'au lendemain de l'acte consacrant la libération du territoire, la capitale lui témoignerait sa gratitude. Mais de nombreux républicains étaient de mauvaise humeur : Lyon se trouvait dépouillé de ses libertés municipales par un récent vote de l'Assemblée; pour lui donner une leçon, ils recommandèrent la candidature d'un ancien maire de Lyon, ancien instituteur, Barodet.

Le parti était divisé. La gauche et le centre gauche soutenaient le ministre des Affaires étrangères. Grévy se déclara dans le même sens. Gambetta, préoccupé de ne pas rompre son aile gauche, se décida pour la candidature Barodet. Son intervention fit pencher la balance. Ses amis adressèrent aux électeurs de Paris, avec Louis Blanc, une proclamation où ils marquaient le caractère « officiel » de la candidature Rémusat et appuyaient son concurrent. La droite présenta le colonel Stoffel. Thiers fut pris entre deux feux. Barodet fut élu par 180045 voix, contre 135028 à Rémusat, 26644 à Stoffel et 11290 abstentions.

Ranc (*De Bordeaux à Versailles*) dit que la chute de Thiers était décidée avant l'élection. Cela est vrai; mais elle fournit un nouveau prétexte à ses adversaires et contribua à précipiter la crise. Comme il fallait s'y attendre, la droite dénonça la faiblesse du gouvernement et la victoire de la démagogie. Elle se décida à en finir. Le 17 mai, les ducs de Broglie, d'Audiffret-Pasquier et Decazes se rendirent chez le duc d'Aumale pour lui offrir la candidature à la Présidence de la République. Mais, le lendemain, dans une réunion chez le duc de Broglie à laquelle assistait un certain nombre de membres de la droite, Lucien Brun ayant fait des objections au nom des légitimistes, le duc de Broglie leur donna raison et, par cette intervention imprévue, la candidature du maréchal de Mac-Mahon fut adoptée. (Cet incident a fait l'objet d'une correspondance échangée en 1903 entre l'un des exécuteurs testamentaires du duc d'Aumale et M. Hanotaux.)

L'Assemblée rentra sous le coup de l'émotion causée par l'élection de Paris. Thiers prononça le discours célèbre dans lequel, au duc de Broglie qui lui reprochait d'être le protégé des radicaux, il répondit : « Et vous, vous serez le protégé d'un protecteur que l'ancien duc de Broglie aurait repoussé avec horreur : vous serez le protégé de l'Empire! » L'ordre du jour de blâme ayant été adopté par 360 voix contre 344, Thiers et les ministres donnèrent leur démission. L'Assemblée, immédiatement, nomma à sa place le maréchal de Mac-Mahon.

Thiers était tombé; mais, par lui, la France déjà était relevée. Les monarchistes le renversaient avec l'espoir d'éviter la République; or, eux-mêmes allaient donner à la France une Constitution républicaine.

Le maréchal de Mac-Mahon, dans son message, promit, sur son honneur de soldat, de respecter les institutions. Il chargea le duc de Broglie de constituer le ministère. (25 mai.)

L'Assemblée était à peine rentrée, que Gambetta brandit à la tribune une dépêche confidentielle du ministère de l'Intérieur aux préfets, leur demandant un rapport sur les journaux conservateurs ou susceptibles de le devenir, leur situation financière et le prix qu'ils pourraient attacher au concours bienveillant de l'administration, etc. Comme la droite l'interrompait bruyamment, Gambetta s'écria : « On vous a accusés de devenir les protégés de l'Empire, vous en devenez maintenant les plagiaires!... »

Le 24 juin, l'anniversaire de Hoche lui fournit l'occasion d'exposer sa ligne de conduite à l'égard du nouveau gouvernement. Adroitement, par-dessus la tête des ministres, il s'adresse à l'illustre soldat, au grand honnête homme que l'Assemblée a porté à la première magistrature de la République. Il ne doute pas de sa parole, il se fie à sa droiture. Il fait l'éloge de l'armée, de son loyalisme. Puis, il constate que le mécanisme constitutionnel a permis l'avènement d'une nouvelle Présidence sans commotion, sans secousse; que, si les personnes, sont autres, les choses restent les mêmes; que la France n'a pas changé de volonté, que les pouvoirs n'ont pas changé de nom, que la légalité subsiste; le pouvoir a passé en d'autres mains, mais l'ordre n'a pas été troublé, parce que le pouvoir est impersonnel.

Le maréchal de Mac-Mahon avait toujours rendu justice à l'effort de Gambetta pendant la guerre. Le vicomte Emmanuel d'Harcourt, qui n'avait pas quitté le maréchal à Sedan, ni alors qu'ils étaient prisonniers à Wiesbaden, a dit : « Toutes les fois que l'occasion s'en présentait, le maréchal prenait la défense de Gambetta. Une fois, il lui écrivit sa vive approbation pour les efforts tentés et ses vœux ardents pour le succès. »

Sous la présidence d'un soldat, la France allait faire pour la première fois l'essai de la République parlementaire. Thiers, en vertu des pouvoirs qui lui étaient confiés, avait gouverné lui-même, de la tribune; le maréchal de Mac-Mahon, hors de l'Assemblée, allait appliquer la maxime : « Le Président préside et ne gouverne pas ». La République allait changer de caractère et montrer ainsi cette élasticité, cette souplesse, que Gambetta venait de constater au banquet de Versailles.

Le 5 août 1873, Nancy qui, pendant deux ans, avait été la capitale de l'occupation allemande, était délivrée. Le général de Manteuffel donnait à ses troupes l'ordre du départ. Au milieu d'une émotion indescriptible, le drapeau français réapparaissait à toutes les fenêtres. Le 5 septembre, un an avant la date fixée, la France avait payé jusqu'au dernier centime. Verdun était évacué le 13. Le 16, les derniers soldats de l'armée d'invasion passaient la nouvelle frontière. Après trois ans d'occupation, le territoire était entièrement libéré.

Alors, les monarchistes tentèrent un dernier effort pour unir les deux branches de la maison de Bourbon. M. Gabriel Hanotaux, dans son beau livre, *Histoire de la France contemporaine*, en a conté, d'après les témoins et les acteurs du drame, les curieuses péripéties : le voyage de Chesnelong à Frohsdorf, ses illusions et son échec.

La gauche, inquiète, s'organise. Thiers fait alliance avec Gambetta. Celui-ci, le 28 septembre, à Périgueux, et le 3 octobre à la Borde, près de Châtellerault, fait appel à l'union

(161)

de tous les républicains et annonce que la réaction serait le prélude et la préface de la plus terrible révolution.

Le 18 octobre, le duc d'Audiffret-Pasquier, avec l'assentiment du duc de Broglie, fait connaître aux droites un projet de résolution pour le rétablissement de la monarchie, avec le comte de Chambord et le drapeau tricolore. Tout est prêt pour l'arrivée du roi : costumes, décorations, carrosses, harnais, itinéraire. Partout, la protestation républicaine s'accentue. Les députés de la Seine, Gambetta et ses amis adressent un manifeste aux électeurs : « Il ne s'agit plus seulement de défendre une forme de gouvernement, mais de conserver les libertés civiles, politiques et religieuses conquises par nos pères et qui sont inséparables du maintien de la République. Vos députés s'opposeront énergiquement à toutes mesures tendant à rétablir par un coup de surprise un règne que la France repousse. »

Mais, le 27 octobre, le comte de Chambord écrit à Chesnelong la lettre fameuse : « On me demande le sacrifice de mon honneur. Je ne rétracte rien de mes précédentes déclarations. Il est de mode d'opposer à la fermeté d'Henri V l'habileté d'Henri IV. Je prétends, sur ce point, ne lui céder en rien ; mais je voudrais bien savoir quelle leçon se fût attirée l'imprudent assez osé pour lui persuader de renier l'étendard d'Arques et d'Ivry ! Je veux rester tout entier ce que je suis.... »

Noble langage ; mais Henri IV eût parlé d'autre sorte. Cette lettre jette les droites dans le désespoir, les républicains et les bonapartistes dans la joie. Tout est perdu pour la monarchie. Cependant le prince espère encore ; il arrive en secret à Versailles, fait demander une entrevue au maréchal, qui lui oppose un courtois et honorable refus ; le fils des rois attend vainement un retour de la fortune dans l'entresol obscur du comte de Vanssay, tandis que, à quelques pas, dans le palais de la royauté, va naître la République. (10-22 novembre 1873.)

Le duc de Broglie en vint alors à ce qu'il appelait sa ligne de retraite, la prorogation des pouvoirs du maréchal. Il voulait leur assigner une durée fixe, les rendre indépendants de l'Assemblée et surtout des Parlements futurs, constituer ainsi l'autorité en la personnifiant dans un homme à défaut d'une dynastie, puis, autour de cette autorité temporaire, construire des institutions parlementaires. Il ne restait plus, à ses yeux, d'autre refuge contre la démagogie et le césarisme.

C'était aussi l'opinion du comte de Paris, qui, le 11 novembre, écrivait à un de ses amis : « Il faut donner à la France une garantie de stabilité. On ne peut pas la trouver aujourd'hui dans la monarchie constitutionnelle. Ne pouvant faire la monarchie, il faut organiser un gouvernement constitutionnel avec un pouvoir exécutif placé au-dessus des luttes des partis, des hasards d'une discussion parlementaire. Je ne comprends pas qu'on s'alarme de donner à ce gouvernement le nom de République, tant que l'on conserve ce mot sur les monnaies et ailleurs. Et je ne vois pas d'autre moyen de l'en enlever qu'en y mettant un roi... ou un empereur. Or, c'est cette dernière solution que je veux écarter à tout prix. » — Cette lettre explique tout ce qui va suivre.

La passion maîtresse du comte de Chambord était la crainte des princes d'Orléans; la passion maîtresse des princes d'Orléans était la crainte de l'Empire. C'est la crainte de l'Empire qui va rapprocher orléanistes et républicains. Rouher défend l'appel au peuple; il voit clairement les conséquences de la prorogation; il les montre aux monarchistes : « Il y aura le lendemain un Président de la République, deux Chambres républicaines. La République sera. Et les monarchistes auront été les fondateurs de la République! »

L'Assemblée proroge les pouvoirs du maréchal pour sept ans et nomme une commission de trente membres chargée d'élaborer des lois constitutionnelles. Le 15 mai, le duc de Broglie expose ses vues : un Président irresponsable; des ministres responsables; deux Chambres; le droit de dissolution au Président, avec l'assentiment du Sénat ou « Grand Conseil »; le « Grand Conseil » composé de membres élus par les départements, de membres de droit et de membres nommés à vie par le Président de la République. Après avoir entendu cet exposé, Gambetta dit : « Si la droite a le bon sens d'accepter ce projet, elle tient le pouvoir pour cinquante ans ». La droite ne l'accepta point. « Ce fut précisément quand il (Broglie) proposa les institutions qu'il avait conçues, que ceux à qui elles auraient profité davantage le renversèrent. » (Vicomte de Meaux, *Souvenirs*, p. 407.) Le ministère Broglie succomba sous une coalition des légitimistes, des bonapartistes et des républicains. (16 mai 1874.)

Ainsi, le comte de Chambord, par haine de l'orléanisme,

GAMBETTA

avait rendu impossible le rétablissement de la monarchie; et maintenant ses partisans jetaient bas le duc de Broglie et ses projets de Constitution. La droite mourait de ses divisions. L'Assemblée avait renversé Thiers, voyant en lui l'obstacle au rétablissement de la monarchie, et, au bout d'un an, elle se retrouvait au même point. Désormais, le sort en était jeté : après la royauté légitime, voici que la monarchie constitutionnelle, elle aussi, était impossible, et même une Constitution non héréditaire, mais agencée contre la démocratie et qui faisait le lit de la royauté. Il fallait donc, de gré ou de force, se résigner enfin à faire la République.

Au commencement de l'année, avaient eu lieu les élections allemandes. Les provinces annexées avaient été appelées pour la première fois à élire leurs représentants au Reichstag. Elles inclinaient à l'abstention. Gambetta conseilla le vote et la candidature des prêtres catholiques, qui, ayant l'habitude de prêcher en allemand, pourraient plus facilement prendre la parole au Reichstag. (Auguste Lalance, *Mes souvenirs*.) Le scrutin de 1874, aussi résolu que celui de 1871, n'envoya à l'Assemblée de Berlin, comme il n'avait envoyé à l'Assemblée de Bordeaux, que des protestataires. D'accord avec Gambetta, Teutsch développa une motion demandant que les populations des provinces annexées fussent consultées sur l'incorporation à l'empire. Les cris, les rires couvrirent sa voix. (18 février.)

Bismarck avait trois objectifs : empêcher la France de sortir du provisoire et de se donner un gouvernement définitif, la diviser et l'empêcher de trouver des alliés. Il était à la fois contre la monarchie et contre Gambetta. Ce qu'il voulait, c'était une République « dissolvante », « une République avec des troubles intérieurs ». Dès 1871, il déclarait au comte d'Arnim, son ambassadeur à Paris, que Gambetta était le seul gouvernant éventuel dangereux pour l'Allemagne et que celle-ci ne tolérerait pas son avènement au pouvoir. Il avait autorisé le comte à n'en pas faire mystère au besoin. Et d'Arnim traduisit ainsi le mot d'ordre : « Ni république assise, car elle deviendrait radicale, gambettiste, et le chancelier ne voulait pas d'une république à la Danton; ni monarchie, parce que celle-ci deviendrait vite capable de conquérir à la France des alliances ». Son jeu était clair : la France allait-elle à la république? C'était l'anarchie; allait-elle à la monarchie? C'était la guerre. Il voulait convaincre les monarchistes que les républicains les menaient à la démagogie, et les républicains que les monarchistes les menaient aux aventures. Le malheur est que les uns et les autres, dans l'âpreté furieuse de leurs luttes, allaient se montrer parfois trop enclins à se laisser convaincre et à accepter contre leurs adversaires ces terribles accusations.

Le 21 novembre 1873, le pape Pie IX avait publié une encyclique où, déplorant les malheurs récents de l'Église et du Saint-Siège, il dépeignait sous les traits les plus sombres la situation des catholiques en Italie, en Suisse, en Allemagne. Le gouvernement suisse avait rompu ses rapports diplomatiques avec lui. Le gouvernement italien avait adressé aux puissances, le 1er janvier 1874, une circulaire confirmant la loi des garanties. En France, un grand nombre de prélats avaient répondu à l'appel du Saint-Siège. Des mandements incriminaient la politique de Bismarck. L'évêque de Nîmes écrivait : « L'Allemagne de Bismarck a voulu continuer cette tradition de bassesse et d'immoralité ». Le duc de Broglie regrettait ces imprudences : « On voit bien, dit-il mélancoliquement, qu'ils ne portaient pas le poids du jour ». Le ministère avait lancé, le 26 décembre, une circulaire rappelant qu'il y a entre les États des égards mutuels qui ne se peuvent oublier.

Bismarck, qui voulait accroître la force militaire de l'Allemagne, profite aussitôt de ces imprudences; il les exploite à Rome, et, pour alarmer l'Italie, feint d'être alarmé lui-même. Il déclare à notre ambassadeur Gontaut-Biron que la circulaire est insuffisante, que le gouvernement français a des armes plus efficaces pour mettre un terme à cette campagne. Si on l'y contraint, le gouvernement allemand invoquera les articles de la loi française de 1819, qui l'autorisent à poursuivre lui-même, directement, devant les tribunaux français. « C'est pour nous une question de sécurité. On fomente la révolte chez nous, dans l'empire. Eh bien! nous serons obligés de vous déclarer la guerre avant que le parti clérical, s'emparant du pouvoir, la déclare à l'Allemagne. »

La droite de l'Assemblée dénonce la faiblesse du ministère. Du Temple, député de l'extrême droite, demande à interpeller. Le nouveau Reichstag se réunit; le gouvernement réclame le vote d'urgence de la loi militaire, destinée à assurer la prééminence de l'armée allemande. Le duc Decazes, ministre des Affaires étrangères, le 20 janvier, répond à Du Temple : « La France entourera d'un pieux respect, d'une sollicitude sympathique et filiale le Souverain Pontife; mais elle entretiendra sans arrière-pensée avec l'Italie, telle que les circonstances l'ont faite, des relations pacifiques et amicales ».

Le Reichstag se réunit le 1er février 1874. Dans le discours du trône, l'empereur réclame le vote immédiat du projet de loi militaire. Moltke insiste : « Un cri sauvage de revanche nous arrive de l'autre côté des Vosges; nous pouvons être appelés à faire face à l'Est et à l'Ouest, des deux côtés à la fois ». La loi est votée le 2 mai. A la fin de l'année, le prince de Hohenlohe, qui venait de succéder au comte d'Arnim comme ambassadeur à Paris, s'entretenait de Gambetta avec Bismarck. Le chancelier lui dit : « Nous n'avons rien à craindre de sa part, même s'il organise la France aussi solidement que vous le pensez. Nous sommes toujours à la hauteur de la France, même d'une France forte. Le danger, c'est la coalition; or la République n'arrivera jamais à former de coalition contre nous. » — Bismarck ne se trompait pas pour Gambetta, qui n'eut pas le temps de nouer les alliances qu'il rêvait, mais il se trompait pour la France et pour la République.

CHAPITRE XII

GAMBETTA ET LA CONSTITUTION

GAMBETTA CONSEILLE AUX GAUCHES DE RECONNAÎTRE A L'ASSEM-
BLÉE LE POUVOIR CONSTITUANT ‖ LA CONSTITUTION ‖ « LE
GRAND CONSEIL DES COMMUNES FRANÇAISES » ‖ FIN DE L'ASSEM-
BLÉE NATIONALE.

L E comte de Paris, à qui le comte de Chambord a barré
la route, pousse ses amis, par crainte de l'Empire, à voter
une Constitution républicaine. De son côté, Gambetta,
qui a dénié à l'Assemblée le pouvoir constituant, va se
retourner et inviter ses amis à le reconnaître. De cette double
volte-face naîtra la Constitution.

Le duc de Broglie étant tombé et les légitimistes étant
brouillés avec les orléanistes, Gambetta saisit la minute
propice. Il se dit que peut-être, après tout, il y aura quelque
chose à faire avec cette Chambre. Et nous allons assister au
triomphe de cette politique de transactions, de compromis, de
moyennes, à laquelle ses ennemis donneront le nom d' « opportunisme ».

Il est curieux de suivre, dans les correspondances et dans
les Mémoires des hommes de la droite, leurs impressions
successives sur Gambetta. Au commencement, il est quelque
peu isolé; on n'ose guère se commettre avec ce « bohème »,
ce « démagogue », cet « orateur de brasserie et de balcon ».
On le trouve vulgaire. Quoi! c'est là le grand tribun! Voix
éraillée (il était souffrant déjà par intermittences et sa voix
était parfois assourdie); mise négligée, geste théâtral, vues
superficielles. Mais voici que, sous la fougue méridionale, on

GAMBETTA

sent la finesse, l'habileté; on se rapproche; il conquiert; bientôt il domptera. Il a ce don de séduction irrésistible, ce don inné de plaire, de dominer, qu'avait Mirabeau. Le vicomte de Meaux, dans ses *Souvenirs*, parle d'abord de la « déception pénible » qu'il éprouve en écoutant pour la première fois l'ancien « dictateur »; puis, peu à peu, il est pris, comme les autres. Ils subissent, malgré eux, l'ascendant, le magnétisme; la grâce agit sur les plus rebelles. Et, tout à la fin, dans un article du *Correspondant*, le même M. de Meaux parlera de cette « fascination », qui continuera de s'exercer, même après la mort, sur les générations nouvelles.

Gambetta profite du moment où les légitimistes viennent de rompre avec le centre droit et de renverser le duc de Broglie pour entrer en coquetterie avec eux et les appeler à la République. Aux obsèques du comte d'Alton-Shée, ancien pair de France devenu républicain, il dit : « Prouvons à ceux qui nous calomnient que nous ne sommes pas intolérants; démontrons que cette République, que nous finirons bien par fonder, sait accueillir ceux qui viennent loyalement à elle, et surtout ces fils éclairés de l'aristocratie qui embrassent sincèrement notre cause. L'ancienne aristocratie appartient à la France; elle peut encore la servir. Si elle a l'intelligence de se rallier à la France nouvelle, à la France du travail et de la science, elle contribuera, par son patriotisme fier et sa noble délicatesse, à lui donner cette fleur d'élégance et de distinction qui fera de la République française, dans le monde moderne, ce qu'était la République athénienne dans l'antiquité. »

D'autre part, à Auxerre, le 1ᵉʳ juin 1874, il salue le centre gauche, « tête de colonne, presque avant-garde »; il rappelle la conduite énergique de ce groupe, quand on conspirait pour le rétablissement de la royauté de droit divin; le centre gauche sera aussi ferme contre le bonapartisme. Il revient sur le fameux discours de Grenoble, qu'on lui reproche sans cesse : « J'ai dit les nouvelles *couches*, non pas les *classes* : c'est un mauvais mot, que je n'emploie jamais. Ce n'est pas une République de partis que demande notre démocratie républicaine, ce n'est pas une République fermée, exclusive, c'est une République nationale, c'est la République de tous, c'est la République de dix millions d'électeurs, sans en excepter un seul, dont l'ensemble représente la souveraineté nationale. »

GAMBETTA ET LA CONSTITUTION

Le parti bonapartiste relève la tête. Gambetta réclame une enquête sur ses actes. Scène violente avec Rouher. Gambetta, revenant de Versailles, est frappé d'un coup de poing au visage à la gare Saint-Lazare.

Il décide le groupe de la gauche républicaine et, non sans peine, la majorité de son propre groupe, l'union républicaine, à déclarer qu'ils renoncent à contester le pouvoir constituant de l'Assemblée et qu'ils se rallieront au projet d'institutions républicaines qui va être déposé par le centre gauche. (13 juin 1874.) Coup de barre décisif : « Les trente années qui suivront, dit M. Hanotaux, sont filles de cette journée ». On va voir comment Gambetta fit sortir la République d'une Assemblée monarchiste et un Sénat d'un parti républicain qui n'en voulait pas.

L'extrême gauche, avec Louis Blanc, Edgar Quinet, Ledru-Rollin, ne peut se décider : elle redoute une République issue des mains des monarchistes; elle tient toujours pour l'élection d'une Constituante. Grévy, lui aussi, défend cette opinion.

Le 15 juin, Casimir Perier, ami de Thiers, fils du ministre de la monarchie de Juillet et beau-frère de d'Audiffret-Pasquier, propose que la commission des lois constitutionnelles prenne pour base de ses travaux l'établissement de deux Chambres. L'urgence est votée par 345 voix contre 341. Victoire des centres. Broglie attaque; il fait le procès de la République, de toutes les Républiques, Convention, Directoire, 1848, versant dans l'anarchie et le césarisme, celle de Grévy, celle de Gambetta, celle de Louis Blanc. Dufaure demande qu'on fasse pour la France ce qu'on a fait dans tous les temps pour tous les pays, qu'on attribue un nom et un principe au gouvernement sous lequel elle doit vivre. Le général de Cissey, vice-président du Conseil, combat la proposition, qui est rejetée par 374 voix contre 333. L'Assemblée se sépare pendant quatre mois, malgré Gambetta, qui dit à la droite : « La République, c'est l'inévitable, et vous devriez l'accepter, non en hommes de parti, en hommes de sentiment, mais en véritables hommes politiques. Vous devriez vous mettre résolument à l'œuvre et comprendre que votre place est marquée dans ce gouvernement de la démocratie libre; que vous devez y jouer un rôle, un rôle éminent, celui que vous assurent votre autorité sociale, vos précédents, vos loisirs. C'est une faute poli-

GAMBETTA

tique, et une faute peut-être irréparable, que cette conduite des conservateurs, alors qu'ils ont éprouvé l'impossibilité de rétablir la monarchie, de refuser une alliance féconde avec la démocratie. Est-ce qu'il appartiendra à une coalition de 3 ou 400 députés de faire rebrousser chemin à la Révolution française? Le croyez-vous? Si vous ne le croyez pas, il faut prendre un parti. Allez en vacances; passez-y un mois. Si vous pouvez faire la monarchie, vous la ferez; si vous voyez que la République seule est possible, vous la ferez, et vous ferez un gouvernement fort, capable de refaire, comme nous en avons tous la passion, la gloire et l'honneur de la France. »

Le 23 juillet, il écrit à Ranc (*inédit*) : « Il ne faut pas un gouvernement créé uniquement pour la majorité. Il y a une différence entre le bien public et le bien du plus grand nombre. »

L'Assemblée revient le 30 novembre. Pendant les vacances, les élections, à tous les degrés, avaient été républicaines. L'Assemblée, reculant devant le débat, l'ajourna au mois de janvier. Cette session de 1875 allait décider de l'avenir de la France. Les droites modérées avaient surtout peur de l'Empire. L'extrême gauche continuait de proposer la dissolution. Thiers, qui, depuis sa chute, ne se souciait plus de faire une Constitution, et Jules Grévy la réclamaient également. Il fallait ou s'en aller ou aboutir.

Le 5 janvier, le maréchal, dans un message, prie l'Assemblée de discuter immédiatement la loi relative au Sénat. Le 25, le rapporteur de la commission parle pour une seconde Chambre, « barrière contre le parti révolutionnaire ». Par 498 voix contre 173, l'Assemblée passe à la seconde délibération. Il y a une majorité pour l'institution de la seconde Chambre. L'extrême droite, les bonapartistes, Gambetta et une partie de son groupe, l'union républicaine, votent contre. La façon dont on avait présenté cette institution n'était point pour y convertir les républicains. Les légitimistes, par leur hostilité persistante, préparaient l'accord des centres.

Alors, à travers les passions déchaînées, on vit entrer en scène des esprits calmes, mûrs, des hommes d'étude, de cabinet, qui avaient beaucoup lu, beaucoup réfléchi, qui savaient l'histoire; ils avaient fait le tour de tous les systèmes et ils pensaient qu'on ne peut s'écarter impunément de certaines règles essentielles éprouvées par l'expérience.

Nous voici aux jours décisifs : 28, 29, 30 janvier. Le centre gauche propose ce texte : « Le gouvernement de la République se compose de deux Chambres et d'un Président ». Le rapporteur, Edouard Laboulaye, le défend. Cet éminent professeur, tout nourri de l'histoire des États-Unis, tout imprégné des idées des fondateurs de la Constitution américaine, les Hamilton, les Madison, les Jay et de cet admirable recueil, *le Fédéraliste*, apporte à la tribune leurs maximes de liberté et de sagesse; mais aussi, il sait que la Constitution américaine n'est possible que dans un État fédératif. Il ne vient pas montrer les mérites comparatifs de la monarchie et de la république; il vient seulement dire que le cercle se resserre, que la nécessité s'impose. Le péril est imminent au dehors : la France est peut-être à la veille d'une nouvelle guerre. Le péril n'est pas moins grand à l'intérieur. Vous pouvez faire un gouvernement avec la république. Si vous ne l'acceptez pas, vous ne faites pas de gouvernement du tout. Si nous ne constituons pas, notre mandat est fini; il faut le remettre à la nation. Nous sommes exposés à ce qu'avant la réunion d'une nouvelle Assemblée, tout le système parlementaire s'écroule et la France avec lui. Et il termine par cette adjuration : « Oui, dans la situation où nous sommes, il est permis de descendre jusqu'à la prière pour vous supplier de considérer où nous en serons demain. L'Europe entière vous regarde, la France vous implore, et nous, nous vous supplions, nous vous disons : « N'assumez pas sur vous une pareille responsabilité! Ne nous laissez pas dans l'inconnu et, pour tout dire en un mot : ayez pitié de ce malheureux pays! »

L'Assemblée est profondément remuée par cette supplication pathétique. Louis Blanc demande la parole : cris de réprobation sur les bancs de la gauche. Soutenu par la droite, il insiste; il déclare que ses amis et lui ne pourront pas voter la création d'une seconde Chambre. Le lendemain, *la République française* l'attaque avec violence : « Envers et contre tout son parti, **M. Louis Blanc** a occupé la tribune. Tout entier à son opinion personnelle, il n'a pas vu ce qui se passait dans les rangs des adversaires de la République. Il leur laissait le temps de se concerter, de reformer leurs rangs, d'arrêter un plan de conduite.

C'est une grave responsabilité, que nous lui laissons tout entière. »

« Deux thèses, deux systèmes, deux méthodes étaient en présence, dit M. Hanotaux. Le germe des futures dissensions républicaines était déposé dans l'œuf d'où la République elle-même allait naître. »

29 janvier. Vote à la tribune sur le texte soutenu par Laboulaye. Louis Blanc, Edgar Quinet, Madier de Montjau, Peyrat et Marcou s'abstiennent. Il ne manque que cinq voix pour que l'amendement soit voté. Peyrat se précipite vers la bibliothèque, où Louis Blanc et Marcou se sont retirés : « Il s'en faut de cinq voix que la République ne soit votée, s'écrie-t-il, marchons! » On les entoure, on les implore. « Nous nous laissâmes traîner à la tribune, écrit Louis Blanc, et nous jetâmes, l'un après l'autre, notre bulletin dans l'urne, au milieu de l'émotion générale et au bruit d'applaudissements immenses qui nous entrèrent comme des flèches dans le cœur! » Par 359 voix contre 336, le texte est rejeté.

Alors, Wallon, historien consciencieux, présente une disposition ainsi conçue : « Le Président de la République est élu à la majorité des suffrages par le Sénat et par la Chambre des Députés réunis en Assemblée nationale. Il est nommé pour sept ans et est rééligible. » Ce n'est plus « le maréchal » : cette fois, à une voix de majorité, par 353 voix contre 352, l'amendement est adopté, aux acclamations des gauches. Toutes les gauches, y compris les cinq membres de l'extrême gauche, ont voté l'amendement. Toutes les droites ont voté contre. Au centre, un léger déplacement de voix a décidé de la majorité.

Léon Say écrit, le 1er février 1875 : « Le vote, à une seule voix, de l'amendement Wallon va produire des effets étonnants, et déjà nous pouvons compter sur une soixantaine de voix de majorité pour voter l'ensemble d'une loi qui, présentée avec un caractère antirépublicain, va être votée avec un caractère nettement républicain. La première personne à qui j'ai parlé au moment de la proclamation de cette majorité d'une voix a été le prince de Joinville. Il m'a dit : « Vous l'emportez, et j'en suis enchanté; ma position personnelle me forçait de voter contre, mais je suis ravi d'être battu ». Pasquier m'a dit que lui et ses amis acceptaient complètement le terrain nouveau créé par la majorité d'une voix. Il est donc probable que

GAMBETTA ET LA CONSTITUTION

la loi constitutionnelle sera votée. M. de Broglie s'en console
en disant qu'il ne faudra pas en tirer des conséquences logiques ;
mais il se fait une étrange illusion, et ses amis commencent à
parler sur un tout autre ton.... »

M. de Vinols raconte qu'il avait rencontré Gambetta le soir
du vote sur l'amendement Laboulaye ; il fut frappé de son
abattement. « Je le revis le jour où fut voté l'amendement
Wallon ; il était hors de lui de joie et ne ressemblait guère
au Gambetta de la veille. »

Il s'agissait maintenant de fixer la composition du Sénat.
La droite espérait se survivre en lui. La commission proposait
des sénateurs de droit, des sénateurs nommés par le Président
de la République et des sénateurs élus. Pascal Duprat propose
l'élection des sénateurs par le suffrage universel. Les légitimistes s'abstiennent ; les bonapartistes votent pour ; le texte
est adopté par 322 voix contre 310. Le maréchal intervient et,
par l'organe du général de Cissey, déclare que le gouvernement ne peut accepter ce vote. L'Assemblée s'incline. Henri
Brisson dépose une proposition de dissolution et réclame
l'urgence. Raoul Duval l'appuie. Thiers également. Gambetta
dit aux ministres : « Cette parole de discorde a tout remis en
question. Nous avons voté le principe du Sénat, nous avons
fait taire nos scrupules, et maintenant vous venez nous dire
qu'il vous faut un Sénat qui soit exclusivement à vous ! Eh
bien ! il faut que cela finisse ! Puisqu'il en est ainsi, rompons ;
allons devant le pays ! » L'urgence sur la motion de dissolution est repoussée. Wallon demande à la Chambre de s'ajourner
au 15 février. On pousse le maréchal à constituer un nouveau
Cabinet appuyé sur la majorité du 24 mai, y compris les bonapartistes. Le maréchal convoque le duc de Broglie. Celui-ci
déclare que « l'œuvre des lois constitutionnelles ne doit pas
être abandonnée ». Il exprime ainsi l'opinion du comte de
Paris : « L'alliance avec les bonapartistes est inadmissible ».
Et il conseille au maréchal d'appeler Buffet.

Les centres négocient sous les auspices et sous le toit des
deux beaux-frères, Casimir Perier et d'Audiffret-Pasquier.
Le 19 février, un texte, signé Wallon, est distribué à l'Assemblée :
« Le Sénat est composé de 300 membres ; 225 élus par les
départements et les colonies et 75 par l'Assemblée nationale....
Les sénateurs élus par l'Assemblée nationale sont inamovibles. »

GAMBETTA

Fureur de l'extrême droite. Le centre droit accepte le projet. Dans la gauche, un seul député s'y oppose, Grévy. A l'union républicaine, Edgar Quinet, Louis Blanc, Madier de Montjau le combattent également; la réunion est ébranlée. Gambetta intervient, l'entraîne. Ce n'est plus seulement l'orateur, le chef de parti; c'est le négociateur avisé, le diplomate clairvoyant, qui remue les consciences en conquérant les esprits. Scène pleine de grandeur, où des républicains, pour sauver la France de la dictature, font le sacrifice de leurs traditions et de leurs préférences. Par le souple génie de Gambetta, la vie se substitue à l'abstraction, l'esprit politique à l'esprit de système. La loi est votée. La minorité comprend la droite et les bonapartistes; la majorité comprend les gauches, le centre droit et quelques membres de la droite modérée. Grévy s'abstient. Le duc de Broglie, après avoir hésité jusqu'au dernier moment, vote. Les membres de l'extrême gauche, Louis Blanc, Madier de Montjau, Peyrat, Edgar Quinet s'abstiennent. Ils résistent aux supplications de Gambetta. Louis Blanc dit, parlant d'Edgar Quinet : « Il résista, lui aussi, mais à quel prix! Je crois voir encore l'illustre vieillard s'affaissant sur son banc dans un état d'émotion tel, que les larmes coulaient le long de ses joues. » La loi sur le Sénat est acquise. La République est faite. (25 janvier 1875.)

Ainsi, la nouvelle Constitution de la France était le résultat d'une série de compromis entre les monarchistes constitutionnels et les républicains, entre les représentants de la bourgeoisie et ceux de la démocratie. Les vaincus étaient les partisans de la monarchie de droit divin et les partisans de l'Empire. C'est contre eux que l'œuvre de 1875 fut accomplie.

Le 3 mars, Gambetta écrit à Ranc (*inédit*) : « La République, que nous voulons asseoir sur des bases inébranlables, va devenir ouverte à tous en cessant d'être le gouvernement d'un parti.... Quels que soient les défauts ou les mérites de la Constitution, il faut la consolider et non l'ébranler. C'est une œuvre de paix et de conciliation, qui a été pour les républicains une occasion brillante de montrer au pays leur union apparente. Nous avons bien fait de rompre un instant avec les intransigeants. En cela, je me sépare un peu de vous, qui avez hâte de former un bloc des gauches contre la réaction. Notre nouvelle-née est une œuvre de conciliation,

"

par conséquent de patriotisme. Le pays voit enfin se réaliser ce rapprochement tant désiré qui, s'il s'était opéré il y a soixante, quarante, ou seulement trente ans, aurait achevé le cycle de la Révolution française. La politique qui a préparé de tels résultats est la seule qui puisse en poursuivre les fruits.... »

Le 11 mars, Buffet était appelé aux affaires. Il n'avait ni l'envergure ni les mérites littéraires du duc de Broglie ; mais il était convaincu, vigoureux, tenace ; sa parole honnête, sa forte dialectique exerçaient une action profonde sur l'Assemblée. Nul ne connaissait mieux les budgets et les tarifs. C'était, en matière économique et financière, un solide jouteur, un redoutable adversaire. Et sa haute tenue morale inspirait à tous le respect.

Le 29, Gambetta prend la parole aux obsèques d'Edgar Quinet. Il glorifie la mémoire de Michelet et de Ledru-Rollin, morts récemment. Il rappelle les prophéties de Quinet au sujet de l'Allemagne : « Ce savant, ce poète apercevait l'invasion derrière les thèses nuageuses et pédantes des universités germaniques ». Puis, se tournant vers les hommes de l'extrême gauche : « Certaines dissidences n'altéreront jamais l'accord indestructible sur le fond des choses. Nous sommes dans la tradition de nos devanciers. Leurs principes sont les nôtres. Seules, les méthodes ont changé pour les défendre. La démocratie, en devenant maîtresse, se trouve en face de grands devoirs. Ayant le pouvoir, elle a les difficultés. Il faut gouverner quand on est la majorité ; il faut être digne de garder le pouvoir quand on l'a pris. C'est pourquoi il faut s'astreindre à la discipline, à la patience, à l'esprit de combinaison. Il faut allier la prudence à la force. Sachons répudier les conseils de l'exaltation. Nous sommes dans la bonne voie. Allons donc en avant !... »

Le 23 avril, à Ménilmontant, il prononce un discours qui reste un des plus mémorables et des plus importants de sa carrière. Jamais il n'avait montré plus de sens politique, de clairvoyance, de nouveauté hardie. « Le contrat tient-il toujours ? » demande-t-il d'abord à ses électeurs. — « Oui, oui ! » répond-on de toutes parts. Et alors, pendant plusieurs heures, il va démonter, en quelque sorte, pièce à pièce, sous les yeux attentifs de ce grand auditoire populaire, tout le mécanisme du nouveau système.

GAMBETTA

Véritable tour de force, que ce cours de droit constitutionnel à ces ouvriers, à ces travailleurs de l'usine, à ces artisans, à ces boutiquiers! Ces auditoires populaires sont admirables d'intelligence, de curiosité d'esprit, de finesse; ils sentent les moindres nuances, ils brûlent du désir d'apprendre, et aussi ils sont tout chaleur, tout élan. De telles rencontres ne sont pas moins à l'honneur de ce peuple si prompt à saisir à la fois les beautés oratoires et les idées, qu'à l'honneur de ceux qui savent toucher son esprit et son cœur et lui apporter la sagesse dans la passion.

Par horreur du césarisme, on s'est décidé à en finir avec un provisoire mortel; on a fait une Constitution : « Si nous voulons nous approprier cette œuvre et nous en servir, la bien connaître surtout, afin de bien l'appliquer, il pourrait se faire que cette Constitution offrît à la démocratie républicaine le meilleur des instruments d'affranchissement qu'on nous ait encore mis dans les mains ».

D'abord, le Président de la République. Ses pouvoirs n'émanant plus du suffrage direct de toute la nation, on ne s'avisera plus de poser le gardien de la loi comme supérieur aux représentants du pays qui font la loi. Sa situation, quoique modeste, reste assez considérable pour que l'autorité entre ses mains soit digne de la France, qu'il représente, et de la loi, qu'il est chargé de faire exécuter.

Puis, le Sénat. Ceux qui, les premiers, avaient eu l'idée de constituer un Sénat avaient voulu créer « une sorte de dernier refuge pour les refusés du suffrage universel ». Leur pensée avait été une pensée de résistance contre la démocratie républicaine. Mais il faut voir si ceux qui ont eu cette pensée l'ont bien réalisée, si, voulant créer une citadelle de réaction, ils n'ont pas organisé un pouvoir essentiellement démocratique par son origine, par ses tendances, par son avenir. Aux Chambres hautes représentant la fortune, la naissance, la grande propriété, les Églises, au Sénat du duc de Broglie, nommé par le chef de l'État ou par des électeurs privilégiés, il oppose celui qui est sorti enfin des luttes de l'Assemblée. « Nous devons le considérer comme l'ancre de salut sur laquelle doit reposer le vaisseau de l'État. » Pourquoi? Parce qu'il est l'émanation des communes. L'Assemblée la plus monarchique, ayant à constituer une seconde Chambre, en est arrivée à lui donner pour point de départ, quoi? — Ce qu'il y a de plus démocratique, l'esprit communal, les trente-six mille communes de France! « Que va-t-il sortir des urnes? Un Sénat? Non : le Grand Conseil des communes françaises. » Et, pressentant la crise de 1889 : « C'est dans le Sénat que se livrera la suprême bataille! »

« Vous conserverez cette organisation, soyez-en sûrs, quand vous l'aurez pratiquée. Les institutions portent presque toujours plus loin qu'on ne le pense. L'institution du Sénat est du nombre, elle vaut mieux que les circonstances et que les hommes qui l'ont produite. Il faut la mettre en pratique, et il faut aussi l'aimer. »

C'étaient là des idées bien neuves pour les républicains de cette époque. Ils avaient vécu jusqu'alors sur les idées de la Révolution française et de 1848. Quant à la Présidence, jamais les hommes de la Révolution, dressés contre la royauté, n'avaient voulu à la tête de l'État une autorité suprême. Tout cela n'était pas consenti sans heurts et sans cris. Gambetta, en faisant accepter ces institutions par la démocratie française, a été le fondateur de la République parlementaire.

L'Assemblée rentre le 4 novembre. C'est la fin.

Voilà la Constitution votée, le régime parlementaire établi. Que veut le régime parlementaire? La formation d'une majorité unie, capable de faire vivre un gouvernement solide, durable, pour une œuvre féconde et puissante. C'est là, en effet, ce que Gambetta réclame et va essayer de réaliser. Mais les choses devaient aller moins vite qu'il ne pensait. Il brûlait les étapes, il dévorait l'avenir. Les difficultés de la vie parlementaire sont extraordinaires; il faut une force d'âme peu commune pour résister, pour tenir, pour durer, pour « régner sur cette foule de têtes qui prétendent régner », disait Thiers à propos de Pitt; c'est ce qui en fait aussi la beauté.

Or, le meilleur moyen, dans l'opinion de Gambetta, de dégager une majorité, c'est le scrutin le plus large, celui qui porte sur les idées plus que sur les personnes, le scrutin de liste. Non qu'il y voie une panacée, — les lois électorales sont affaire de tactique plutôt que de principe — mais il subordonne tout au grand dessein qui l'anime : « Il faut, dit-il, créer une majorité de gouvernement, en finir avec nos

(177)

divisions intestines. La politique qu'il faut chercher, c'est une politique d'apaisement et de conciliation. Demain, après des institutions votées, promulguées, appliquées, quelle serait la situation, si, au lieu de donner au pays le spectacle de la concorde et de la force, on lui offrait encore un tableau effroyable de vaines discussions et d'anarchie? » Puis, avec une mélancolie prophétique : « Vous souriez quand je parle de modération. Nous sommes gens de revue, et, *à moins que la mort ne nous frappe prématurément*, je vous donnerai, j'en ai la confiance, des gages assez décisifs de cet esprit de modération, pour que le dernier mot me reste. » Hélas! il mourra avant d'avoir atteint le but. Le dernier mot lui restera devant l'histoire, non de son vivant. La formation de cette majorité de gouvernement qui était maintenant dans la logique des choses et qu'il va obstinément poursuivre, il disparaîtra sans avoir pu la réaliser.

Il pressent, d'ailleurs, les difficultés qui vont l'assaillir : « On a parlé, dit-il, de candidats « remorqueurs ». Il ne les hait point, et pour cause! « Il faut faire justice de cette hallucination électorale. Il n'est pas vrai d'abord qu'un pays eût à se plaindre s'il avait beaucoup d'hommes capables d'être les remorqueurs. Cela prouverait que les partis ont des individualités très éclatantes et, plus la France sera riche en individualités de cet ordre, plus elle aura de ces hommes de gouvernement qui pourront se relayer au pouvoir sans courir le risque des révolutions, et plus, je pense, elle pourra s'en féliciter.... » — Tout le monde ne sera pas de cet avis!

Et ce qui sera désormais sa pensée suprême, l'idéal qu'il poursuivra vainement jusqu'à la fin : « Dans l'état où se trouvent la France et l'Europe, si vous devez former un vœu, c'est de fonder enfin un gouvernement véritablement fort, puissant, sur l'opinion de la France comme sur l'opinion de l'Europe. On ne fait pas de la politique, dans un pays comme la France, de la même manière à toutes les époques. Quand un pays a sa force matérielle, que le cercle de ses frontières est intact, alors il peut être loisible d'agiter des questions de métaphysique politique ; mais dans un pays qui n'a pas toutes ses frontières, cela est sacrilège, cela est criminel. Et puisque vous cherchez la raison de l'œuvre du 25 février et de cette politique de concorde et de pacification, je vais vous la donner : Regardez à la trouée des Vosges ! »

Dans le tumulte des partis en guerre, il voudrait faire œuvre d'harmonie, discipliner la République. Les partis, si grands qu'ils soient, sont, leur nom même l'indique, partiels, partiaux. Cela aussi est un « miroir brisé ». Extrême difficulté, de faire sortir des partis une politique nationale ! L'Angleterre y avait réussi. Gambetta porte en lui la plus noble ambition que puisse concevoir une grande âme, devenir chef de démocratie par raison éloquente, gouverner un pays libre par la persuasion, afin de lui rendre un jour l'intégrité de son territoire et sa grandeur perdue.

Buffet défend le scrutin d'arrondissement, qui est adopté par 388 voix contre 302.

L'Assemblée devait nommer d'abord les 75 sénateurs inamovibles. Gambetta, par une entente entre républicains, légitimistes et bonapartistes, évince les orléanistes. Il continue ainsi de tourner au profit de la République les institutions que ses ennemis ont disposées contre elle. « Ce n'est pas une majorité, s'écrie le duc de Broglie, c'est une coalition de haines ! » Hélas ! la haine était partout.

L'Assemblée nationale avait vécu. Elle avait été élue pour faire la paix. Une fois la paix conclue, devait-elle, pouvait-elle céder la place à une autre Assemblée ? Mais le territoire était encore occupé par l'ennemi. Une fois le territoire libéré, devait-elle, pouvait-elle rendre la parole au pays ? Les républicains le voulaient, parce qu'ils craignaient que l'Assemblée ne fît la monarchie. Les monarchistes s'obstinèrent dans leurs espérances. Déçus, ils se résignèrent à faire la République. Cette Assemblée contenait une élite et, dans tous les partis, de beaux talents, une grande somme de lumières et de patriotisme. Elle fit la paix, rétablit l'ordre et les finances, vota d'importantes lois, lois militaires, lois sur les conseils généraux, sur la protection du travail des enfants et des filles mineures employés dans l'industrie, sur la protection des enfants dans les professions ambulantes, sur la protection des enfants du premier âge, sur l'ivresse, l'impôt sur les valeurs mobilières ; elle créa des Facultés nouvelles, procéda à une enquête sur la situation des travailleurs, etc. Au moment où elle était arrivée à Bordeaux, il n'y avait plus rien. Quand elle se sépara, cinq ans après, la France était relevée, l'armée et les finances étaient reconstituées; la France n'avait pas encore d'alliances, mais déjà elle n'était plus seule en Europe; enfin, un établissement politique, sorti de la force des choses et qui devait être durable, était construit. Cette Assemblée, qui traînait tout le poids du passé, fonda l'avenir.

CHAPITRE XIII

L'ESPRIT DE LA CONSTITUTION
DE 1875

GAMBETTA ET L'IDÉE DE LA DUALITÉ DES CHAMBRES ‖ LE PRÉ-
SIDENT DE LA RÉPUBLIQUE ‖ GAMBETTA A CRU A LA DURÉE
DE CETTE CONSTITUTION.

L A Constitution de 1875 a vécu déjà quarante-quatre ans,
plus que toutes celles qui l'avaient précédée depuis la
Révolution française. Pourquoi? Gambetta, avec une
singulière clairvoyance, en avait indiqué plusieurs raisons.

D'abord, il comprit le rôle essentiel que le Sénat pourrait
jouer dans la République. Là où les monarchistes de
l'Assemblée nationale n'avaient vu d'abord qu'un moyen pour
eux de se survivre en organisant un pouvoir de résistance aux
volontés du suffrage universel, il vit un centre de résistance possible aux entreprises de réaction et aux aventures
césariennes, et l'événement, dans la crise boulangiste, ne tarda
pas à lui donner raison. D'une citadelle contre la République,
il fit une citadelle de la République.

Le Sénat pouvait devenir aussi un élément de stabilité républicaine en présence d'une Chambre sans majorité. La
Chambre de 1885, par exemple, élue sous le coup d'une crise
économique et au lendemain de l'échec de Lang-Son au
Tonkin, était divisée en trois tronçons dont deux s'unissaient
contre le troisième pour l'empêcher de gouverner. Supposez
qu'à ce moment, cette Assemblée eût été l'unique pouvoir, les
crises ministérielles devenant des crises présidentielles, jusqu'où aurait pu aller le mouvement boulangiste? De 1875

GAMBETTA

à 1919, la France a eu cinquante-neuf ministères ; imaginez, au lieu de ces crises ministérielles, autant de crises présidentielles : la République aurait-elle résisté à un tel régime?

Gambetta était venu peu à peu, non sans peine, à la dualité des Chambres. Quelques amis, M. de Freycinet notamment, avaient contribué à l'y amener. Jusqu'alors, pour les républicains, l'unité de Chambre se confondait avec la République ; la division du pouvoir législatif en deux Assemblées leur rappelait une époque de réaction, l'an III, et les trois monarchies. Ils voyaient moins ce qui s'était passé au dehors, où tous les grands États avaient deux Chambres. Le système de l'Assemblée unique serait difficilement viable, soit que le Président de la République, élu par l'Assemblée, fût exposé à de continuels changements et renversé comme Thiers le fut au 24 mai 1873, soit que, élu par le peuple, il risquât d'entrer en conflit avec les représentants de la nation, comme Louis-Napoléon Bonaparte en 1851.

Quant à la Présidence de la République, l'expérience de 1848 avait appris aux républicains et Gambetta rappelait au pays que, si elle était nommée par le peuple, elle pourrait écraser les Assemblées. A l'inverse, certains esprits, estimant que le Président de la République élu par les Chambres est annihilé par elles, tournaient les yeux vers les États-Unis. Or, si les constituants américains ont donné au Président des États-Unis des pouvoirs considérables, c'est que, à l'origine, ces pouvoirs ne s'appliquaient qu'à des objets peu nombreux. La Constitution fédérale n'était, pour ainsi dire, qu'une façade destinée à relier entre eux, au regard de l'étranger, les divers édifices constitutionnels qui s'étaient élevés côte à côte sur le sol de l'Amérique du Nord. Tout se faisait dans les États. Et ce n'est pas un des moindres prodiges de l'histoire, que ce mécanisme ait pu se prêter à tous les développements successifs de cet immense empire : politique extérieure, coloniale, militaire. Essayez de transporter ce système dans notre France ultra-centralisée : vous auriez, pendant quatre ans (car, nécessairement, la durée des pouvoirs présidentiels serait réduite), la domination du parti vainqueur, la minorité opprimée par la majorité ; donc moins de stabilité, et moins de liberté. Le système américain suppose un État fédératif, un pays fortement décentralisé.

L'ESPRIT DE LA CONSTITUTION DE 1875

En France, le Président de la République exerce un droit considérable, que les souverains d'Angleterre n'exercent plus depuis George Ier et qui étonne nos voisins d'Outre-Manche : il préside le Conseil des ministres. Il y a là autre chose que la coutume, il y a le caractère, l'autorité personnelle de l'homme. Tel Président, Jules Grévy, par exemple, qui n'avait jamais été ministre, sut exercer sur le Conseil une influence décisive. Il laissait d'abord parler les ministres, écoutant sans rien dire, puis, sous couleur de conclusion, résumait le débat, et glissait avec tant de finesse et une si forte dialectique son opinion, qu'à la fin, il la faisait le plus souvent accepter.

« Le Président de la République peut, sur l'avis conforme du Sénat, dissoudre la Chambre des députés avant l'expiration légale de son mandat. » Or, dès l'origine, au lendemain même du vote de la Constitution, comme on le verra plus loin, l'exercice de ce droit allait être faussé. En Angleterre, la responsabilité ministérielle ne s'entend pas sans la consultation populaire ; la dissolution de la Chambre des Communes est un élément essentiel du système ; elle est la forme régulière de l'appel au pays, non par oui ou par non, ce qui est un piège, ou sur le nom d'un homme, ce qui est une équivoque, mais sur une question de politique ou de législation, sur la direction générale des affaires. Ce n'est, chez nous, qu'un acte ministériel, puisque chacun des actes du Président de la République doit être contresigné par un ministre. A la différence de l'Angleterre, la Constitution de 1875, par défiance du pouvoir personnel, exige, pour la dissolution, l'assentiment du Sénat, ce qui complique les choses, puisque cette condition suppose une discussion préalable. Enfin, avec des législatures de quatre ans, l'exercice du droit de dissolution est plus difficile : il faudrait des législatures un peu plus longues, comme en Angleterre. « La faculté de dissolution, a dit Waldeck-Rousseau, est pour le suffrage universel, non une menace, mais une sauvegarde. » Ce n'est pas dans l'intérêt des gouvernements qu'elle a été prévue, c'est dans l'intérêt de la nation.

La Constitution de 1875 n'était pas sortie tout armée du cerveau d'un homme, elle n'était pas l'œuvre d'une conception *a priori* ; elle était sortie lentement, péniblement des circonstances, des entrailles de la réalité ; elle fut la résultante d'une série de luttes, d'un conflit de forces contraires. Ces éléments opposés, qui auraient dû faire sa faiblesse, ont fait sa force, comme les pierres d'une voûte, en l'entraînant vers sa chute, la consolident. De même, la Constitution américaine a été un compromis entre fédéralistes et unitaires. Comme la nôtre, elle a été un contrat, un traité, un traité de paix. Elle a été l'œuvre d'adversaires résignés et de partisans à demi découragés de la forme de gouvernement qu'il s'agissait d'établir. Ce ne fut, là-bas aussi, qu'après une longue série de sacrifices mutuels, que les partisans de la prérogative des États d'une part, et, d'autre part, les admirateurs des institutions anglaises finirent par se mettre d'accord sur un texte qui ne les satisfaisait complètement ni les uns ni les autres. Et qui sait? c'est peut-être pour cela, parce que cette Constitution, au lieu d'éclore en un jour du cerveau d'un homme ou de la théorie d'une École, est sortie de la force des choses, de la nécessité historique, c'est peut-être pour cela qu'elle a duré et qu'elle s'est prêtée ensuite, avec une élasticité surprenante, aux développements les plus imprévus de cette gigantesque démocratie.

En Amérique comme chez nous, de grands exemples d'abnégation furent donnés par des hommes que leurs services eussent pu rendre plus obstinés. Franklin, comme Gambetta, aurait voulu autre chose; la Constitution, pour lui, n'était pas assez démocratique. A l'inverse, Hamilton déclarait qu'elle l'était trop. Ils la votèrent cependant. Washington doutait qu'elle pût réussir. Personne ne croyait au succès. Mais ils ne voulaient pas risquer de perdre le pays en le livrant à l'anarchie. « Essayons, disait noblement Franklin; à force de bon vouloir, nous en corrigerons les défauts. Pour moi, j'accepte cette Constitution, parce que je n'en espère point de meilleure. Je sacrifie au bien public l'opinion que j'ai de ses défauts. Je n'en ai jamais murmuré un mot au dehors. C'est dans ces murs que sont nés mes doutes, c'est dans ces murs qu'ils doivent mourir. »

L'Assemblée de Versailles vit des renoncements aussi cruels et aussi honorables. Et qu'était-ce donc que ce douloureux compromis, sinon l'aboutissement d'un siècle d'essais manqués, de perpétuels changements, d'incessantes révolutions? Qu'était-ce donc, sinon la résultante de toutes les expériences contradictoires où notre pays s'était débattu depuis un siècle?

L'ESPRIT DE LA CONSTITUTION DE 1875

Avait-elle duré, cette Constitution de 1791, qui essayait de combiner le pouvoir d'une Assemblée unique avec le veto royal sans la responsabilité des ministres, qui ne mettait le dernier mot nulle part et qui faisait dire à Washington : « Si j'ai bien compris la nation française, il y aura beaucoup de sang versé, et un despotisme plus rude que celui qu'elle se flatte d'avoir anéanti » ? Avait-elle duré, cette Constitution de 1793, qui avait abouti à la tyrannie des comités, au gouvernement des assemblées primaires, au plébiscite ou à l'insurrection ? Avait-elle duré, cette Constitution de 1795, organisme hybride, compliqué, Constitution de la peur ? Et la Constitution de l'an VIII, avec ses trois Consuls ? Et le Consulat ? Et la dictature napoléonienne ? Et la Constitution du 6 avril 1814, rappelant le roi, et celle du 4 juin, avec le cens ? Et l'acte additionnel du 22 avril 1815, qui laissait, lui aussi, en suspens la question du dernier mot — on le vit bien en 1830 ? — Et la charte de 1830, — encore le cens ? — Et la Constitution de 1848, ce redoutable « tête-à-tête », suivant le mot de Tocqueville, plaçant en face l'un de l'autre deux pouvoirs rivaux, l'un qui avait le droit, l'Assemblée, l'autre qui avait la force, le Président, et destiné, celui qui avait le droit, à succomber sous celui qui avait la force ? Avait-elle duré, cette Constitution de 1852, où l'empereur, soi-disant responsable devant la nation, ne l'était pas en fait, et où, si le Corps législatif voulait changer de politique, il ne pouvait changer de ministres, de sorte que la volonté d'un seul menait tout et pouvait tout perdre ? Avait-il duré, enfin, « l'Empire libéral » ? La Constitution de 1875 profita de toutes ces expériences malheureuses.

Deux livres publiés sous le second Empire eurent sur les dispositions de l'Assemblée nationale une profonde influence : les *Vues sur le gouvernement de la France*, par le duc Victor de Broglie, et *la France nouvelle*, par Prevost-Paradol. Le livre du duc Victor de Broglie, écrit en 1861, tiré à quelques exemplaires, saisi par la police, ne parut qu'en 1870 ; le livre de Prevost-Paradol en 1868. C'est là que se fit l'éducation politique de la génération qui devait réaliser la Constitution de 1875. Ni l'un ni l'autre n'insistent sur la nature même du régime. Écoutez Victor de Broglie : « Tranchons le mot : une république qui touche à la monarchie constitutionnelle, une monarchie constitutionnelle qui touche à la république et qui n'en diffère que par la constitution et la permanence du pouvoir exécutif, c'est la seule alternative qui reste aux amis de la liberté. Toute autre république, c'est la Convention, toute autre monarchie c'est l'empire. » Il ajoutait : « Il sera sage de préférer la république à la guerre civile ». Le premier, il indiquait, dès 1861, l'opinion tant répétée par Thiers : « Ce sera le gouvernement qui divise le moins ». Il se montrait surtout hostile à une restauration légitimiste : « La pire des révolutions, disait-il, c'est une restauration ».

Et Prevost-Paradol : « Nous cherchons ici des institutions qui puissent s'accommoder également de la forme monarchique et de la forme républicaine, leur unique objet étant d'assurer la liberté dans la démocratie ». L'auteur de *la France nouvelle* disait : « L'influence prépondérante (ou, si l'on veut, le dernier mot en cas de conflit) étant ainsi réservé à l'Assemblée populaire avec l'unique restriction du droit de dissolution attribué au pouvoir exécutif, cette influence s'exercera de trois manières : par le vote du budget, par le vote des lois, par le renouvellement des ministères ». Il réclamait ainsi, pour l'Assemblée législative élue directement par le suffrage populaire, ce qu'il appelait « le pouvoir du dernier mot ».

Démocrate, libéral, parlementaire, le régime représentatif adapté au suffrage universel, voilà bien les idées que Thiers reprit en 1871, que Casimir Perier condensa dans sa proposition, puis Laboulaye, qui lui-même avait défendu ces idées en 1863 dans son livre *le Parti libéral* et au tome III de son *Histoire des États-Unis* (1866) et Wallon, enfin Gambetta et les républicains qui vinrent coopérer au vote des lois constitutionnelles. Avant tout, la peur du bonapartisme qui essayait de renaître, le souvenir des désastres, la haine de la dictature sous toutes ses formes, dictature d'un homme ou dictature d'une Assemblée, voilà ce qui était au fond de leur esprit. Pour ces monarchistes constitutionnels déçus comme pour ces républicains résignés, il s'agissait de prendre des précautions contre une menace possible de pouvoir personnel et de sauvegarder la liberté politique. En votant la Constitution de 1875, l'Assemblée nationale voulut prévenir le retour des malheurs d'où elle était née. Division dans le pouvoir législatif ; unité et responsabilité dans le pouvoir exécutif ; au sommet, une autorité unique — ce dont la Révolution n'avait pas voulu — mais non héréditaire; à la base, le suffrage universel, dont l'Assemblée nationale elle-même tenait son pouvoir; la dualité des Chambres, comme en Angleterre, comme en Amérique, comme dans tous les grands États républicains ou monarchiques; la responsabilité des ministres, solidaire en certains cas, individuelle en d'autres; l'appel à la nation en cas de différend entre le ministère et la Chambre : voilà ce qui émergeait de tant de naufrages. Cette Constitution, d'ailleurs, n'était point rigide, elle restait toujours revisable.

Gambetta, à peu près seul alors, crut à la durée de cette charte, — transaction, non seulement entre les thèses constitutionnelles qui s'affrontaient dans l'Assemblée, mais entre les systèmes constitutionnels qui s'étaient affrontés depuis près d'un siècle, — et il vit juste. Mais il ne prévoyait pas que ceux-là même qui auraient mission de l'appliquer en altéreraient les principes. Les inconvénients dont la France allait souffrir pendant quarante ans — et d'abord l'instabilité ministérielle : quelle entreprise humaine pourrait réussir avec de perpétuels changements? — ces maux ne sont pas tous inhérents à la Constitution; ils proviennent souvent, au contraire, d'infractions à la lettre ou à l'esprit de la Constitution.

Les démocraties modernes, jusqu'à présent, n'ont trouvé, pour se gouverner, que deux systèmes : dans les États fédératifs le système américain, et dans les États centralisés le régime parlementaire, mais le régime parlementaire avec ses lois vitales, ses règles essentielles. Les chapitres qui suivent seront la démonstration de ces vérités. Après une expérience de quarante-cinq ans, la France devra rechercher par quels moyens, interprétation ou législation — ou les deux, — il lui faudra, en marquant mieux la séparation des pouvoirs, corriger les abus et rétablir le système faussé. Il faudra remplir ce devoir avec beaucoup de prudence, de soin, de science, en se défiant de l'incompétence, des improvisations hâtives, de la logique abstraite, des thèses *a priori* qui nous ont coûté si cher, et de l'esprit d'aventure. En tous cas, les meilleurs textes ne sauraient suffire; il faut les mœurs, le bon sens, la raison des hommes.

Gambetta, comme Mirabeau, fut un orateur enflammé et un puissant réaliste; mais Mirabeau disait (14 février 1790) : « Je suis indigné à l'idée que je n'aurai contribué qu'à une vaste démolition »; Gambetta, lui, put se rendre cette justice, qu'il avait édifié un ordre de choses nouveau. Si l'institution d'une seconde Chambre s'est acclimatée dans la France républicaine, c'est à lui d'abord qu'on le doit. Et si la République a pu vivre, c'est grâce à l'institution de la seconde Chambre. Il avait vu clairement les causes des échecs de l'idée républicaine dans le passé; au lieu de théories et d'abstractions, il apportait une politique pratique, efficace. Son art fut d'introduire dans les esprits et dans les mœurs, à travers le scepticisme universel, cette grande nouveauté. Après la République de 1792 et celle de 1848, qui avaient péri presque aussitôt, il a fondé une République qui dure depuis près d'un demi-siècle et qui a résisté au plus profond bouleversement des âges. Par là, il occupe une place unique dans l'histoire des idées politiques en France.

QUATRIÈME PARTIE

PREMIERS PAS DE LA RÉPUBLIQUE PARLEMENTAIRE

(1876-1882)

CHAPITRE XIV

LES IDÉES DE GAMBETTA SUR LA POLITIQUE INTÉRIEURE ET EXTÉRIEURE

LES ÉLECTIONS DE 1876 ‖ GAMBETTA MÈNE LA CAMPAGNE : SES DISCOURS, SES IDÉES ‖ GAMBETTA PRÉSIDENT DE LA COMMISSION DU BUDGET ‖ SES VUES SUR LA POLITIQUE EXTÉRIEURE, D'APRÈS DES LETTRES INÉDITES.

LES élections sénatoriales étaient fixées au 30 janvier, les élections législatives au 20 février. Le ministère Buffet était divisé : Dufaure et Léon Say inclinaient vers la gauche, Buffet vers la droite; il commença par interdire les réunions publiques et les banquets.

Gambetta, à Aix, le 18 janvier, fait l'éloge de la Constitution : elle pourrait bien être la meilleure, étant la plus pratique qu'on ait encore préparée pour notre pays. Le Sénat, dont on avait rêvé de faire le geôlier morose et soupçonneux de la démocratie, deviendra le gardien intelligent de la paix intérieure. Il répète aux républicains : C'est le Sénat qui sera votre refuge et votre ancre de salut. Vous avez accueilli cette institution avec réserve et méfiance, vous commencez à la pratiquer avec un peu plus de confiance. Laissez s'écouler quelques années, et je vous prédis qu'alors nous défendrons tous le Sénat de gaîté de cœur.

Il trace les grandes lignes d'un programme « conservateur » : On est conservateur quand on veut une société sans privilège, telle que l'a organisée le code civil; on est conservateur quand on veut la liberté de conscience telle qu'elle est sortie de la *Déclaration des Droits de l'Homme*; on est conservateur quand on veut la liberté de penser, comme la liberté de prier, le respect de l'enfant, le respect de la mère et du père de famille, sous la protection des lois égales pour tous, quand on veut que chaque Français ait sa part des charges et sa part d'avantages, de garanties. Il appelle, une fois encore, ceux qui devraient se rallier : Vous pouvez prendre dans cette République un rôle immense, parce que vous avez les loisirs de la fortune, l'éducation et l'influence sociale. Venez avec nous, nous vous assurerons un rang, un honneur, une force qui vous permettront d'exercer vos aptitudes au bénéfice de tous. Enfin, il se tourne vers le maréchal et s'efforce de le rassurer, de le gagner, lui aussi : On nous représente au premier magistrat de la République comme des révolutionnaires. Nous réduirons à la confusion nos détracteurs. Il faudra bien alors que, de tous côtés et surtout dans les sphères élevées du pouvoir, on reconnaisse qu'on risquerait de méconnaître une force nationale, en tenant plus longtemps en suspicion les hommes et les populations dévoués à l'ordre républicain.

Après les élections, le Sénat était ainsi composé : centre gauche : 84; gauche républicaine : 50; extrême gauche : 15; constitutionnels : 17; centre droit et droite modérée : 81; extrême droite : 13; bonapartistes : 40. — Et maintenant, aux élections législatives!

Thiers étant empêché par l'âge, Gambetta seul est sur la brèche. Il parcourt tout le pays, portant, avec une inépuisable éloquence et un sûr coup d'œil, des paroles de confiance et de mesure.

A Lille (6 février), après avoir évoqué la mémoire de Faidherbe, il fait l'éloge du Sénat tel qu'il est sorti des récentes élections. « D'aucuns pourront trouver qu'il n'est pas assez avancé. Quant à moi, je le trouve rassurant. Il remplira sa véritable fonction, il sera le modérateur des pouvoirs publics. » Il faut maintenant compléter la victoire en élisant à la Chambre des républicains, des démocrates : « Ce qui constitue la vraie démocratie, ce n'est pas de reconnaître des égaux, c'est d'en faire ». Soyons libéraux. « Par libéral, j'entends un homme acquis à la liberté de conscience sous toutes ses formes, respectueux de tous les cultes, professant pour toutes les religions une même estime, libre, dans son for intérieur, de suivre telle ou telle religion ou de les décliner toutes, respectueux des ministres des divers cultes. Par libéral, j'entends aussi celui qui est disposé à ne pas tolérer qu'un clergé quelconque devienne, dans l'État, un parti politique. J'entends que l'Église reste l'Église. Là est le péril non seulement français, mais européen. » Enfin, il revient à la grande idée, en la voilant de prudence : « J'espère qu'un jour, rien que par l'ascendant du droit, nous retrouverons, pour l'équilibre de l'Europe et le triomphe de la justice, nos frères séparés ».

Le 9 février, il est à Avignon. A Cavaillon, on lui lance des pierres, on ne le laisse pas parler. Le 13, il est à Bordeaux, où il évoque les jours tragiques de 1870 et son programme de 1871 : car partout déjà, en la vie si courte de cet homme, l'histoire de la France, qui se confond avec elle, se lève sous ses pas. Il montre que la séparation de l'Église et de l'État, l'impôt sur le revenu, la liberté de la presse, de réunion et d'association existent déjà ailleurs ; pourtant, il ne demande pas la réalisation immédiate de toutes ces réformes : « Je me garde de dire que vos représentants les accompliront pendant leurs quatre années de législature ; je ne le crois pas, et si vous voulez toute ma pensée, je ne le veux pas ».

Le 15 février, à Paris : « L'ère des périls est close ; l'ère des difficultés commence. Vainqueurs dans la lutte électorale, ayant la majorité dans les Assemblées, on va nous demander, et avec raison, la preuve que nous savons gouverner. C'est maintenant qu'il faudra se surveiller soi-même et ne jamais aventurer un pas sans avoir bien reconnu la solidité du terrain, sans avoir assuré ses derrières. Cette politique, *la politique des résultats*, est la seule conforme aux intérêts de la démocratie. Je suis d'une école qui ne croit qu'au relatif, à l'analyse, à l'observation, à l'étude des faits, d'une école qui tient compte des milieux, des tendances, des préjugés et des hostilités même, car il faut tenir compte de tout : les paradoxes, les sophismes pèsent autant que les vérités dans la conduite des hommes. »

Certains républicains commençaient à trouver ce langage trop timide. Alfred Naquet, concurrent de Gambetta à Marseille, réclamait une Assemblée unique, révoquant à son gré le pouvoir exécutif, l'appel direct au peuple comme en 1793, l'élection des juges, la suppression des armées permanentes. Gambetta et ses amis, disait-il, sont dans l'ornière constitutionnelle, qu'ils y restent; mais il faut constituer en dehors d'eux un groupe d'avant-garde, de combat démocratique.

Le 20 février, sur 533 sièges, les républicains en emportaient 300, — 40 au centre gauche, 180 à la gauche, 80 à l'extrême gauche; — les constitutionnels libéraux, 20; les orléanistes, 45; les légitimistes, 20; les bonapartistes, 50. Dans 105 circonscriptions, il y avait ballottage. Les centres étaient broyés. Les chefs de la droite, le duc Decazes, Target, Baragnon, de Carayon-Latour, Cazenove de Pradine, étaient presque tous écartés. Le premier ministre, Buffet, était battu dans les quatre circonscriptions où il s'était présenté; Gambetta était élu à Paris, Marseille, Lille et Bordeaux; Thiers à Paris. Parmi les nouveaux élus républicains, Georges Clemenceau et Charles Floquet (qui avaient donné leur démission en 1871), Spuller, Liouville, Albert Joly, Devès, Antonin Proust, Allain-Targé, Émile Deschanel, Menier, Jean-Casimir Perier, Raspail, Marcellin Pellet, Constans, Émile Loubet, Armand Fallières. Les chefs conservateurs se consultent. Buffet conseille la résistance; le duc de Broglie est d'un autre avis : mieux vaut laisser à la Chambre le temps de se discréditer par ses excès. Cet avis prévaut.

Le 28, entre les deux scrutins, Gambetta, à Lyon, met de nouveau l'opinion en garde contre les complications possibles au dehors. Le clergé était l'appui naturel du parti conservateur : péril pour l'un et pour l'autre. La question religieuse avait un aspect européen. Bismarck, engagé dans le kulturkampf, et l'Italie, qui venait de consommer son unité, ne se souciaient pas de voir la droite triompher en France. « Nous n'avons rien à attendre de l'esprit de cosmopolitisme et de prosélytisme à outrance. C'est la politique du second Empire qui nous a conduits à la triste situation extérieure où nous sommes. Il faut que la République française soit considérée non seulement par les peuples, mais par les gouvernements de l'Europe, comme un gage de paix et de salut général. »

Nouvel appel à l'Élysée : « A l'intérieur, la France a voulu assurer une majorité qui ne sera pas une majorité d'opposition, mais une majorité de gouvernement. Le Président de la République peut être assuré que ce ne seront pas les républicains qui mettront en question les pouvoirs qu'il tient du pacte fondamental. Nous voulons la Constitution, toute la Constitution. Elle est notre garantie, notre force.... » Il redouble de modération; il multiplie ses appels aux conservateurs, il les supplie de prendre, dans le régime nouveau, la place que leur assignent leur tradition, leur culture, leur crédit. « Puisque nous sommes les plus forts, nous devons être modérés. La politique (de demain) doit être la même que celle qui a fait la Constitution. Il ne faut pas tenir rigueur aux libéraux qui s'entêtaient dans la politique des classes dirigeantes. S'ils viennent à nous, il faudra les accueillir, leur ouvrir nos rangs et leur dire : Tant mieux! Venez exercer la légitime influence qui vous appartient. Quand on est aux prises avec l'adversaire, quand on lutte pour conquérir la position qui vous est due, alors on peut se livrer à tous les éclats de la passion; mais, dès qu'on est vainqueur, il faut se surveiller doublement, car, comme disait un ancien, il y a quelque chose de plus difficile à supporter que l'adversité, c'est la bonne fortune. »

Aux ballottages, 49 sièges allèrent aux conservateurs et 56 aux républicains. Au total, la Chambre comptait environ 340 républicains, dont 98 d'extrême gauche, 194 de gauche, 48 du centre gauche, et 22 constitutionnels.

Le 8 mars, eut lieu la transmission des pouvoirs. Jules Grévy fut élu président de la Chambre et le duc d'Audiffret-Pasquier président du Sénat.

La victoire de son parti ne cachait pas à Gambetta le péril extérieur. Le 3 mars 1876, il écrit à Ranc, réfugié à Bruxelles après une condamnation à mort par contumace (*inédit*) : « Je suis affolé, je vous l'avoue, par les luttes incessantes de nos questions personnelles, d'intérêts particuliers, ce qui me paralyse pour faire mieux pour le pays. Il serait temps d'y

(193)

penser! Dans quel état d'anarchie nous sommes! Désorganisés en tout! Pendant ce temps, l'Allemagne se fortifie ainsi que Bismarck, et remarquez que chaque signe de son ascension correspond à une faute de notre diplomatie. Nous restons à la merci d'un incident. Que deviendrions-nous si nous ne savions pas l'éviter, pas plus que nous n'avons su éviter le piège de la dépêche d'Ems falsifiée?

« Un autre piège que le chancelier prépare, c'est la tentative essayée par le journaliste Muller, son homme à tout faire, qui expose dans divers journaux et dans diverses publications les principes d'une paix perpétuelle possible entre les États. Cette conception de rapports de concorde des États entre eux lancée par Bismarck est monumentale, d'autant plus que, pendant ce temps, l'instituteur allemand en Alsace-Lorraine tient surtout rôle de gallophobie, désigne à la jeunesse allemande la jeunesse française comme odieuse, immorale, comme méritant de disparaître du genre humain, d'être anéantie comme l'ennemie héréditaire. Toutes les jeunesses ont la sympathie de l'Allemand, sauf la jeunesse française.

« Je ne vois qu'un seul moyen, ne pouvant pas nous fortifier à outrance et si nous voulons éviter la terrible mêlée qui se prépare, c'est de faire connaître au peuple cette conception pacifiste qui, chez le chancelier, bien entendu, n'est qu'un piège. Il peut y avoir encore plus fort que cette volonté de fer, c'est la volonté des masses :... les autres peuples se révolteront-ils contre cette barbarie? »

Duclerc essaye de rapprocher Gambetta du maréchal; mais le soldat a sa consigne : ne pas laisser passer les « radicaux »; c'est pour lui une question d'honneur. Suivant le conseil de Broglie, il fait appeler, pour succéder à Buffet, Dufaure, vieux sanglier, de mauvaise rencontre, aux rudes coups de boutoir, qui apportait au pouvoir, avec ses soixante-dix-huit ans, une sobre et forte éloquence, une impitoyable logique, une intégrité proverbiale.

Gambetta préconise le groupement de toutes les forces républicaines. Il a mené les républicains unis dans la bataille, il voudrait les maintenir unis dans la victoire. « L'idée fait les partis, écrit-il à Ranc; l'intérêt fait les groupes. » Mais Jules Ferry fait prévaloir une autre opinion : pour rester unis, unis

LES IDÉES DE GAMBETTA

sans trompe-l'œil, il faut rester distincts ; ce n'est pas là diviser le parti, c'est le fortifier en le classant ; la discipline, sans laquelle le système parlementaire n'est que hasard et anarchie, ne s'apprend et ne se consolide que dans les groupes séparés, limités, homogènes ; les transactions entre les extrêmes ne s'opèrent que par l'action des éléments intermédiaires. C'était procéder par étapes et retarder l'heure que Gambetta voulait hâter.

Gambetta, à cet instant, ne comptait peut-être pas assez avec la résistance des hommes et des choses. Le génie, en politique, est une longue patience ; la fortune ne la lui a pas apprise. Agir, ne pas agir ; parler, se taire : l'attente, le silence, il ne les connaissait guère. Tout lui avait réussi, même la défaite. Parce qu'il mène le mouvement, parce qu'il parle seul, ou à peu près, parce qu'il est acclamé et qu'il commence à devenir le chef de la majorité dans le pays, il se voit déjà le chef de la majorité dans le Parlement, d'une majorité compacte, unie, mettant la République en œuvre, en action. Cela, ce sera l'avenir. Mais que d'obstacles à vaincre encore ! La route n'est pas libre : il y a, dans ce grand parti républicain, des nuances qui ne consentent pas à se fondre, des origines, des tempéraments divers, et aussi des ambitions, des amours-propres, qui ne sont pas d'humeur à abdiquer, enfin ce désir de *différer*, qui tient si fort au cœur de certains hommes publics. Il y a Thiers, dont la vieillesse avive l'ambition. Il y a Grévy, aussi réservé et froid en apparence, que Gambetta est expansif et ardent. Il y a Jules Ferry, qui ne se soucie pas de se laisser absorber. Il y a l'extrême gauche, qui trouve que Gambetta devient trop temporisateur. Il y a le Sénat, où l'Assemblée nationale se survit, non seulement en la personne de son président, d'Audiffret-Pasquier, sorte de tribun aristocratique, d'humeur indépendante, tout nerfs et vif-argent, non seulement dans la droite, mais aussi dans la gauche, Jules Simon, souple, câlin, félin, avec ses griffes toujours prêtes. Il y a l'Élysée, en défiance, le maréchal, fidèle à « la défense des intérêts conservateurs », et que le duc de Broglie continue d'inspirer, ce monde où les hommes de la gauche se sentent dépaysés et comme des intrus. Gambetta, alors, se découvre trop : il n'est pas accoutumé aux vents contraires ; voici les récifs, les écueils ; il laisse percer sa mauvaise humeur ; il donne barre sur lui.

GAMBETTA

A ce moment-là, il ne représente pas encore vraiment la moyenne du pays; son influence, discutée, n'est pas encore prépondérante; il n'est pas aussi fort qu'il le sera quelques mois plus tard, lorsque ses adversaires, en l'opposant au maréchal, l'auront grandi et auront ravivé sa popularité. Il a beau se faire très modéré, très souple, très accueillant, son programme, où la séparation de l'Église et de l'État figure encore, au moins à l'horizon, devance la masse de la nation et du parti républicain; c'est le programme du lendemain, du surlendemain — il est obligé lui-même de le reconnaître, — non celui du jour.

Il doit se contenter de la présidence de la commission du budget (2 avril). Le tribun, à qui ses adversaires reprochaient d'être vide, déclamatoire, va mettre la main aux affaires, manier les réalités, pénétrer les détails. Il va droit aux choses militaires; il se préoccupe d'améliorer la condition des officiers, des sous-officiers, des soldats; il devient le *debater* de l'armée; et il fait adopter par la commission un projet d'impôt sur le revenu.

Mais il regrette de ne pouvoir agir, surtout au dehors. Bismarck avait riposté au vote de la Constitution, à la consolidation de la République et à la promulgation de la loi des cadres par une nouvelle menace; l'Angleterre et la Russie avaient paré le coup. Le péril était écarté pour un temps. L'empereur Guillaume disait : « C'est déplorable, voilà Thiers qui s'unit à Gambetta, on ne peut pas le comprendre ». Gambetta voudrait profiter de l'accalmie pour adopter une ligne suivie. Il déplore l'incompréhension de la France, tout absorbée par ses luttes intérieures. Il a toujours les yeux fixés sur l'Europe. Il voudrait une diplomatie prévoyante, agissante.

Dès 1874, il traçait, dans une lettre à Mme Adam, l'avenir des peuples yougo-slaves, « pour le jour où il faudra prendre, étreindre le monstre germanique entre les Latins et les Slaves. C'est en mettant notre main dans la main des Slaves du Sud et du bas Danube, que nous préparerons la victoire contre la Babel germanique. Ils se préparent, ces vigoureux Serbes, à jouer le rôle de Piémontais d'Orient.... Quand ils auront fait la Slavie du Sud, les Prussiens... auront vécu comme dictateurs de l'Europe. »

En même temps, avant l'alerte de 1875 et l'intervention du

tsar en faveur de la France, il tournait les yeux vers l'Autriche ;
il espérait pouvoir la détacher de la Prusse : « Vous croyez à la
Russie, écrivait-il à Ranc (3 mai 1874, *inédit*), vous penchez
pour amener une alliance avec elle ; or, en confidence, laissez-
moi vous dire ma pensée, qui est tout autre : essayer de détacher
l'Autriche des liens qui vont se resserrant avec la Prusse ».

Sur le principe des nationalités, qui, appliqué à la lettre,
ferait voler en éclats des nations telles que la Belgique et
la Suisse et mettrait à notre flanc un empire de cent millions
d'âmes, son opinion, depuis 1863, n'a pas changé : « Il nous faut
retarder de vingt ans, croyez-le, l'avènement du principe des
nationalités avec toutes les suites qu'il comporte,... du principe
des nationalités destructeur de tous les équilibres et germe
nouveau de complications dans les relations entre les États....
C'est l'équilibre européen tel que les diplomates l'ont conçu à
la fin du XVIIIe siècle, avant la Révolution, que je préfère.... Il
faudrait préparer les deux pays à une alliance franco-autrichienne. » — C'était l'idée que, dès 1715, Louis XIV indiquait au comte de Luc, son ambassadeur à Vienne, idée
reprise par Bernis et Choiseul. — « On pourrait rappeler à
l'Autriche sa rivalité avec la Prusse à travers toutes les guerres
de la Révolution et de l'Empire, en dépit des alliances, des
traités et de leurs intérêts communs.... »

Il ajoutait, dans une autre lettre inédite : « Il se forme en
Autriche, pour s'opposer à la Prusse, un parti de tendance
sympathique à la France. Et ce m'est un grand déchirement,
de voir notre politique dédaigner cette voie de salut. Une
alliance franco-autrichienne éviterait peut-être la guerre et
serait, en tout cas, le seul moyen de s'opposer d'une manière
efficace aux désirs de conquêtes de la Prusse.... Par notre
faute, nous verrons l'Autriche combattant avec la Prusse
contre nous ! Quelle sombre inquiétude m'assaille sur l'avenir,
pour ces générations que nous voudrions épargner ! »

L'année suivante, au moment de l'alerte, il écrit à Ranc :
« Le falsificateur de la dépêche d'Ems va tenter une autre
trahison. Mais notre sang-froid, notre possession de nous-
mêmes nous éviteront de tomber dans le même piège qu'en
1870.... Bismarck a su transformer l'Allemagne divisée et
impuissante en un grand empire discipliné et fort. Il a été pour
nous et pour lui-même moins bien inspiré en exigeant l'an-

GAMBETTA

nexion de l'Alsace et de la Lorraine, germe de mort pour son
œuvre. A une époque de civilisation raffinée comme la nôtre,
on ne conquiert pas les peuples malgré eux. La conquête morale
n'a jamais suivi la conquête matérielle. Et là, en Alsace-
Lorraine, les populations annexées, formées par ce qu'il y a
de plus chevaleresque, de plus séduisant dans la culture
française, résistent aux attraits de la germanisation, attraits de
brutalité, d'esclavage servile, qu'elles ne comprennent pas. Plus
on leur parle de la supériorité de la grande Allemagne, plus
elles regrettent ce qu'elles ont perdu. Les Allemands ont
meurtri le cœur de l'Europe. Tant qu'ils n'auront pas réparé
cette faute, personne ne déposera les armes. La paix du
monde, si nécessaire à tous les peuples, restera toujours à la
merci d'un incident. »

L'attitude de l'Autriche, de plus en plus inféodée à l'Allemagne, l'oblige à évoluer vers la Russie. Et il prévoit à
longue distance, il souhaite un rapprochement entre la Russie
et l'Angleterre :

« ... Les rêves politiques de la Russie vont être entravés
par l'Autriche, qui prend dès maintenant une attitude hostile.
Elle influe sur la Roumanie. Voyez-vous par la suite l'Autriche
s'allier à la Roumanie et à la Turquie contre la Russie ? Quel
conflit ! Le prince de Galles le prévoit pourtant. Il ne partage
pas l'hostilité d'une partie de la nation anglaise contre la
Russie. Il s'oppose de toute sa jeune autorité à l'application
des mesures qui pourraient lui être préjudiciables. Je sens en
lui l'étoffe d'un grand politique. Il blâme l'attitude d'un trop
grand nombre à l'égard du chancelier, qui n'adoucit, lui,
pour personne son arrogance. Je souhaite que la Russie ait
pour ennemis nos ennemis. Il est clair que Bismarck veut
s'allier aux Autrichiens. Il faut donc que la Russie s'aperçoive
que nous pourrions être ses alliés. Avant qu'il soit longtemps,
je vois la Russie et l'Angleterre être avec nous, pour peu que
nous ayons une politique intérieure convenable. »

Il indique dès lors toute l'importance de la question roumaine : « Il est impossible de comprendre l'évolution de la
question d'Orient, d'où découlera peut-être la solution de la
question franco-allemande, sans songer à la Roumanie. La
question roumaine est une question d'ordre européen. »

« Les Autrichiens, écrit-il encore à Ranc, le 2 juin 1875

(*inédit*), lassent de plus en plus les contrées qu'ils occupent. On dirait qu'un pressentiment secret les avertit qu'ils n'y sont que campés et qu'ils en seront bientôt expulsés. Ils épuisent le pays, alors que leurs armées, en se retirant, font un désert des régions qu'elles abandonnent. Ce sont les Hongrois qui font naître la question roumaine par la violence de leur gouvernement. C'est le chauvinisme de la race magyare qui la crée. Il est impossible d'imaginer une évolution quelconque de la question d'Orient sans avoir à tenir compte de la Roumanie menacée dans toute guerre d'Orient, soit d'une invasion russe si l'Autriche-Hongrie conserve la neutralité, soit d'une occupation austro-hongroise. La question roumaine est donc un élément constitutif de la question orientale. »

Le 20 mars 1876, à Ranc (*inédit*) : « La Roumanie est en voie de conclure avec la Russie une alliance militaire. Nous devrions nous occuper de cela et exprimer à ces deux nations nos sympathies secrètes pour cet accord encore secret. Mais qui s'occupe en France de politique extérieure? Or, suivre la Russie dans l'avenir et suivre la Roumanie constitue pour nous un intérêt capital. J'imagine, à l'Est de l'Europe, un remaniement de frontières qui permît de réunir tous les Roumains en royaume de Roumanie. Par tous les Roumains, je veux dire ceux de Bukovine, de Hongrie, et même de Serbie, ceux de Macédoine aussi. »

Il montre les fautes commises par la diplomatie européenne en Hongrie et le danger du rapprochement entre Budapest et Berlin : « De tout temps, la Hongrie a eu son organisation particulière. Les États qui administraient ce pays en étaient plus les maîtres que les souverains. Le joug des Allemands leur était odieux. Ils auraient saisi avec enthousiasme l'occasion de le secouer, mais il n'aurait pas fallu leur imposer un souverain étranger. Si Napoléon avait garanti aux Hongrois leur indépendance, il eût suffi de les laisser agir, ils se fussent affranchis eux-mêmes. Et ainsi nous n'aurions pas eu sans doute 70, *et nous n'aurions pas l'immense guerre qui se prépare....* »

Au même, le 25 mai (*inédit*) : « Comment faire comprendre aux républicains que ces luttes intestines nous empêchent de fixer la frontière? X... et Z... même ont des visières. Hors leur politique habituelle, il est inutile de rien leur demander. Et nous, quelle alliance recherchons-nous? Que faisons-nous pour nous entendre avec la Russie, avec l'Angleterre? »

En septembre, il fait un voyage en Allemagne. Il en revient convaincu que l'armée allemande est plus forte, plus redoutable que jamais : « Il faut se tenir tranquille, dit-il, et s'occuper surtout du budget de la guerre ».

Il écrit à Ruiz, son correspondant à Rome, le 2 novembre 1876 : « L'idée fondamentale de Bismarck est de pousser l'Autriche sur le Danube ».

A Ranc, le 10 février 1877 (*inédit*) : « Une note de chancellerie prussienne, dont je vous ferai tenir le texte dès que possible, veut rejeter dans les pays slaves la dynastie des Habsbourg pour la dresser en face de la Russie. Voilà notre rôle tout tracé : suivre les destinées de la Russie, nous associer à ses horizons, *les modifier au besoin*. D'un autre côté, l'Allemagne gardera la suprématie dans l'alliance avec l'Autriche jusqu'au jour où le poids de sa brutalité provoquera, je l'espère, une réaction. Indiquer aux Habsbourg que les Hohenzollern se servent d'eux pour affermir la constitution de l'unité allemande, quel homme en France pourrait faire cela?... Je voudrais tant réaliser mon ambition pour la grandeur de notre pays : conclure un accord franco-russe; dissoudre l'alliance Habsbourg-Hohenzollern; rapprocher l'Italie de la France. Le capital serait d'isoler la dynastie terrible et menaçante des Hohenzollern. Celle des Habsbourg subit son joug le sourire aux lèvres, mais le cœur oppressé.... Tout, en Roumanie, hait le Hongrois et le Magyar. Malgré cette haine, la Roumanie oscillera entre les puissances germaniques et la Russie et indirectement avec la France (*sic*). Serons-nous seulement témoins du drame qui se prépare?... »

Un peu plus tard, il ajoute (*inédit*) : « Le chancelier a su persuader à l'Italie que ses intérêts étaient ceux de l'Allemagne; mais nous pouvons lui dessiller les yeux. Dès maintenant, l'Allemagne va s'opposer à la réalisation de ses ambitions. L'Italie en aura du dépit. Nous pourrons alors en profiter et la détacher des puissances germaniques. Une association des races latines pourrait dès maintenant se constituer avec trois sièges, Rome, Paris, Madrid.... »

Enfin, il écrit à Ruiz, le 17 janvier 1878 (*inédit*) : « Pour nous, la paix reste notre règle. Un jour viendra où nous

Cl. Hachette.

LA TRIBUNE DE LA CHAMBRE DES DÉPUTÉS

D'après une photographie.

trouverons la bonne occasion. Nous ne rentrerons dans l'action extérieure que pour rétablir l'ordre et le droit en Europe. Jusque-là, il nous suffira de maintenir l'union entre les races sœurs et de développer nos forces. »

Ainsi, conflagration européenne tôt ou tard inévitable; besoin de l'Allemagne de se servir de l'Autriche comme d'un instrument de pénétration et de conflit; entente à prévoir entre l'Autriche et la Turquie; d'autre part, alliance indispensable de la France, de l'Angleterre et de la Russie; importance de la question d'Orient, d'où découlera peut-être la solution de la question franco-allemande; groupement des peuples latins — France, Italie, Espagne, Roumanie, — et des peuples slaves; effort énergique pour séparer Vienne de Berlin : tel est le programme, — reflet des entretiens et de la correspondance de Chaudordy, — que Gambetta, en ces mois de 1876 et 1877, confie à ses amis; programme de clairvoyance et de sagesse, indiqué, commandé par la géographie et par l'histoire, mais auquel personne, alors, autour de lui, ne paraît songer, la France étant toute à ses querelles intérieures. C'était la grande formation politique que la logique des choses devait réaliser quarante-deux ans plus tard. On verra comment, dans ses déclarations publiques, il sera obligé d'y apporter des atténuations qui ne seront pas toujours comprises.

Au même moment, plusieurs hommes de gauche, au risque de paralyser le réveil de nos forces, demandent une réduction de la durée du service militaire; Gambetta, d'accord avec Thiers, s'y oppose. Son premier souci, depuis 1870, était de rendre à la France son rang en Europe : de là sa ténacité à obtenir de notre peuple les sacrifices nécessaires aux progrès de l'armée.

CHAPITRE XV

LE SEIZE MAI

MINISTÈRE JULES SIMON ‖ LES 363 ‖ LA BATAILLE ‖ MORT DE
THIERS ‖ LES ÉLECTIONS DU 14 OCTOBRE 1877 ‖ CHUTE DE
BROGLIE ‖ LÉONIE LÉON.

CEPENDANT le Cabinet Dufaure, pris entre la Chambre et
le Sénat, était tombé; le maréchal avait fait appeler
Jules Simon. Le 3 avril, devait se réunir à Paris une
assemblée générale des comités catholiques; le gouvernement
fit savoir qu'il n'autorisait pas cette réunion, alors illégale (la
loi de séparation n'avait pas encore donné aux évêques et aux
catholiques la faculté de se réunir librement). On ne tint pas
compte de cette décision, et l'on adressa au pape une Adresse
ainsi conçue : « En réclamant l'indépendance de son ministère,
Votre Sainteté défend la cause de tous les peuples catholiques
et particulièrement celle de la France, fille aînée de l'Église ».
Puis, on rédigea une pétition aux pouvoirs publics : « En
présence de la situation si grave dans laquelle se trouve la
papauté, les soussignés vous demandent d'employer tous les
moyens qui sont en votre pouvoir pour faire respecter l'indépendance du Saint-Père, etc. ». L'évêque de Nevers somma le
maréchal de « rompre toute solidarité avec la révolution italienne » et communiqua officiellement sa lettre aux maires et
aux juges de paix de son diocèse, les invitant à se concerter
avec lui « pour faire prévaloir ces vues dans les conseils du
pays ». Jules Simon blâma les pétitions et les mandements.

Le Ier mai, interpellation de tous les groupes de gauche.
Jules Simon défend le gouvernement italien : « Il n'est pas

exact que le pape est prisonnier ; ces déclarations réitérées sont,... dirai-je, fausses? dirai-je, mensongères? Je me borne à dire qu'elles sont étrangement exagérées. » Et il donne lecture de la loi des garanties.

Gambetta répond (4 mai) : « Il ne s'agit pas de religion, il s'agit de politique; on fait brèche à l'État au nom de la religion. Ceux qui mènent l'assaut contre les institutions sont à la tête des associations catholiques. » Il cite un bref du pape attribuant à un prélat, chancelier de l'université catholique de Lille, le pouvoir de « conférer des grades et même de déléguer ce droit ». Il demande l'observation des lois qui ont été appliquées par M. de Vatimesnil, par Mgr de Frayssinous, par le gouvernement de Charles X, par le gouvernement de Louis-Philippe, par l'Empire. « Proclamez donc qu'à vos yeux, il n'y a que la République qui ne soit pas en état de légitime défense : dites-le, ayez ce courage! » Enfin, la péroraison fameuse, le cri de ralliement dans la bataille : « Il y a une chose qui, à l'égal de l'ancien régime, répugne à ce pays, c'est la domination du cléricalisme. Je ne fais que traduire les sentiments du peuple de France en disant ce qu'en disait un jour mon ami Peyrat : Le cléricalisme, voilà l'ennemi! » — Le « cléricalisme », c'est-à-dire l'immixtion du clergé dans les luttes politiques, cette action parfois intempestive dont les hommes de droite eux-mêmes avaient eu à se plaindre, comme on l'a vu au cours de ce récit. Que de fois Gambetta n'avait-il pas fait la distinction entre la religion et l'intervention du clergé dans les affaires politiques! Que de fois n'avait-il pas professé son respect pour la liberté de conscience, pour la liberté des cultes, pour le clergé national! Mais, en ces grandes batailles, les cris et les coups portent souvent au delà du but et risquent d'atteindre même les non-belligérants. Les partis ont intérêt à grossir les choses. Les conservateurs, mal engagés, disaient qu'on déclarait la guerre aux croyances; les ennemis des croyances n'étaient pas fâchés de cette interprétation, et des croyants se sentaient meurtris. Ainsi, toujours, en notre pays, les extrêmes s'attirent, s'aimantent, s'excitent l'un l'autre.

Un député signale un article publié, la veille, dans *la Défense* de Mgr Dupanloup, affirmant que Jules Simon avait été mis en demeure de rompre avec la gauche, et il communique l'article au président du Conseil. Alors, Jules Simon : « Mon honneur est engagé, puisque l'auteur de l'article suppose que, quand je viens parler à cette tribune, je n'y viens pas exprimer mes opinions, mais obéir à un ordre donné à ma parole et à ma conscience. Il ne faut pas savoir ce que c'est qu'un honnête homme » — il déchire, jette à terre, piétine le journal qu'il avait à la main — « pour venir contester l'honneur, la véracité d'un homme qui, depuis quarante ans, a exprimé hautement son opinion sur tous les sujets et proclamé la vérité telle qu'il la voit, quelles que puissent être les conséquences.... » Puis, essayant de garder les avenues de l'Élysée : « On a fait intervenir dans cet article le nom respecté de M. le Président de la République. Eh bien! il y a là une calomnie pour lui comme il y en a une pour moi. Le respect profond que, malgré les dissentiments politiques, j'ai toujours professé pour le caractère de M. le maréchal Président de la République n'a cessé de s'accroître depuis que j'ai l'honneur de le voir de plus près, et je saisis cette occasion qui m'est offerte de dire quelle respectueuse admiration m'inspire de jour en jour davantage sa conduite politique. »

Les gauches déposent cet ordre du jour : « La Chambre, considérant que les manifestations ultramontaines, dont la recrudescence pourrait compromettre la sécurité intérieure du pays, constituent une violation flagrante des lois de l'État, invite le gouvernement, pour réprimer cette agitation anti-patriotique, à user des moyens légaux dont il dispose... ». Le mot « confiance » ne figurait pas dans le texte. Gambetta appuie l'ordre du jour. Jules Simon demande la « confiance »; il ne peut l'obtenir. L'ordre du jour est voté par 346 voix contre 114.

Le pape Pie IX s'en prit, moins à Gambetta, qu'à Jules Simon, moins au discours de Jules Simon, qu'à sa réplique. Il dit, le 11 mai, à un pèlerinage français venu à Rome : « Si nous jetons les yeux sur l'Europe, il y a bien peu à espérer. Qu'espérer, en effet, quand on a le courage de donner un démenti formel aux paroles du pape et de dire qu'il est un menteur (c'était le mot : « mensongères » prononcé par Jules Simon, qui était directement relevé). Un tel langage est tout à fait inconvenant; il n'est pas digne des gouvernements catholiques. »

Le journal ultramontain allemand la *Germania* insistait, quelques jours après : « Le pape ne pouvait pas tolérer que le président du Conseil lui donnât un démenti, et il est décidé à agir. Le nonce a reçu l'ordre d'informer le maréchal de Mac-Mahon que le Vatican était résolu à rompre toutes relations avec la France, si M. Jules Simon restait ministre. » Et ce journal ajouta : « Le pape a parlé, il a été obéi ». Il y eut, en effet, à la suite de ces événements, un échange de lettres entre le Vatican et le maréchal.

Celui-ci était ulcéré ; son entourage ne pouvait plus attendre : les conseils municipaux dans toutes les communes, la moitié des conseils généraux et des conseils d'arrondissement dans tous les départements devaient être renouvelés cette même année 1877, et le tiers du Sénat un peu plus tard : on avait encore des armes dans les mains, il fallait s'en servir. Le premier prétexte serait saisi.

5 mai, débat sur la loi municipale. L'effort principal porte sur la publicité des séances, qui est votée. Jules Simon, souffrant, n'intervient pas. 15 mai, discussion de la loi sur la presse. La droite défend le maintien de la juridiction correctionnelle pour les délits de presse. Elle somme Jules Simon de s'expliquer ; celui-ci fait une allusion discrète à la situation difficile où le met l'attitude du maréchal. Par 377 voix contre 55, la loi est abrogée.

Le lendemain, Jules Simon reçoit du maréchal la lettre fameuse où le Président reproche à son ministre de n'avoir pas combattu ces deux mesures : « Cette attitude du chef du Cabinet fait demander s'il a conservé sur la Chambre l'influence nécessaire pour faire prévaloir ses vues. Une explication à cet égard est indispensable : car si je ne suis pas responsable, comme vous, envers le Parlement, j'ai une responsabilité envers la France, dont, aujourd'hui plus que jamais, je dois me préoccuper. »

Jules Simon se rend chez le maréchal pour lui porter sa démission. Le maréchal lui dit : « Nous ne pouvons plus marcher ensemble. J'aime mieux être renversé que de rester sous les ordres de M. Gambetta. » Et il décide de faire appel au pays en demandant au Sénat la dissolution.

L'acte du 16 mai 1877, s'il n'était pas illégal, fut, à proprement parler, un coup d'État parlementaire, parce qu'il était dirigé contre un Cabinet qui avait la majorité dans les deux Chambres et parce que la lettre du Président n'était pas contresignée par un ministre responsable. La Constitution, dès le début, était faussée. Au lieu de l'appel normal au pays, suivant la méthode anglaise, la France se trouvait en présence d'un acte de pouvoir personnel que la Constitution n'avait certainement pas prévu.

Jules Simon, faisant, longtemps après, un vif et spirituel éloge du maréchal de Mac-Mahon, a écrit : « J'ai un grief contre lui. En me renvoyant le 16 mai, il a violé à la fois les règles du gouvernement parlementaire et celles de la politesse. Je ne lui reproche que le second délit, qui reste pour moi incompréhensible. »

Étranger à la politique, le maréchal de Mac-Mahon y porta toute la loyauté de son caractère et les vertus de son métier. Sous l'Empire, revenant d'Italie couvert de gloire, il avait parlé au Sénat contre la loi de Sûreté générale. Il était gallican. Mais le héros de Malakoff et de Magenta était plus habile à manier une armée qu'un mécanisme constitutionnel. Un militaire à la tête de la politique, des civils se mêlant de conduire les armées : deux erreurs fatales.

Ainsi, au moment où, déjà, les républicains se divisaient, leurs adversaires les ressoudaient.

La réunion plénière que Gambetta avait inutilement conseillée l'année précédente se forma d'elle-même, cette fois, devant le péril. Il y exhorta les républicains au sang-froid et fit adopter un ordre du jour rappelant les vrais principes du gouvernement parlementaire. Il écrit, le soir même : « La guerre est déclarée; on nous offre la bataille. Nos positions sont inexpugnables; nous occupons les hauteurs de la loi. »

Le lendemain, à la Chambre, point de ministère. Une note affirme que le maréchal est « fermement résolu à réprimer les menées ultramontaines ». — « Mais nous ne demandions pas autre chose! » s'écrie Gambetta. Puis, il rend hommage au patriotisme et à la loyauté du Président de la République : « Restez dans la Constitution, lui dit-il, et dédaignez les avis perfides de conseillers que vous ne retrouveriez pas à l'heure des dangers qu'ils auraient déchaînés. Prenez garde que, derrière des calculs de dissolution, le pays ne cherche d'autres calculs et ne dise : la dissolution c'est la préface de la guerre!

Criminels seraient ceux qui la poursuivraient dans cet esprit! »

« La dissolution, préface de la guerre! » Ce mot lui fut vivement reproché. Certes, il est toujours déplorable de mêler l'étranger à nos luttes. Ce n'était pas la première fois, hélas! au cours de notre histoire, que ce fait se produisait; lui-même l'avait blâmé. Ces détestables querelles ont éclaté dans tous les temps et dans tous les pays. Les partis sont impitoyables. La vérité est que Bismarck, engagé dans sa lutte à outrance contre les catholiques et la papauté, appréhendait l'établissement en France d'un régime qui leur eût donné un appui. L'Italie était dans le même cas : le voyage du roi Victor-Emmanuel à Berlin avait été décidé dès le lendemain de l'entrevue de Frohsdorf. On s'alarmait naturellement à Rome de toutes les manifestations en faveur du rétablissement du pouvoir temporel. Le 19 mai, le préfet des Alpes-Maritimes signalait une concentration de troupes et de matériel à Vintimille, et les journaux officieux au delà des Alpes annonçaient la formation d'un grand parc d'artillerie à Plaisance et l'armement de Spezzia; simples moyens d'intimidation peut-être, mais dont il était impossible de ne pas tenir compte.

Le maréchal rappelle le duc de Broglie et ajourne les Chambres pour un mois, ce qui donne aux républicains le temps de s'organiser. Le président Grévy dit à la Chambre : « Restez dans la légalité. Restez-y avec sagesse, avec fermeté, avec confiance. »

Les gauches délibèrent. « Il faut, dit Gambetta, qu'on sache que nous sommes le parti républicain tout entier réuni dans la défense des libertés politiques. » — Un député : « Comme les 221! » — Gambetta : « Ce souvenir de la Restauration est juste, car nous avons devant nous des prétentions qui rappellent celles de Polignac ». Spuller rédige un manifeste : « Dans cinq mois au plus, la France aura la parole; elle ne se démentira pas. La République sortira plus forte que jamais des urnes populaires. » Les signataires sont 363.

Gambetta écrit à Ruiz, à Rome, le 21 mai (*inédit*) :

« Nous avons au maximum cinq grands mois à perdre; mais il y a une consolation : le maréchal perd trois ans de pouvoir. Je compte, en effet, que, la question de sa chute désormais posée, nous pourrions bien d'ici quelques mois voir le Congrès lui donner un successeur. Mon choix est fait, et je suis résolu, pour rompre le calcul de mes adversaires qui croient faire un coup de maître en posant le dilemme entre le maréchal et moi, à produire au bon moment la candidature de Grévy. J'aurai par là l'avantage de me désintéresser de la lutte, de diriger l'opinion vers une solution impersonnelle et, si je réussis, d'en finir avec le pouvoir militaire et d'assurer dans la République l'esprit civil. Le danger ne viendrait pas d'un coup de force que je crois impossible pour bien des raisons, mais de l'étranger qui nous épie et qui peut vouloir profiter de notre désarroi politique et militaire. Je ne peux mesurer d'ici les desseins de l'Allemagne, mais j'en crains tout. L'ambition qui l'anime peut la mener promptement à tenter une terrible partie. »

A l'étranger, la nouvelle de l'acte du 16 mai était défavorablement accueillie, surtout en Allemagne et en Italie. Il n'inspirait qu'un médiocre enthousiasme au comte de Paris, au duc d'Aumale, au prince de Joinville et à leurs amis, le duc d'Audiffret-Pasquier, etc. Les bonapartistes poussaient au coup d'État. Comme on envisageait, devant le comte de Paris, l'hypothèse d'un coup de force, il s'écria : « S'il le faut, je prendrai un fusil pour défendre la Constitution et les libertés de mon pays ! » (*Souvenirs d'Estancelin et de M. Limbourg.*) Les conservateurs clairvoyants ne croyaient pas au succès. Taine écrivait : « Plus je réfléchis à la dernière démarche du maréchal, plus je la trouve imprudente. C'est la charge de Reichshoffen après la bataille perdue. Les élections lui renverront une Chambre aussi radicale ou encore pire. Il n'aura qu'à donner sa démission. Je vois, dans quatre mois, Gambetta Président de la République. » (21 mai.)

Le gouvernement organise dans tout le pays la candidature officielle, rappelle le personnel administratif et judiciaire du 24 mai, menace de révocation les petits fonctionnaires suspects d'attachement à la République, organise la surveillance des cafés et des cabarets, supprime les autorisations de colportage, invite les tribunaux à poursuivre la presse républicaine, interdit aux représentants de l'armée d'assister au banquet de Hoche et essaye d'entraver la propagande des gauches par parole et par écrit.

Gambetta réunit les directeurs politiques des grands journaux de Paris, Émile de Girardin, Adrien Hébrard, Jourde,

Jules Bapst, Edmond About, Auguste Vacquerie, et crée avec eux un comité de résistance et de propagande. Le salon de Mme Adam est un foyer où se pressent les vétérans de la République et le parti nouveau groupé autour de lui. Il y rencontre Edmond de La Fayette, Lasteyrie, Duclerc, de Marcère, Lesseps, et nombre d'hommes politiques étrangers.

Il entre en campagne. Le 9 juin, il parle à Amiens, où les souvenirs de l'invasion remuent tous les cœurs : « Le pays est sûr de lui, mais ceux-là ne sont pas sûrs d'eux, qui ont tenté l'aventure! Il n'est pas un commerçant, pas un usinier, pas un homme d'affaires qui n'ait été immédiatement indigné et frappé et qui ne se soit demandé si ces prétendus conservateurs n'étaient pas des fauteurs de désordres perpétuels. »

Le 10 juin, à Abbeville, il montre la gravité de ce fait : l'apparition du pouvoir personnel dans la Constitution républicaine. Il flétrit ceux qui poussent à un coup d'État : « Qui donc sont-ils, ceux qui osent mêler le nom de l'armée et les intérêts sacrés qu'elle représente à je ne sais quelle infâme combinaison? »

Le 16 juin, le maréchal adresse au Sénat un message pour demander la dissolution. A la Chambre, Fourtou, ministre de l'Intérieur, prend l'offensive. Après avoir lu la profession de foi de Gambetta en 1869 : « Il faudrait, s'écrie-t-il, ou désorganiser le pays, ou manquer à ses engagements : voilà l'alternative! C'est le maréchal qui sauve la Constitution en empêchant la Convention. Nous sommes la France de 1789 se dressant contre la France de 1793. Vous avez beaucoup promis au pays : où sont vos œuvres? » Mais un mot malheureux va désarçonner le fougueux ministre en son élan : « Vous n'avez pas craint d'ajouter, poursuit-il, que l'acte du 16 mai était une menace pour la paix extérieure, oubliant que les hommes qui sont au gouvernement aujourd'hui sortaient des élections de 1871, qu'ils avaient fait partie de cette Assemblée nationale dont on peut dire qu'elle a été la pacificatrice du pays et la libératrice du territoire.... » A ces mots, Gambetta se lève et désignant, de sa main étendue, Thiers : « Le libérateur, dit-il, d'une voix vibrante qui remplit toute la salle, le libérateur du territoire, le voilà! » La gauche se lève, répétant le même geste, la même parole. Sur les deux tiers des gradins, les députés sont debout; le cri est répété vingt fois, les tribunes applaudissent, les spectateurs crient à leur tour. Le président Grévy, immobile, la figure tournée vers Thiers, paraît le saluer également. Thiers demeure assis au milieu des bancs de la gauche; la tête baissée, les yeux à demi fermés et mouillés de larmes, les mains croisées sur la poitrine, il se laisse bercer par cette ovation soudaine, tandis que, à la tribune, Fourtou, impassible en apparence, reste interdit et sans voix. — « Le libérateur du territoire, le voilà! » Réplique à « fou furieux »! Belle vengeance!

Gambetta répond. Au milieu d'un effroyable tumulte, il lutte pendant trois heures. Il n'est jamais plus fort que dans le fracas des batailles. Il trouve peu respectueux pour le maréchal de l'opposer, lui, Gambetta, au Président de la République. Puis, au milieu de scènes de violence et d'une agitation extraordinaire, il parle de la situation en Italie. On lui crie : « Vous n'avez pas le droit de faire intervenir l'étranger dans nos discussions! » Il riposte : « Nous avons le droit et le devoir de faire savoir au delà des Alpes que si, par un accident passager, le gouvernement de la France peut tomber entre des mains suspectes, la nation les désavoue ». Et enfin : « Nous partons 363, nous reviendrons 400! » Un ordre du jour de défiance contre le ministère est adopté par 363 voix contre 158.

Au Sénat, le duc de Broglie soutient le projet de dissolution : « Le suffrage universel aura à choisir entre le maréchal de Mac-Mahon et le dictateur de Bordeaux ou l'orateur de Belleville, contenant à peine les masses frémissantes du radicalisme et le soulèvement des nouvelles couches sociales ». Ainsi, ses adversaires s'ingénient à le grandir.

Les sénateurs les plus modérés viennent combattre la dissolution : « Vous avez prémédité cette partie, s'écrie René Bérenger, et vous la perdrez. Vous faites les affaires des violents, et les modérés crient avec colère que vous détruisez leur œuvre. » Et Laboulaye : « On va faire un plébiscite. Il sera posé dans ces termes : le maréchal ou la République. Mais ce mot : « maréchal » voudra dire tout ce qui n'est pas la République. Vous ne pouvez pas réussir; on ne défend pas un gouvernement sans nom, sans idées communes; c'est une chimère.... Vous vivez dans le monde des salons. Les salons ont été, de tout temps, des conseillers détestables, des clubs à rebours et vivant en dehors de la réalité. Vous ne réussirez pas, et vous aurez

placé le maréchal entre une humiliation et une abdication. »
149 voix contre 130 accordent la dissolution au gouvernement.
Le 25 juin, le président Grévy, avant de donner connaissance
à la Chambre du décret de dissolution, lui adresse ces paroles :
« Le pays, devant lequel elle va retourner, lui dira bientôt que,
dans sa trop courte carrière, elle n'a pas cessé un seul jour de
bien mériter de la France et de la République ».

Gambetta écrit à Ruiz (*inédit*) : « La situation est nette;
le maréchal est acculé à une impasse : céder ou partir. Je crois
bien qu'on a déjà regret de la folle aventure. Nos adversaires
commencent visiblement à dessiner un mouvement de recul.
On répète de leur côté, sur tous les tons, que tout ce qui
s'est passé n'a d'autre but que de maintenir la Constitution, la
paix, et même, Dieu me damne! la liberté de penser. On
tâtonne, on hésite. Les partis ultras sont déjà mécontents, le
ministère se divise. Il y a ceux qui voudraient pousser la crise
jusqu'à l'emploi des moyens violents; il y a ceux qui voudraient négocier, replâtrer la situation et échapper aux terribles redditions de comptes qui se préparent. Quoi qu'il
arrive, l'issue du débat n'est pas douteuse : nous sortirons
vainqueurs de l'épreuve. »

La bataille commence. Gambetta proclame l'union de tous
les républicains, depuis Thiers et Dufaure jusqu'à Victor
Hugo et Louis Blanc. Le 15 août, à Lille, il lance le dilemme
prophétique dont les deux termes devaient se réaliser l'un
après l'autre : « Quand la France aura fait entendre sa voix
souveraine, il faudra se soumettre ou se démettre ». Toujours
ces mots à l'emporte-pièce, ces formules saisissantes, qui
résument une situation, deviennent des mots d'ordre et se
fixent dans la mémoire des hommes. Lamartine a dit de Mirabeau : « Ses mots retentissants deviennent les proverbes de la
Révolution ». On pouvait dire de Gambetta que ses mots
retentissants devenaient les proverbes de la République.
Jamais ce grand entraîneur d'hommes ne montra plus de
vigueur.

Le gouvernement décide que des poursuites seront exercées
contre l'orateur pour injures au maréchal. *Le Soleil*, organe
des princes d'Orléans, dit : « On a eu tout le désavantage de
ce discours, on aura tout le désavantage du retentissement du
procès ». Gambetta est condamné par défaut à trois mois de

GAMBETTA

prison et 2 000 francs d'amende. Mais il traîne si bien l'affaire, que la nouvelle Chambre se réunira et l'inviolabilité parlementaire le couvrira avant que la peine devienne exécutoire.

Thiers se rapprochait de plus en plus de Gambetta. Il se proposait, une fois revenu à la Présidence de la République, de l'appeler au pouvoir et de « le présenter à l'Europe ». Mais la mort le surprit le 3 septembre. A cette nouvelle, Gambetta pousse un cri de douleur : « Il faut toute la confiance que m'inspire la fermeté de la France pour ne pas frémir devant les conséquences de cette terrible aventure. Quel coup de foudre ! J'attendais M. Thiers ce soir à cinq heures ; il m'a fait prévenir qu'il était indisposé et, à six heures et demie, il était mort !... » Paris fit à l'ancien Président de splendides funérailles. « Jamais je n'aurais osé rêver un triomphe aussi éblouissant. J'ai assisté à la plus magnifique cérémonie du siècle, qui en a vu tant et de si grandioses. Cette population vient d'assurer le triomphe de notre cause et de signifier aux rêveurs de coup d'État leur impuissance et bientôt leur congé. Quoi de plus surprenant et de plus rassurant tout ensemble, que cette foule passionnée du peuple de Paris, bombardé, mitraillé par M. Thiers il y a six ans, puis trouvant dans sa raison et son patriotisme le courage d'amnistier le vainqueur et de lui décerner l'apothéose ? »

La liste des candidatures officielles s'élaborait avec peine : les candidats de « l'affiche blanche » comptaient 240 bonapartistes, 98 légitimistes et 27 orléanistes. Le 19 septembre, le maréchal lance un manifeste : « Des élections hostiles aggraveraient le conflit. Mon devoir grandirait avec le péril. Je ne saurais ni devenir l'instrument du radicalisme ni abandonner le poste où la Constitution m'a placé. Je resterai pour défendre, avec l'appui du Sénat, les intérêts conservateurs. »

Les élections sont fixées au 14 octobre. Le clergé se jette dans la mêlée. Le gouvernement est obligé de lui faire recommander le silence par les préfets (circulaires du 3 et du 6 octobre). 613 conseils municipaux sont dissous ; 1 743 maires et 1 334 adjoints révoqués ; 344 cercles, sociétés, comices dispersés ; 2 067 débits fermés ; 4 779 fonctionnaires déplacés, 1 385 révoqués ; 421 poursuites sont intentées pour délits de presse, 849 pour délits de colportage, 216 pour délits de librairie, 170 pour cris séditieux; les condamnations, amendes et frais montent à 1 034 353 francs et à 46 ans 3 mois et 16 jours de prison. Fourtou croit à la victoire. Broglie dit : « Le silence du pays m'effraye ». Ce fils, ce petit-fils d'ennemis de l'Empire est entraîné, par crainte de la démocratie, aux procédés de l'Empire. Mais, dans cette voie, il faut aller jusqu'au bout, ou périr.

Devant cette « orgie administrative » (John Lemoinne, *Journal des Débats*), Gambetta, orateur de la résistance légale, tacticien consommé, organise la défense républicaine comme il a organisé la défense nationale. Présence d'esprit, fertilité de ressources, éloquence flexible et chaude, il a tous les dons, il anime tout de sa flamme, il remue le pays dans ses profondeurs. En même temps, il donne l'exemple de la discipline et du désintéressement. Au cirque du Château-d'Eau, devant 7 000 électeurs, il pose la candidature de Grévy à la Présidence de la République : « Cet homme si justement respecté à cause de son passé si pur, de sa conscience droite, modèle de modération et de sagesse, de fidélité et d'honneur... ». Il raille ceux qui disent à la France, en parlant de l'ancien président de l'Assemblée, que c'est un inconnu pour elle : « Dans ce poste élevé, il était le premier des Français, le dépositaire de la souveraineté nationale. Traduisez votre victoire en l'appelant à la première magistrature du pays. » Lui, le chef, il se subordonne, avec noblesse, au grand républicain qu'il place devant lui : « Je reste dans le rang, sans vouloir m'élever au-dessus des hommes qui ont consacré toute leur vie à notre parti ».

Le 14 octobre, 317 républicains sont élus, dont 293 appartenant aux 363; 199 conservateurs, dont 99 légitimistes, 44 bonapartistes, 56 orléanistes. Dans le *Journal des Débats*, le comte de Montalivet relève les traits de similitude entre l'élection des 221 et celle des 363 : mêmes fautes de la part des gouvernements, — restés fidèles, d'ailleurs, à la lettre de la Constitution, — même réponse du pays.

Le 26 octobre, Gambetta dit à Château-Chinon : « On comprend ce qu'auraient été des élections faites sans entraves, sans pression ». Il fait appel aux huit millions d'agriculteurs qui tiennent entre leurs mains les destinées de la patrie : « Ceux qui ont jeté la France dans des aventures, ce n'est pas nous; ceux qui rêvent la domination d'un seul, ce n'est pas nous. » Puis, le *leitmotiv* sur la religion et le clergé, écho, à six ans, à cinq ans de distance, des discours de Picardie, de Saint-Quentin et de Savoie : « On dit que nous avons inventé le spectre clérical; je n'ai jamais attaqué la religion ni ses ministres quand ils se sont renfermés dans leur domaine religieux, moral; mais j'ai combattu et je combattrai les hommes qui veulent faire un instrument de domination et de règne de ce qui ne devrait être qu'un moyen de consolation et d'assistance ».

Après les ballottages, la Chambre comptait 326 républicains et 207 députés de droite. Les républicains perdaient 37 sièges; ils conservaient une majorité de 119 voix.

Le maréchal, vaincu, veut alors se retirer; Fourtou aussi; Broglie les en empêche; il se sait perdu, mais il entend, courageusement, affronter la dernière bataille.

La gauche propose la nomination d'une commission d'enquête sur les actes des ministres. Voici Broglie et Gambetta aux prises et, avec eux, deux mondes, deux âges. Corps à corps émouvant et superbe entre l'aristocratie et la démocratie. Broglie, du haut de son illustre lignée, avec son air altier, son dédain de la foule, son style châtié, mais son geste sec, sa voix ingrate, sans chaleur, sans grâce; l'autre, tout en feu, tout bouillonnant de sève plébéienne, avec ses incorrections, ses grondements de colère et d'ironie et son geste qui balaye tout : quelque opinion qu'on ait sur les hommes et sur les choses, de telles rencontres, à ces hauteurs, sont l'honneur d'un pays et d'un temps.

Broglie repousse du pied l'enquête. Il refuse la qualité de juge à un « nouveau comité de salut public ». Il réclame la responsabilité et l'honneur de la lutte. Il relève l'accusation : le Seize Mai, c'est la guerre. « Inquiéter l'étranger sur les dispositions de la France, ensuite intimider la France par la menace de l'étranger, voilà l'opération tout entière. J'en ai honte pour mon pays! »

Gambetta le prend de haut, lui aussi; on a rabaissé ce grand débat à une sorte de duel entre le maréchal et lui : « Non! non! un tel plébiscite ne pouvait se faire, je n'en réclamerai ni l'honneur ni l'indignité... ». Dédain pour dédain : « Vous n'êtes pas un homme de votre temps, monsieur le duc;

vous êtes resté un ennemi de la démocratie, un aristocrate; vous avez apporté ici, avec votre élégance de grand seigneur, des épigrammes longuement préparées; mais vous ne nous avez pas dit comment M. le duc de Broglie, jadis adversaire des candidatures officielles, s'est fait l'exécuteur des volontés du parti bonapartiste, empruntant à ce parti ses plus détestables procédés, essayant de se faire un nom parmi les plus habiles opérateurs électoraux du bas Empire ! »

Le duc de Broglie veut résister, s'appuyer sur la droite du Sénat contre la majorité de la Chambre. Mais le président du Sénat, d'Audiffret-Pasquier, déclare inconstitutionnelle une interpellation sur un acte de la Chambre; les orléanistes se montrent peu disposés à la résistance; le comte de Paris et le duc d'Aumale, qui n'avaient jamais été chauds pour le Seize Mai, ne se soucient guère d'encourager une nouvelle aventure. Le 20 novembre, les ministres donnent leur démission. Alors, le maréchal, après avoir essayé un Cabinet extraparlementaire sous la présidence du général de Rochebouët, avec lequel la Chambre refuse d'entrer en relations, se résigne à faire revenir Dufaure.

Le 7 janvier, à Marseille, Gambetta rappelle ses déclarations de 1869 : « Je suis un homme de gouvernement, non un homme d'opposition; car un an de pouvoir est plus fécond que dix ans d'opposition héroïque. Il s'agit de doubler, en janvier 1880, le cap des élections sénatoriales : jusque-là, pas de témérités, pas de dissidences, pas de fautes! Faisons une halte et restons campés sur les positions conquises. »

En février, Pie IX meurt. Dans une lettre intime, Gambetta écrit : « Aujourd'hui sera un grand jour, la paix venue de Berlin et peut-être la conciliation faite avec le Vatican. On a nommé le nouveau pape : c'est cet élégant et raffiné cardinal Pecci, évêque de Pérouse, à qui le vieux pape Pie IX, jaloux, avait essayé, en mourant, d'enlever la tiare en l'instituant camerlingue. Cet Italien, plus diplomate que prêtre, est passé au travers de toutes les intrigues des jésuites et des clergés exotiques : il est pape, et le nom de Léon XIII qu'il a pris me semble du meilleur augure. Je salue cet événement plein de promesses. Il ne rompt pas ouvertement avec les traditions et les déclarations de son prédécesseur; mais sa conduite, ses actes, ses relations vaudront mieux que les discours, et, s'il ne meurt pas trop tôt, nous pouvons espérer un mariage de raison avec l'Église. »

Gambetta savait bien que le Concordat de 1801, ce Concordat dont il avait demandé l'abrogation en 1869 et en 1872 encore, n'était pas éternel, que l'œuvre de Bonaparte ne pourrait pas durer sous la République. Mais aussi, il avait trop le sens, le goût de l'autorité, pour ne pas vouloir tenir, dans une certaine mesure, le clergé. Il savait que toujours, et même en régime de séparation, l'État et l'Église se rencontrent en plusieurs domaines, soit au dedans, soit au dehors. Il se rendait compte que la lutte religieuse, si elle maintenait l'unité de son parti, divisait la nation et que, pour la cause suprême, l'unité de la nation était le salut. Il envisageait donc un nouvel arrangement avec Rome. Il rêvait de négocier avec Léon XIII, comme il avait négocié avec les orléanistes pour faire la République, comme il avait négocié avec les républicains de la veille pour leur faire accepter le Sénat, comme il avait négocié avec les légitimistes et même avec les bonapartistes pour évincer les orléanistes des sièges de sénateurs inamovibles, comme il négociait maintenant avec ses électeurs de Belleville pour leur faire accepter la politique moyenne de la France. Il était l'homme de la tractation, du compromis, de la *combinazione*; il était né diplomate. Il était compliqué; il y avait même parfois quelque ruse en lui : « Quel métier que le mien ! Il me faut les tromper tous pour les mieux servir ! »

Cette lettre sur Léon XIII était adressée à une femme qui, depuis plusieurs années, lui avait inspiré une passion profonde et qui avait lié sa vie à la sienne. Avant la guerre, le jeune orateur l'avait aperçue au Corps législatif; après la guerre, il l'avait revue à l'Assemblée nationale. Léonie Léon était la seconde fille d'un officier qui avait servi à Strasbourg auprès du duc d'Orléans. Elle était catholique, catholique pratiquante. Elle ne demandait qu'à vivre ignorée, dans l'ombre de son amant et pour lui seul. Mais elle n'abdiquait pas pour cela, elle ne se confondait pas avec lui. Elle le modère, le contient, l'avertit. Chez lui, c'est amour de cœur et d'esprit, de passion et de raison tout ensemble. Il lui écrit chaque soir, livrant, en ces épanchements intimes, tous ses actes, toutes ses pensées. Il prend ses conseils, lui soumet tout ce

MADAME LÉONIE LÉON

D'après un dessin de Corabœuf. (Collection de M. Francis Laur.)

qu'il fait, tout ce qu'il dit. Cette jeune femme, fine, douce et volontaire, sut prendre sur la conduite de Gambetta une influence toujours croissante.

Un certain nombre de ses lettres a été publié dans la *Revue de Paris* (1er, 15 décembre 1906, 1er janvier 1907). Celles de 1882, à la veille de la mort, sont aussi brûlantes que celles de 1873 (les premières sont de février 1873). Cette correspondance forme le roman le plus passionné. En voici quelques traits :

1874. — « Nos âmes n'ont jamais été plus à l'unisson, et je savoure à longs traits l'amour tel que l'ont rêvé de tout temps les plus nobles esprits de l'humanité. Toi seule, entre toutes les femmes, as pu me transporter sur ces sommets éblouissants de la passion et de la communion des intelligences. »

17 août 1875. — « Tu es pour moi le conseiller toujours clairvoyant et ferme; aussi haut, aussi profondément que j'analyse les circonstances de ma vie depuis que la fortune nous a unis, je te rencontre toujours comme l'inspiratrice de mes meilleures actions, et je t'aime comme autrefois les Grecs éclairés devaient aimer leur génie familier, leur Minerve personnelle. Que de fautes tu m'as évitées! Que de bonnes paroles tu as fréquemment mises sur mes lèvres! Que d'impatiences et de colères tu as su m'épargner! De toutes ces saines influences, je te bénis en mon cœur. »

Mars 1876. — « Je te dois le meilleur de mes triomphes, et je sens au fond de mon cœur que je ne peux les compléter, les poursuivre que sous ton aile. »

23 mai 1876 — « Tu es ma patrie intellectuelle et morale. J'ai tellement pris l'habitude de consulter l'oracle, que je ne peux plus rester loin de lui. Il y a maintenant dans mon amour une grosse part de fétichisme, dont il faut s'accommoder. »

2 juillet 1876. — « Ce que tu as d'efficace et de divin, c'est de me retenir au devoir, de me ramener à l'action, et c'est dans ces reprises de courage que je sens la solidité et le prix de ta tendresse. »

Et ces cris de vérité humaine, ces émotions complexes, qui jettent des lueurs profondes sur sa vie : 27 janvier 1877 — « Celui-là n'a pas connu la véritable ivresse du triomphe politique, qui ne l'a pas savourée dans l'amour. Quelle supériorité de force, de courage, de puissance, je tire de toi comme d'une inépuisable mine de richesses morales! Je puis dépenser sans compter, à pleines mains, dans les multiples luttes de mon existence, les épargnes et les réserves de mon esprit; je suis sûr de refaire le trésor à ton simple contact. Selon la parole du beau Galiléen, tu es la fontaine de vie, ma belle Samaritaine!... » — Si l'Eden peut être défini : désirer sans cesse ce que l'on possède, cette femme le lui a ouvert.

23 février 1878. — « Ton avis est le contrôle le plus sûr, le plus sagace de ma propre pensée, et, dans l'amour que je t'ai voué, il est entré une dose toujours grandissante de raison et de jugement. »

22 février 1879. — « Je te remercie avec effusion de ce que tu mets tous les jours de grandeur et de beauté dans nos tendresses. C'est bien ainsi que j'avais de tout temps ardemment souhaité d'aimer et d'être aimé. Rencontrer une pareille femme, lui sacrifier ma vie, lui livrer les plus secrets replis de mon âme, pénétrer à mon tour dans les divins sanctuaires de son cœur, y occuper toute la place en maître toujours prêt à obéir : mon rêve est réalisé, et cette conquête est devenue la bonne étoile de ma vie, le secret aiguillon de ma fortune. »

D'autres lettres existent encore; souhaitons que, si on les publie, on le fasse avec réserve. Il faut à ces sortes de choses beaucoup de tact. C'est trahir un homme public, que de le prendre dans un moment de dégoût, de rancœur ou de colère : la postérité le verra toujours ainsi et le jugera sur cet instant, alors que lui-même avait depuis longtemps oublié et pardonné.

Gambetta voulait donner son nom à celle qu'il regardait déjà comme sa femme; noblement, elle refusait, craignant de nuire à cette grande fortune politique et ne pouvant se résoudre à une union purement civile.

CHAPITRE XVI

GAMBETTA ET BISMARCK
LA PRÉSIDENCE DE LA CHAMBRE

PROJETS D'ENTREVUE ENTRE GAMBETTA ET BISMARCK || LE CON-
GRÈS DE BERLIN || DÉMISSION DU MARÉCHAL DE MAC-MAHON
ET PRÉSIDENCE DE JULES GRÉVY (30 JANVIER 1879) || GAMBETTA
PRÉSIDENT DE LA CHAMBRE (31 JANVIER).

E N 1871, au cours des négociations pour la paix, Bismarck avait présenté à Thiers un financier de ses amis,
le comte Henckel de Donnersmarck, qui avait été gouverneur de Metz pendant la guerre. Le comte avait épousé la
marquise de Païva, propriétaire du château de Pontchartrain.
Ils donnaient, en leur hôtel des Champs-Élysées, des dîners
fameux, où venaient des hommes de lettres et des artistes en
renom. Gambetta y fut invité. « On ne fait des reconnaissances qu'en pays ennemi », disait-il. Le 17 octobre 1877,
Henckel écrit à Bismarck pour l'informer de ses relations
avec Gambetta et pour se mettre éventuellement à sa disposition. « Je suis dans des relations telles avec Gambetta, qu'il
vient me voir à la campagne. La loquacité du Méridional
donne, avec lui, plus d'occasions d'écouter que de parler
soi-même. Du reste, Gambetta est le seul Français qui soit
sûrement et exactement informé de ce qui se passe en
Allemagne. Il a acquis ces connaissances durant des séjours
répétés dans notre pays au cours de ces dernières années,
séjours pendant lesquels il a observé attentivement toutes
choses. Si un homme qui sait se tenir dans la coulisse et qui

vous est dévoué de toute son âme peut, dans cette circonstance, être de quelque utilité à Votre Excellence, croyez que je suis entièrement à votre service. »

Bismarck fait d'abord la sourde oreille. Le 30 octobre, le comte Herbert de Bismarck, au nom de son père, répond à Henckel : « Il faut prendre soin de ménager le prestige de l'homme d'État français en évitant de le compromettre par des rapports notoires avec le chancelier. » A la fin de décembre, Henckel réplique : « Je prends sur moi de vous envoyer Gambetta à Varzin, soit publiquement, soit en secret, selon que vous le préférerez ». Mais Bismarck reste froid; il estime toujours que Gambetta ne doit pas risquer de se compromettre : « Le capital qu'il représente doit être ménagé ».

Gambetta part pour Rome, voit le roi, le premier ministre Depretis, Crispi, ministre de l'Intérieur. Toujours confiant en son étoile, il paraît disposé à se rendre, par Vienne, à Berlin.

La guerre entre la Russie et la Turquie touchait à sa fin; les Russes étaient aux portes de Constantinople; les Turcs demandaient la suspension des hostilités. Le 19 février, Bismarck parle au Reichstag et annonce un Congrès. Le 20, Gambetta écrit à sa confidente : « J'ai lu le discours du *monstre*. Je suis ravi, enchanté; c'est bien ce que j'avais désiré, attendu, sans oser y compter. Nous y occupons, sous le voile de l'allusion, une place importante. L'équilibre et la répartition des forces continentales y sont admirablement indiqués. C'est, en vérité, plus que nous ne pouvions espérer de l'esprit fantasque et véhément de l'aventurier de génie qui a fait la nouvelle Allemagne par le fer et le feu. Voici que se lève maintenant dans cet homme l'aurore radieuse du droit. C'est à nous de profiter des circonstances, des ambitions rivales, pour poser nettement nos plus légitimes revendications et de fonder, d'accord avec lui, l'ordre nouveau. Je suis donc au comble de mes vœux, la paix assurée pour plusieurs années, l'Exposition universelle mise hors de péril, les puissances en demeure de se rapprocher de la France si elles veulent agir, et même si elles veulent seulement délibérer et maintenir. Aujourd'hui sera un grand jour.... »

Il y avait, dans cette première impression, une forte part d'illusion, que « la sage Minerve » sentit tout de suite; elle n'avait pas éprouvé, à la lecture du discours de Bismarck, le même enthousiasme. Spuller dira plus tard de son ami : « Il était trop bon. Il n'avait pas le sens critique de l'humanité. » Mais, à ce moment, Gambetta voyait la fin d'une période de tension insupportable à la France depuis sept ans et sa rentrée comme grande puissance dans le concert européen.

La France, invitée à Berlin, devait-elle s'y rendre? Au moment où Bismarck pensait à modifier sa politique religieuse, où la Russie, dans sa victoire, était épuisée par la lutte, où un nouveau règne commençait en Italie, où un nouveau pape montait sur le trône pontifical, où l'Exposition universelle allait s'ouvrir, la France devait-elle rester absente, silencieuse, isolée, ou, au contraire, avait-elle intérêt à rentrer dans le concert des grandes puissances? Gambetta se prononça d'abord pour l'abstention (*la République française*; cf. le discours du 21 février 1881 à la Chambre) : La France ne risquait-elle pas, dans une délibération dirigée contre la Russie, de s'aliéner cette puissance, avec laquelle, dès ce moment, l'éventualité d'une alliance devait être envisagée? Mais, après un entretien avec Waddington et Freycinet, il changea d'avis : pouvions-nous laisser modifier sans nous les traités de 1856 et de 1871, signés par nous?

Lui-même devait-il voir, avant le Congrès, l'homme qui allait le présider, « poser nettement devant lui nos légitimes revendications », savoir au juste le fond de sa pensée? — « Ou se battre, ou négocier », disait-il; or, il savait que la France ne pouvait pas alors se battre. L'Exposition universelle allait s'ouvrir, la France y montrer sa force renaissante. Il était, récemment encore, retourné en Allemagne, il avait revu son armée, il en avait mesuré la force, il la savait très supérieure à la nôtre, comme nombre et comme organisation. Nous n'avions pas d'alliances. Il estimait qu'il n'y avait qu'à entretenir provisoirement des relations courtoises avec l'Allemagne et à en profiter, si on le pouvait. Depuis plus de deux ans déjà, il envisageait secrètement l'éventualité d'une tractation, un projet d'échange. Les lettres qu'il adressait à Ranc dès la fin de 1875 et qu'on lira ici pour la première fois révèlent des troubles de conscience qui sont tout à l'honneur de l'homme et réfutent certaines interprétations.

20 septembre 1875. — « Si, par un acte de diplomatie, nous pouvions éviter le conflit qui se prépare, le reculer tout au

moins, ou, mieux encore, empêcher l'effusion de sang que nous entrevoyons, vous et moi, ne devrions-nous pas essayer? Le moyen? — Nos colonies! Avec vous, je puis parler net : vaut-il mieux conserver à la France ses terres lointaines, ou ses générations futures? Mettons-nous bien en face de ce dilemme angoissant : ou les vies des jeunes Français, ou des portions de notre terre coloniale. Ne faudrait-il pas profiter de cette tendance à aller au loin, de ce goût des Allemands pour les colonies? Privés, ils en désirent. Et nous avons ce qu'ils désirent, ce dont ils sont privés. N'est-ce pas une chance pour nous? Saurons-nous en profiter? X. vous en dira long sur notre diplomatie inférieure à tout, sur notre politique intérieure, funeste à l'extérieure! Comment nous sauver du cataclysme prochain? Ce n'est pas à vous que je cacherai mon inquiétude et mon indécision, ma perplexité, ma tristesse. A qui la confier? Qui ne me tire pas dans le dos, de mes amis et des vôtres? Comprendront-ils mon angoisse? Ils semblent avoir oublié 70! »

1ᵉʳ décembre 1875. — « Il m'arrive une occasion inespérée. Le chancelier va venir à Paris; il impose son voyage et il manifeste le désir de s'entretenir avec une ou deux personnalités françaises. Dois-je m'abstenir? Est-ce réellement mon devoir de Français? Pourtant! Vous savez qu'il rêve pour son pays un avenir colonial, que son pays est fort, peut-être invincible. Ne devons-nous pas éviter le sacrifice noble, mais inutile, de nos jeunes générations, dont la disparition affaiblirait la France à jamais? »

Ce n'est donc pas de 1878, comme on l'a cru, que datait son désir d'entrer en conversation avec Bismarck : ce dessein le hantait depuis plus de deux ans déjà; il savait que la France n'était prête, ni militairement, ni diplomatiquement; il était obligé de gagner du temps, et en attendant, il voulait tout essayer. Il crut sincèrement, en ces années, à un retour possible de nos provinces par la négociation.

Le 4 avril 1878, Henckel, de nouveau, propose à Bismarck l'entrevue. Cette fois, le chancelier accepte : la rencontre est fixée au 30, à Berlin, où il doit se rendre pour la session du Reichstag. Mais, le 18, Henckel reçoit de Gambetta ce billet : « L'homme propose, le Parlement dispose. Quand j'ai accepté hier avec empressement, je n'avais pas compté avec l'imprévu.

Les questions relatives au ministère de la Guerre ont pris les proportions les plus considérables. Je ne peux abandonner mon poste parlementaire. Je me trouve donc dans la nécessité d'ajourner l'exécution du projet. » — Prétexte : il se dérobait, pas trop mécontent, au fond de brûler la politesse, lui, le vaincu, au vainqueur, qui faisait trembler l'Europe.

Ce projet de voyage, lorsqu'il fut plus tard révélé au public, donna lieu à des commentaires passionnés et à des controverses qui durent toujours. L'esprit de parti s'en empara. Tout fut grossi au gré des intérêts et des passions. Les royalistes, à l'époque où ils croyaient encore servir leur cause en s'acharnant sur la mémoire de Gambetta, essayèrent d'exploiter la correspondance d'Henckel avec Herbert de Bismarck. L'un d'eux, esprit pénétrant et sagace, qui, depuis, a écrit un livre remarquable, *Histoire de deux Peuples*, M. Jacques Bainville, traduisit les lettres d'Henckel et d'Herbert de Bismarck en leur donnant ce titre : *Correspondance secrète de Gambetta et de Bismarck*. Un autre lança un pamphlet intitulé : *La République de Bismarck*. M. Henri Galli a répliqué à ces monarchistes : « Vous dénonciez Gambetta, de son vivant, comme l'homme de la guerre et de la revanche, et aujourd'hui, après sa mort, vous le dénoncez comme pactisant avec Bismarck! »

Prétendre que Gambetta, en allant voir le chancelier, renonçait à l'Alsace et à la Lorraine est un contresens. Il n'y allait, au contraire, que pour elles. La lettre que nous venons de citer suffirait à le prouver : « C'est à nous, à présent, de poser nettement nos plus légitimes revendications et de fonder l'ordre nouveau ». Où il se trompait, c'est quand il ajoutait : « d'accord avec lui » (Bismarck) et quand, prêtant au grand faussaire ses propres sentiments, il s'écriait : « Voici que se lève, dans cet homme, l'aurore radieuse du droit ».

On aurait pu croire que, à la veille du Congrès de Berlin, Gambetta se proposait de parler au chancelier allemand de la Méditerranée ; certes, il y avait là — l'événement devait le prouver bientôt — matière à intéressantes conversations et à tractations fructueuses ; non : il ne pensait qu'au traité de Francfort. C'était, à coup sûr, une étrange illusion, de s'imaginer que le vainqueur se prêterait à un entretien sur ce sujet. Ou Bismarck l'eût arrêté net, — comme fit toujours Guillaume II avec les hommes politiques français qui essayèrent d'aborder le problème, — ou il lui eût rappelé Iéna et la nécessité pour l'Allemagne de se protéger contre une agression. Un peu plus tard, dans un entretien avec le baron de Holstein, rapporté par Blowitz, Bismarck, envisageant l'éventualité d'une entrevue avec Gambetta, y aurait mis comme condition le silence sur les provinces; il voulait, si l'entrevue venait à être connue, pouvoir affirmer sur son honneur que, ni de près ni de loin, il n'avait été question des territoires annexés.

Il faut, pour comprendre l'assurance de Gambetta, se rappeler les succès extraordinaires de l'homme à qui tout avait réussi, qui savait sa puissance de séduction; il faut se replacer dans ce milieu travaillé par Hohenlohe, par Henckel, par tous les agents de Bismarck; il ne faut pas oublier que Thiers se déclarait, tout haut, partisan d'un rapprochement avec l'Allemagne; qu'Émile de Girardin, familier des Henckel, et lancé par eux et par Hohenlohe sur de fausses pistes, ne cessait d'y pousser en de retentissants articles. Enfin, Gambetta, à cette époque, subissait une autre influence, que M. de Freycinet a indiquée dans ses *Souvenirs*. Un ami de Gambetta était, à San Remo, voisin du prince héritier Frédéric, atteint du mal qui devait l'emporter. Ce prince, marié à l'Anglaise que Bismarck détestait, s'était toujours montré pacifique. Il faisait part à son interlocuteur de dispositions conciliantes envers la France et de son désir de trouver un jour avec elle un *modus vivendi* acceptable et honorable pour les deux nations. Gambetta espérait que le règne de ce prince amènerait un changement de politique. « Qui sait? disait-il à Freycinet, la justice immanente réserve de si grandes surprises! » Là aussi, il se trompait : quand même Frédéric III eût continué de régner, jamais il n'eût pu consentir à l'abandon d'une partie de l'Alsace-Lorraine.

Pourquoi Bismarck, après avoir rejeté les premières suggestions de Henckel à la fin de 1877, se ravisa-t-il quelques mois après? N'était-il pas tentant d'essayer de brouiller la France avec la Russie à propos du traité de 1856, avec l'Angleterre à propos de l'Égypte, avec l'Italie à propos de Tunis? Que de beaux sujets de conversation! L'entretien aurait pu ouvrir à la politique française d'utiles perspectives. Seulement, l'opinion publique n'aurait pas compris; les Alsaciens-Lorrains surtout auraient pu s'y tromper. La malveillance aurait présenté comme un renoncement ce qui, dans l'esprit de Gambetta, était justement le contraire. C'est ce qui arriva plus tard à Jules Ferry, lorsque, pour empêcher Tunis et Bizerte de tomber aux mains de l'Italie qui inclinait vers la Triple Alliance, il dut s'assurer d'abord des dispositions de Berlin. C'est la raison pour laquelle certains hommes politiques français refusèrent toujours de répondre aux invites détournées de Guillaume II : il leur paraissait que porter le doute ou la tristesse dans une seule conscience d'Alsacien-Lorrain eût été intolérable. Le sage Spuller, cette fois encore, intervint pour faire entendre à son ami le langage de la prudence. Les pourparlers, abandonnés, ne furent jamais repris. Bismarck, piqué, nia toujours ces projets de rencontre, — ce qui lui valut des démentis de son secrétaire Busch, — et traita, jusqu'à la fin, Gambetta en ennemi.

Les adversaires de Gambetta et certaines personnes d'un patriotisme ardent et ombrageux l'accusèrent d'avoir rompu alors avec toute sa politique passée, d'avoir abandonné l'idée de revanche, d'avoir médité une politique d'entente avec l'Allemagne. S'il avait voulu rapprocher la France de l'Allemagne, eût-il fait de l'entente anglaise le pivot de sa politique? On lui reproche aussi de s'être mis d'accord avec Bismarck pour remplacer, à l'ambassade de France en Allemagne, Gontaut-Biron par Saint-Vallier. La vérité est que, après les élections de 1877, Gontaut, qui avait toujours travaillé au rétablissement de la monarchie, n'était plus possible. Il n'était pas plus possible à Berlin que d'Arnim à Paris, et pour les mêmes raisons.

Aujourd'hui, l'esprit des anciens ennemis de Gambetta s'est élevé en général, à plus d'équité. J'imagine un de ces grands monarchistes, d'esprit haut et de conscience droite, qui illustrent leur parti, faisant loyalement son examen de conscience et disant : Fut-ce la faute de Gambetta, fut-ce la faute des républicains, si, en 1871, après le manifeste du 5 juillet sur le drapeau blanc, la majorité monarchiste créa le titre et la fonction de Président de la République et décréta que le régime républicain durerait jusqu'à ce qu'elle se séparât; si, en 1873, après la lettre du 27 octobre sur le drapeau blanc, elle décida que le maréchal de Mac-Mahon exercerait, pendant sept années nouvelles, la magistrature républicaine dont

(225)

il était provisoirement revêtu? Fut-ce la faute des républicains, si à une Assemblée monarchiste le monarque fit défaut; si les prétendants se détruisirent l'un par l'autre; si le comte de Chambord, en repoussant le drapeau tricolore, ensevelit de ses propres mains la monarchie légitime; si une partie de la droite fit échouer la candidature du duc d'Aumale à la Présidence de la République; si le comte de Paris, par crainte de l'Empire, poussa ses partisans, d'abord à fonder, puis à maintenir la République? Fut-ce la faute des républicains, si le parti conservateur, en congédiant un ministère qui avait la majorité dans les deux Chambres, faussa dès l'origine la Constitution et le régime parlementaire, brisa et obstrua la soupape de sûreté et jeta le discrédit sur l'appel au pays, suprême garantie de la souveraineté nationale? Et ne pourrait-il pas ajouter maintenant : Fut-ce la faute des républicains, si les conservateurs contribuèrent à renverser plus de cinquante ministères en quarante-quatre ans? Ne pourrait-il relire enfin les pages de M. Denys Cochin (*Louis-Philippe*, 1918, p. 77, 78) sur les émigrés, qui, « par contagion mondaine », firent « au roi un mal incalculable », et celles de M. Jacques Bainville (*Histoire de trois générations*, p. 36, 37) sur les « ultras » de la Restauration : (« personne ne se croyait distingué à moins de démolir quelque chose »), leur « légèreté » et leur « fureur de destruction », ces « ultras », qui « mêlaient voluptueusement leurs bulletins de vote à ceux de la gauche, pour renverser les ministres que leur roi avait choisis »? Ce qu'il y avait, au fond de ces opposants, c'était « le goût des ruines », un « instinct d'anarchie ». Ah! si les conservateurs français avaient toujours montré autant de sagesse dans la politique, qu'ils ont montré de courage sur les champs de bataille!...

On a vu comment Gambetta livrait à Ranc ses confidences les plus graves. Arthur Ranc fut toujours un de ses meilleurs amis, un de ses plus fermes soutiens. Il n'avait pas la souplesse génoise, et ce n'est pas lui qui eût fait le discours sur la république athénienne. Il était timide au fond, silencieux, âpre aux polémiques, mais galant homme, droit et sûr. Il nous apparaissait comme une sorte d'Alceste politique. Il professait un goût très vif pour Blanqui. C'était un excellent journaliste. Ranc était la sentinelle avancée de Gambetta vers l'extrême gauche, comme Spuller était sa sentinelle avancée vers les modérés et les libéraux. Il était le gambettiste jacobin, comme Spuller était le gambettiste girondin et feuillant. Sa haine de l'Empire l'avait rapproché du jeune avocat de Delescluze. Comme lui, il pensait que le mélange de la politique et de la religion ne vaut rien, ni pour la religion, ni pour la politique. Il était trop avisé pour ne pas voir que certains hommes qui se réclament de la libre pensée sont mus, au fond, par des instincts confessionnels ; mais sa passion, en cet ordre, était sans mélange. C'était un lutteur trapu, sanguin, un peu rude ; mais c'était une tête politique : c'est pour cela qu'il aimait Gambetta et que Gambetta l'aimait, tout en le redoutant et en essayant de le retenir.

La Chambre se réunit du 29 avril au 11 juin. Gambetta, réélu président de la commission du budget, se multiplie ; il fait voter un crédit permettant le premier appel, sous les drapeaux, de l'armée territoriale.

Grands travaux, canaux, ports, chemins de fer, entrepris sur l'initiative de M. de Freycinet, devenu sénateur de la Seine en 1876, puis ministre des Travaux publics ; enquête sur la situation économique de la France ; construction d'écoles : le parti républicain, l'opinion marchent avec confiance. Le 1er mai 1878, l'Exposition s'ouvre : la France apparaît relevée, brillante.

Le 24 mai, au Cirque américain, Gambetta s'écrie : « Plus j'observe les actes et la marche de la nation française, et plus il me semble que devient irrésistible et invincible ce mouvement qui, rapprochant tous les Français les uns des autres, ne laisse plus d'espérance ni à la division, ni à l'anarchie, ni à l'outrage, ni à l'esprit de corruption, ni aux querelles civiles ; plus il me semble que nous touchons au moment béni, trois fois béni, où il n'y aura plus qu'une opinion, qu'un parti, qu'un drapeau, qu'une France ! » Voilà le cri du cœur, voilà le fond de l'homme. Et la phrase célèbre, si souvent répétée, qui aujourd'hui nous paraît un truisme, mais qui alors était comme un symbole de la réconciliation nationale : « Quant à moi, je me sens l'esprit assez libre pour être à la fois le dévot de Jeanne la Lorraine et l'admirateur et le disciple de Voltaire ».

GAMBETTA

Le 3 juin, le Congrès s'ouvre à Berlin. Bismarck barre la route à la Russie, installe l'Autriche-Hongrie en Bosnie-Herzégovine et prépare la pénétration germanique dans les Balkans. L'Angleterre arrache au sultan le droit d'occuper Chypre : lord Beaconsfield réalise le rêve qu'il avait caressé dès 1847, dans *Tancrède*; c'est le prix de l'occupation de la Bosnie-Herzégovine par l'Autriche. Coup droit à la France : notre représentant, Waddington, est indigné; il déclare à lord Beaconsfield que la France n'a plus qu'à quitter le Congrès. Lord Salisbury, qui s'y attendait, parle aussitôt de l'Égypte, de la Syrie, et dit brusquement à Waddington : « Vous ne pouvez pas laisser Carthage aux mains des barbares ». Sur l'Égypte, Waddington, se contente de déclarations établissant l'égalité de situation et d'influence des deux puissances : hélas ! on sait ce que valent les *condominiums*, nids à querelles, où, immanquablement, une des deux parties est dupe. Sur la Tunisie, lord Salisbury ajoute : « Faites là-bas ce qui vous paraîtra bon. Ce n'est pas notre affaire. » Invite combinée avec Bismarck.

Nos plénipotentiaires, Waddington, Saint-Vallier et Desprez, comprenant l'avantage qu'il y aurait à faire ratifier par le Congrès les propositions de l'Angleterre, rédigent un projet de motion et l'envoient à Paris, attendant l'approbation du gouvernement. Celui-ci, craignant un piège, refuse de s'engager. Mais, après le Congrès, Waddington se fait confirmer par lord Salisbury ses suggestions sur l'Égypte et sur la Tunisie. « Le gouvernement de Sa Majesté, dit le ministre anglais, a témoigné sa très vive satisfaction du succès des expériences tentées par la France en Algérie et de la grande œuvre de civilisation qu'elle accomplit en ce pays. La présence de la France sur cette côte doit avoir pour effet de lui donner, quand elle le jugera convenable, le pouvoir d'exercer une pression avec une force décisive sur le gouvernement de la Tunisie. C'est un résultat que le gouvernement britannique a depuis longtemps reconnu comme inévitable. »

Cette correspondance jette une vive lumière sur ce qui va suivre. Mais, si les chancelleries la connaissaient, la France l'ignorait. Elle n'était au courant ni des ouvertures de l'Angleterre à nos plénipotentiaires, ni de la correspondance échangée entre les deux Cabinets. Elle ne connut que la déclaration faite au Sénat par Waddington dans la discussion du budget de 1879, lorsqu'il félicita la France d'être restée « libre d'engagements ». En fait, ce n'était pas la politique des mains vides. Qui donc, aujourd'hui, blâmerait nos plénipotentiaires de 1878? Ils seraient blâmables s'ils avaient agi autrement. Et l'on ne peut que regretter, à notre avis, le refus du gouvernement de donner suite à leurs propositions. Le ressentiment de l'Italie eût été moins vif et nous ne lui aurions pas fourni un prétexte — ou un motif — pour s'allier aux Empires du centre.

Après le Congrès, Gambetta donna au *Times* une interview où, applaudissant au rapprochement de la France et de l'Angleterre, il ajoutait : « Une alliance franco-russe *reposant sur l'arbitraire* n'est pas possible... ». On crut pouvoir conclure de ces lignes que Gambetta était hostile au principe d'une alliance franco-russe; on a vu, par les lettres inédites citées plus haut, qu'il n'en était rien. Mais il s'adressait à un public anglais, au lendemain de la querelle entre l'Angleterre et la Russie et au moment où se posait la question de la Méditerranée. Il avait soin, d'ailleurs, d'être agréable à la Russie en disant : « Je considère que la Russie a rendu un grand hommage au droit public européen quand elle a consenti, malgré l'état de désunion où se trouvait alors l'Europe, à soumettre l'intégrité du traité de San Stefano à l'appréciation des puissances ». Il ajoutait, sur la triple alliance de 1873 : « La France a le droit de se demander si le Congrès de Berlin a laissé intacte cette triple alliance de 1873, et je pense qu'il serait difficile de répondre par l'affirmative. La position prise par l'Autriche dans les nouveaux États slaves, dont on considère à juste titre la Bosnie et l'Herzégovine comme le centre, fait de cette puissance tout autre chose qu'une alliée de la Russie..... Le Congrès de Berlin a modifié du tout au tout la base sur laquelle reposait l'entente de 1873, et la France a tout lieu d'applaudir à un changement apporté à une combinaison faite en dehors d'elle, sinon contre elle. »

Bismarck, après avoir battu successivement le Danemark, l'Autriche et la France, venait de battre la Russie victorieuse, en pleine paix; il avait soudé l'Autriche-Hongrie à l'Allemagne et étendu l'influence germanique dans les Balkans. Le Congrès de Berlin était gros des futures guerres balkaniques

GAMBETTA

et de la guerre universelle; mais il donnait carte blanche à
l'Angleterre et à la France dans la Méditerranée.

Vers cette époque commença d'apparaître en France le socia-
lisme collectiviste. A la fin de 1877, M. Jules Guesde avait
publié le premier numéro de *l'Égalité*. Dans un congrès ouvrier
tenu à Lyon du 28 janvier au 8 février 1878, la thèse collectiviste
avait essayé de s'imposer, mais elle avait été écartée. A l'occasion de l'Exposition, on essaya de réunir un Congrès interna-
tional à Paris. Jules Guesde prit la tête du mouvement. Les
organisateurs furent arrêtés (4 septembre), poursuivis et condamnés. Jules Guesde comparut devant le tribunal le 22 octobre
et défendit ses coaccusés. Il réclama la substitution de la
société « égalitaire » à la société « féodale » d'aujourd'hui.

Le 8 novembre, Gambetta disait à la délégation des ouvriers
de l'Aveyron à l'Exposition : « Ceux-là sont dupes d'une
chimère, qui s'imaginent qu'il est prescrit et qu'il est possible
au gouvernement de faire le bonheur de tous. Le gouvernement ne doit strictement à tous qu'une chose : la justice.
Chacun s'appartenant, il convient à chacun de se rendre heureux ou malheureux par le bon ou le mauvais usage de sa
liberté. L'État se contente d'assurer également les droits de
chacun, du pauvre comme du riche, du petit comme du grand.
Ce que nous voulons, ce n'est pas une République ou aristocratique ou bourgeoise ou plébéienne, c'est une République
nationale. » — Programme social un peu court! Programme
d'une génération qui sortait de la Commune. Les problèmes
subsistaient et appelaient des solutions. Au collectivisme :
« les riches toujours plus riches, les pauvres toujours plus
pauvres », — erreur que les disciples de Marx eux-mêmes, tels
que Bernstein, devaient reconnaître plus tard, — à la lutte des
classes, qui devait aboutir un jour au maximalisme, il fallait
opposer un programme de réformes profondes, hardies; mais
d'autres questions se posaient à ce moment. Trois ans après,
lorsque Gambetta arrivera aux affaires, ses ministres apporte-
ront les projets sur les associations, les retraites pour la vieillesse et les accidents.

En septembre, Gambetta fait un voyage en Dauphiné, où
sa voix vibre encore. A Valence, accueil enthousiaste. Le

vieux Madier de Montjau est à la fois ravi et effrayé; ravi, parce que les succès de son jeune ami servent la République; effrayé, parce que, dans une démocratie, de telles ovations sont dangereuses, surtout pour celui qui en est l'objet. Il sourit, tout en fronçant le sourcil. Il donne au triomphal voyageur un avertissement discret; il boit « à la République! » Gambetta, spirituellement, renvoie la balle au vieil athlète : « Il faut se garder du prestige des personnalités; il n'y a rien de plus dangereux que de se faire d'un homme une idole.... » Il recommande l'union entre républicains : « S'il y a entre nous des dissidences, elles ne portent que sur des questions de forme et de mesure, et là-dessus encore nous avons un arbitre qui nous départage toujours et qui s'appelle l'opinion. Il n'y a d'armées victorieuses que les armées disciplinées. »

Le 18, à Romans, on jette des fleurs sous ses pas; il parle à six mille personnes, au milieu d'une explosion d'allégresse. Mais il paraît souffrant. Ses lettres intimes révèlent ces lassitudes croissantes. Il envisage l'éventualité où, après des élections sénatoriales républicaines, le maréchal de Mac-Mahon croirait devoir donner sa démission : il n'y a absolument rien à craindre au sujet de la vacance et de la transmission du pouvoir; si une crise venait à se produire, il ne s'écoulerait pas un intervalle d'une heure entre la retraite et le remplacement. Mais il espère que cette crise ne se produira pas, car il y a intérêt à ce que la Constitution reçoive sa consécration, à ce que le Président exerce son mandat jusqu'à la dernière minute.

Il oppose à l'histoire des monarchies depuis un siècle où, sauf le cas de Charles X succédant à Louis XVIII, jamais le pouvoir n'avait été régulièrement transmis à un successeur, le mécanisme républicain, la stabilité qui se fait par la dévolution de la loi. « Et quand vous pourrez dire qu'un Président mis au pouvoir par vos adversaires et n'ayant à coup sûr, au fond du cœur, rien de passionné pour nos institutions nouvelles a rempli sa charge et qu'à l'expiration de ses pouvoirs la nation s'est trouvée tout naturellement passer d'un pouvoir présidentiel à un autre, vous aurez fait non seulement pour la France, mais pour le monde, la seule preuve qui existe du mouvement : vous aurez marché. »

Tout en sachant ce qu'on peut reprocher au ministère, il reste « un ministériel résolu ». Il fait l'éloge de l'armée, qui doit rester la première préoccupation des républicains. Il évoque la récente revue de Vincennes, où étaient apparus pour la première fois nos réservistes : « Ce jour-là, j'ai vu bien des yeux se mouiller de larmes, j'ai recueilli bien des paroles, et j'ai compris qu'il n'y avait pas d'intérêt qui tînt plus puissamment aux entrailles de la nation que l'intérêt de son armée ; car elle est la représentation fidèle de la patrie, elle ne doit plus servir qu'à son honneur et à son indépendance ».

Puis, le refrain sur la question religieuse : « Non ; nous ne sommes pas les ennemis de la religion. Nous sommes, au contraire, les serviteurs de la liberté de conscience, respectueux de toutes les opinions religieuses et philosophiques. Je ne reconnais à personne le droit de choisir, au nom de l'État, entre un culte et un autre culte, entre deux formules sur l'origine des mondes ou sur la fin des êtres. Je professe le plus profond respect pour ceux qui en exercent le ministère. Ils ont des devoirs à remplir envers leurs semblables, mais ils en ont aussi à remplir envers l'État, et ce que je réclame, c'est l'exécution de ces devoirs.... » Il vise toujours, non le clergé séculier, mais le clergé régulier : « Il faut appliquer les lois et supprimer les faveurs ».

En effet, l'État ne peut être arbitre de ce qu'il faut croire ou ne pas croire. En fait de doctrines philosophiques, il est incompétent. Si l'État voulait imposer une doctrine, il deviendrait une Église, c'est-à-dire un corps constitué entre hommes professant les mêmes croyances obligatoires. C'est ce qui faisait dire à Mirabeau : « La religion ne peut pas être plus nationale que la conscience ». L'État ne peut ni imposer ni condamner une doctrine. La royauté l'a tenté, elle a échoué ; Napoléon l'a tenté, il a échoué.

L'orateur de Romans termine par une allusion à l'amnistie : « Alors la France apaisée, sûre d'elle-même, occupée uniquement du développement de ses admirables ressources, la France restaurée, appuyée sur une armée réellement nationale pourra se présenter au monde débarrassée de ses adversaires, ayant, je l'espère, par le pardon et la clémence réuni tous ses enfants, et lui dire : « Je suis forte, je suis invulnérable, parce « que je suis libre et pacifique. »

A Grenoble (10 octobre), il expose le programme des prochaines élections sénatoriales : « Il est nécessaire d'avoir un

LES " JARDIES "

D'après une photographie.

Sénat qui soit une école de gouvernement, qui soit l'ami, le conseil de la Chambre des députés, « une Assemblée de contrôle, non de conflit... ».

Pour réparer ses forces atteintes, il a cherché une retraite près de Paris où il puisse goûter parfois le repos, près de la femme devenue indispensable à sa vie. Aux confins de Sèvres et de Ville-d'Avray, il a trouvé une humble demeure, celle qu'avait habitée le secrétaire de Balzac, aux Jardies. Il commence à sentir l'infinie tristesse que donne parfois le spectacle des hommes; il lui faut maintenant les arbres qui ne parlent pas, les eaux qui dorment et, plus que jamais, la femme, le grand philtre d'oubli. « Comme j'aime les plaisirs, nouveaux pour moi, de la solitude, ce grand et bienfaisant silence, ces admirables retraites des bois, ces eaux calmes et endormies aux pieds des bruyères parfumées, et surtout la volupté de se recueillir, de penser et méditer à son aise, sans choc, sans railleries du dehors. Ce n'est pas à mon corps, c'est à mon esprit que j'ai rendu la liberté, le calme, le repos réparateur. » (28 juillet 1878.) Et le 3 novembre, au retour de la campagne oratoire du Dauphiné : « J'avais retenu Testelin à dîner. Il occupait ta place. Il a couronné le repas par un petit toast intime qui m'a été au cœur. Il a vidé un verre de vin du Cap à la gloire de la belle hamadryade qui, sous les ombrages de Ville-d'Avray, m'avait rendu *à la santé*, à l'avenir. »

Les Chambres se réunissent le 28 octobre. Débats irritants à propos des validations. L'ancien ministre de l'Intérieur, Fourtou, pour se défendre, attaque. Dufaure lance aux hommes du Seize Mai l'apostrophe célèbre : « Vous qui me parlez et qui me demandez ce que je représente, voulez-vous bien me dire quelle opinion vous représentez? Oui, il y a un parti sans nom!... » Une interruption de Gambetta provoque un duel au pistolet, sans résultat, entre lui et Fourtou.

Le 5 janvier 1879, élections sénatoriales, 82 sièges à pourvoir. 66 républicains sont élus, assurant aux gauches une majorité de 40 à 50 voix. La République est maîtresse dans les deux Assemblées.

Le 28 janvier, neuf commandants de corps d'armée, qui avaient dépassé la durée légale de leur commandement, sont relevés de leurs fonctions. Le maréchal n'en peut supporter davantage : par un sentiment de solidarité avec ses anciens compagnons d'armes, il donne sa démission. Immédiatement, Jules Grévy est élu à sa place. Waddington devient président du Conseil et garde le ministère des Affaires étrangères; Léon Say reste aux Finances, Freycinet aux Travaux Publics, Jules Ferry entre à l'Instruction publique (4 février 1879).

Waddington, savant, numismate, archéologue, membre de l'Académie des Inscriptions et Belles-Lettres, homme de cabinet, anglo-saxon d'esprit et de manières, paraissait avoir étudié plutôt l'histoire ancienne que l'histoire moderne; il savait l'une et l'autre et il allait le montrer bientôt. Mais il connaissait moins bien la Chambre et les difficultés de l'échiquier parlementaire.

De fervents admirateurs de Gambetta, M. Joseph Reinach et M. Gabriel Hanotaux, par exemple, pensent que Grévy, en arrivant à la Présidence en 1879, aurait dû offrir le ministère à Gambetta, vrai chef de la majorité. Tous les panégyristes de Gambetta ne sont pas d'accord sur ce point : d'autres estiment, que, à ce moment, le Sénat n'étant pas d'accord avec la Chambre, Gambetta se serait usé inutilement en ces conflits. Lui-même, d'ailleurs, pensa que son heure n'était pas venue : il se présenta à la présidence de la Chambre et fut élu le 31 janvier, par 314 voix sur 405 votants. Il monta au fauteuil le 6 février. Vif éloge de Grévy : « Je succède au grand citoyen, à l'homme d'État que les suffrages des représentants du pays ont spontanément appelé à la Présidence de la République, où le suivent l'irrésistible adhésion de la France, la fidélité inaltérable du Parlement et l'estime du monde. S'il est aujourd'hui le chef de la nation, il reste ici notre instituteur et notre modèle. » Puis, ces paroles qui marquent ce qui, dans sa pensée, doit être une étape décisive : « Nous devons tous, à l'heure actuelle, sentir que les gouvernements de combat ont fait leur temps. Notre République, enfin sortie victorieuse de la mêlée des partis, doit entrer dans la période organique et créatrice. »

En régime parlementaire, le président de l'Assemblée doit être indépendant des partis et du gouvernement. La condition de son autorité est à ce prix. Il parle, il agit au nom de l'Assemblée tout entière. Cette conception de la présidence est la seule compatible avec l'existence et les droits d'un Cabinet responsable. Aux États-Unis, le système représentatif, où les ministres ne font pas partie des Chambres et dépendent du Président de la République, a produit des conséquences différentes. Le pouvoir législatif, s'il ne s'organisait pas fortement, risquait d'être paralysé par l'exécutif; la concentration de l'action législative s'est opérée entre les mains du président de la Chambre des représentants, de celui qu'on appelle là-bas le *speaker*. Il n'a de commun avec le *speaker* anglais que le nom. A l'origine, il pouvait proposer des bills, des résolutions et des amendements. Aujourd'hui encore, il n'est pas seulement le président des députés, il est, jusqu'à un certain point, leur chef. Il a parfois tenu en échec le Président des États-Unis. Un tel phénomène est lié à l'ensemble du système représentatif américain; il est une conséquence extrême de la séparation des pouvoirs et dans la logique de la Constitution des États-Unis, qui veut qu'aucun pouvoir n'absorbe les autres et que l'État soit toujours retenu du côté où il penche. Le jour où l'équilibre des pouvoirs serait rompu, la République serait atteinte.

Il ne peut y avoir aucune analogie entre la présidence de la Chambre des représentants aux États-Unis et la présidence des Assemblées françaises. Une présidence politique — j'entends par là celle d'un homme qui reste homme de parti au fauteuil — est, avec un chef d'État constitutionnel et un ministère responsable, un non-sens. Le jour où l'esprit de parti pénétrerait la magistrature présidentielle, le régime parlementaire serait vicié dans son principe.

Un président d'Assemblée doit suivre toutes les affaires essentielles; mais un président descendant à la tribune pour se mêler à la lutte des partis, pour appuyer ou combattre un gouvernement, pour lui imposer une politique ou pour le défendre, tout cela, au point de vue parlementaire, est anarchie pure : tâtonnements qui se pouvaient comprendre à la rigueur dans une République encore dans l'enfance et cherchant sa voie, mais désordre indigne d'une démocratie adulte. Il fallait que la République, cinq ans après le vote de la Constitution, fût déjà bien solide, pour résister à de pareilles entorses.

En France, à travers toutes nos révolutions et nos fréquents changements de régime, nous avons eu des types de présidents plutôt qu'un type de présidence; nous avons eu plus d'un président de parti, voire de combat, ce qui montre que, pour le fonctionnement des institutions parlementaires, nous sommes en retard de plusieurs siècles sur les Anglais.

Dupin, à l'Assemblée législative, mena, du fauteuil, un combat quotidien contre la Montagne et facilita ainsi indirectement le coup d'État. De même que la faiblesse de Sauzet avait contribué à la chute de la monarchie de Juillet, l'humeur combative de Dupin contribua à la chute de la deuxième République.

Au contraire, les débuts de la troisième furent marqués par une circonstance heureuse. Nous avons vu comment, sur les conseils de Thiers, Jules Grévy fut élu président de l'Assemblée nationale par les monarchistes en même temps que par les républicains. Grévy avait les vertus maîtresses du président : l'esprit clair, le sang-froid et l'équité. La consécration de ses adversaires politiques donna d'emblée à sa présidence une autorité incomparable. Non qu'un président élu par ses seuls partisans ne puisse atteindre au même degré d'équité; mais il est évidemment plus facile à un président de se montrer ferme à l'égard d'adversaires qui ont d'avance reconnu son autorité : mieux armé pour les tenir en respect, il est aussi plus fortement tenu de les respecter et de leur assurer la plénitude de leurs droits.

Gambetta présida la Chambre avec courtoisie, bienveillance et bonne humeur. Mais, au moment où il montait au fauteuil, il était devenu le chef incontesté du parti républicain; dans l'opinion de ses amis, sa vraie place eût été au banc des ministres; lui seul eût pu retarder, sinon empêcher la dispersion des forces républicaines. Le fait est qu'il allait descendre plusieurs fois du fauteuil pour reparaître à la tribune et essayer, en des circonstances décisives, de diriger le parti. Les républicains, en le nommant, entendaient le désigner pour le pouvoir.

Or, faire d'une élection à la présidence d'une Assemblée une indication pour la présidence du Conseil, c'est là une pratique à laquelle on a pu recourir dans les premiers temps d'un régime, alors que les règles en étaient encore mal définies; mais en temps normal, c'est une pratique regrettable, puisqu'elle rend fausse la situation du ministère, en faisant escompter son héritage et en le mettant à la merci de son successeur. L'influence que possède celui qui préside une Assemblée sur ceux qui en dépendent est déjà assez grande, pour qu'il ne soit pas incité par l'appât du pouvoir à l'exercer aux dépens de ceux qui gouvernent. A ce point de vue, la présidence du Sénat s'est toujours conformée aux vraies maximes parlementaires, tandis que la présidence de la Chambre d'abord s'en écartait.

D'ailleurs, les qualités et les vertus nécessaires à un président ne sont point celles d'un premier ministre. Elles sont même souvent le contraire. Tel, qui a la présence d'esprit au fauteuil, ne l'a pas à la tribune, et réciproquement. Ce sont deux choses entièrement différentes, qui veulent des dons particuliers. L'impétuosité, la fougue qui, à la tribune sont des forces, au fauteuil sont des faiblesses. Elles compromirent, sous la Restauration, la présidence du comte de Serre et elles servirent mieux Gambetta à la tribune qu'au fauteuil.

Ce modèle du président parlementaire, Jules Grévy l'avait réalisé à l'Assemblée nationale, puis à la Chambre. Il arrivait à la Présidence de la République à soixante et onze ans. Par un de ces paradoxes si fréquents dans l'histoire et particulièrement dans la nôtre, il devenait le gardien d'une Constitution dont il n'avait pas voulu, qu'il avait combattue de toutes ses forces, demeuré obstinément fidèle à l'idée de son amendement de 1848, qui avait fait sa réputation : une Assemblée unique, avec un président du Conseil des ministres chargé du pouvoir exécutif et révocable à toute heure. Plus tard, Grévy avait reparu au Corps législatif. Il avait refusé de faire partie du gouvernement de la Défense, ne concevant qu'un gouvernement légal. Grand bourgeois, il était aussi un grand lettré, savait par cœur Horace et Racine et les récitait, comme Gambetta faisait pour Rabelais et pour Mirabeau. Lorsque mon père me présenta à lui, à l'Élysée — je venais d'entrer à la Chambre, — il se mit en frais de coquetterie littéraire et, après avoir parlé avec éloquence d'Hugo, de Lamartine, de Musset, de Vigny, il nous récita, d'un trait, les cent cinquante vers des *Etoiles*, des *Secondes Méditations*. Je crus m'apercevoir que, dans son culte pour Lamartine, qui n'était pas encore tout à fait sorti de son injuste disgrâce, il entrait quelque agacement contre la popularité un peu grosse qui se mêlait alors à la gloire d'Hugo; mais on sentait à la façon dont il disait ces vers, que le vieux juriste, l'orateur serré et lucide aimait dans Lamartine juste le contraire de ce que tant de gens y avaient vu, ces touches de réalité précises et vivantes, cette fine lumière que le ciel de Milly avait mise dans les yeux et dans l'âme du jeune poète et qu'il comparait à celle de l'Attique. En même temps que grand lettré, Grévy était grand juriste, et aussi, quand il allait à Mont-sous-Vaudrey, adroit chasseur et paysan madré, sachant la valeur des terres, des hommes et des écus; éloquence froide, lapidaire, où tous les mots portaient; dialectique puissante et fine; circonspect, réservé, galant et grave; économe aussi; tout en savante bonhomie, en réserve et en grisaille : frappant contraste avec Gambetta, âme populaire, cœur vibrant, généreux, parole véhémente. Le montagnard jurassien n'aimait pas, au fond, l'homme de la mer ensoleillée. Il le trouvait trop bruyant, trop exubérant. L'homme en dedans n'aimait pas l'homme en dehors. Cette flamme lui fatiguait les yeux; cette popularité formidable l'obsédait. Il avait été mis au courant des projets d'entrevue avec Bismarck et les trouvait risqués. Et puis, Gambetta voulait une majorité compacte, unie et, à la tête de cette majorité, un pouvoir fort, et lui-même à la tête de ce pouvoir, pour une grande action intérieure et extérieure : or, Grévy n'aimait guère l'action, il redoutait les aventures; il voyait tout sous l'angle de la politique intérieure; il préférait, après les secousses et les fièvres, un train de vie, des hommes et des ministères de tout repos. Il fut le Président d'une France convalescente. (Voir son entretien avec Scheurer-Kestner sur l'Alsace en juillet 1871, *Publications de la Société Gambetta*.) Après la mort de Gambetta, sa science juridique et son sang-froid rendirent à la France un service éminent, lors de l'incident Schnaebelé.

La jolie amie du tribun, blottie sous les ombrages des Jardies, qui, tout à l'heure ne goûtait pas autant que lui le discours de Bismarck, ne trouva pas non plus très heureuse l'élection à la présidence de la Chambre. Pour lui, ce ne sera qu'un détour, puisque Grévy ne veut pas l'appeler au pouvoir;

mais est-il bien sûr que ce ne sera pas une impasse? Et est-ce bien là son affaire? Il écrit à la nymphe, pour la rassurer : « Il me semble qu'à distance, tu juges sévèrement, amèrement, les faits accomplis; ta tendresse te trouble la vue »; je voudrais « t'expliquer les raisons de se réjouir, et la preuve que j'ai choisi la bonne part, la part supérieure.... Je suis désormais sorti de la campagne terrible des huit ans; la position est à nous; je vais pouvoir passer au deuxième programme, l'action extérieure et, me tenant au-dessus et en dehors des partis, choisir mon heure, ma voie, mes moyens.... » Ainsi, la présidence était, à ses yeux, un poste d'écoute et d'attente, une préface : « Je vais pouvoir passer à l'action extérieure »; « je vais pouvoir choisir mon heure ». Mais ce n'était pas lui qui était le maître de l'heure!

Le 14 juillet 1879, avait lieu la première revue de l'armée reconstituée. Il écrit aux Jardies : « J'ai senti remuer au fond de mon âme mes plus ambitieuses et mes plus sacrées espérances et ces grands desseins dont je ne peux m'abstraire aussitôt que je suis en présence de nos jeunes régiments. Je suis revenu de là le cœur gonflé des plus fortifiantes pensées. Au retour, j'ai retrouvé mon grand peuple de Paris et j'ai reçu de lui des acclamations enthousiastes, délirantes, que je n'accepte, en vérité, que comme un moyen d'atteindre le but patriotique que je me suis fixé, jamais comme une flatterie personnelle. J'en reviens toujours meilleur, plus fort, plus confiant. »

Toujours l'optimisme, non sans quelques pointes gasconnes, mais le patriotisme ardent, la passion pour l'armée, les espoirs sacrés, le suprême dessein, inflexible. Ah! comment a-t-on pu dire que son cœur avait changé, que son idéal n'était plus le même? Il ne cesse de porter en son cœur cette ambition qu'il ne peut pas avouer ou qu'il ne peut avouer qu'en la voilant par l'idée du droit.

Le 27 novembre, les Chambres s'installent à Paris. Dès lors, au Palais-Bourbon, il accueille tous ceux qui, dans le pays, se distinguent, soldats et diplomates, écrivains, financiers, industriels, commerçants; il les charme; il les écoute aussi, car ce grand parleur sait écouter, et il aime le talent chez les autres. Il ne cesse de s'instruire. Il a des correspondants partout. Il déjeune avec le prince de Galles. Il dîne avec Renan. A ce moment, Goncourt note ce propos d'un homme politique : les seules salles à manger à Paris où viennent les hommes d'État de l'étranger et dont les maîtres de maison tirent une force et une puissance extraordinaires sont celles de Girardin et de Gambetta; les déjeuners de Gambetta, dont les invitations « happent » tout homme de marque, expliquent sa popularité en Europe; c'est ainsi qu'il est entré en relations intimes avec les membres des Parlements d'Angleterre, d'Italie, de Hongrie, de Grèce....

Il est en coquetterie avec les artistes et il parle lui-même en artiste au monument de Corot. Il séduit les hommes de lettres, même les plus réfractaires, même ceux qui affectent un beau dédain de la politique, comme si l'action n'était pas le premier des arts! Flaubert, intime de George Sand, qui, en 1870, s'était montrée passionnément hostile au gouvernement de Tours et de Bordeaux, écrit : « Gambetta (puisque vous me demandez mon opinon sur ledit sieur) m'a paru, au premier abord, grotesque, puis raisonnable, puis agréable et finalement charmant (le mot n'est pas trop fort); nous avons causé seul à seul pendant vingt minutes et nous nous connaissons comme si nous nous étions vus cent fois. Ce qui me plaît en lui, c'est qu'il ne donne dans aucun poncif, et je le crois humain. » (Toujours la même gradation.) Alphonse Daudet, qui avait fait sur la défense en province un article fort sévère, déclare qu'il le retranche de ses livres, et écrit des pages, pleines d'émotion et de grâce, après sa rencontre avec Gambetta sous les ombrages de Ville-d'Avray : « Gambetta, je le constatai avec joie, lisait tout, voyait tout, demeurait expert connaisseur et fin lettré. Ce furent cinq heures délicieuses.... » (*Les Débuts d'un homme de lettres.*)

Il était aimable, et le succès rend plus aimable encore. Mais tout le monde, autour de lui, ne subissait pas à un égal degré cette fascination. D'autres résistaient à sa bonne grâce. On lui reprochait de peser sur les gouvernants : comment aurait-il pu en être autrement? Ses amis s'impatientaient; ils se considéraient comme sacrifiés. Ils accusaient Grévy de manquer à la règle parlementaire, en ne confiant pas le pouvoir au vrai chef de la majorité. Des clientèles se formaient à côté, des hommes nouveaux arrivaient et passaient sur le corps des plus anciens et des plus gradés : malaise, désordre.

Le 27 décembre, le Cabinet Waddington, divisé, impuissant, et qui n'avait paru vivre que dans l'ombre du président de la Chambre, donnait sa démission.

« LE POUVOIR OCCULTE »
« LA DICTATURE »

GRÉVY, au lieu de Gambetta, appela le ministre des Travaux publics, M. de Freycinet. Celui-ci prit, avec la présidence du Conseil, le portefeuille des Affaires étrangères et garda Jules Ferry et la plupart des anciens ministres. Cette façon de former des ministères avec les éléments des ministères précédents était contraire au principe de la solidarité ministérielle inscrit dans la Constitution et devait en fausser pour longtemps l'exercice régulier. Le Président de la République, dans son message inaugural, avait annoncé qu'il se soumettrait à « la grande loi du régime parlementaire »; il s'y conformait moins qu'il ne l'avait dit; mais peut-être, si on lui en avait fait la remarque, eût-il répondu que les partis n'étaient pas assez définis et organisés pour pouvoir exécuter ponctuellement cette loi et que la survivance d'une opposition anticonstitutionnelle rendait plus malaisée l'application de la règle usitée en Angleterre.

M. de Freycinet, outre les qualités solides et brillantes qu'il avait montrées au ministère de la Guerre en 1870, intelligence lumineuse, puissance de travail, ingéniosité, sang-froid, s'était révélé orateur souple, persuasif, s'infiltrant dans les esprits les plus rebelles, glissant adroitement entre les eaux et à travers les écueils. Il paraît délicat, et il a une trempe d'acier. Sa voix fluette, comme sa personne, pénètre partout, s'insinue dans les esprits, désagrège les obstacles, emporte les résistances. C'est, en un genre qui n'appartient qu'à lui, un grand *debater* et un orateur politique consommé. « Depuis Thiers, a dit un peintre de la société française à cette époque, on n'avait pas entendu de parole plus insinuante. C'est une fête pour l'esprit que d'écouter M. de Freycinet soutenant une cause difficile. Sa voix, harmonieuse comme une flûte, porte jusqu'au dernier recoin d'une vaste enceinte. Les périodes à la fois amples et précises contiennent chacune un argument, rien de moins, rien de trop. La politique consiste pour ce savant à résoudre une série d'équations, à coordonner une infinité de courbes, dont les circonstances fournissent les éléments. Il les prend comme ils viennent, et son calcul se prête à toutes les combinaisons. Mais parfois des secousses renversent la table du mathématicien. » (*La Société de Paris*, 1888, par le comte Paul Vasili.)

M. de Freycinet venait d'attacher son nom au programme de travaux publics qui donnait à la vie économique du pays un essor nouveau. Lui-même pensait que le Président de la République n'avait plus aucune raison valable de ne pas faire appeler Gambetta ; il se considérait comme une promesse et prenait les affaires en attendant son ancien chef de la Défense nationale. Grévy, lui, au fond, se disait : « Une majorité avec un chef parlementaire, ce serait fort bien, s'il n'y avait pas Gambetta ! » L'homme était trop puissant. Il pesait deux fois trop lourd sur les affaires du pays. Il éclipsait les ministres et le Président de la République. Les démocraties sont ombrageuses. La nôtre l'était surtout au lendemain des désastres amenés par le pouvoir personnel. Beaucoup de républicains le redoutaient même sous la forme parlementaire. Gambetta prenait trop de place, il envahissait, il débordait. Si la France était tenue à une politique modeste, pourquoi faire tant de bruit ? Grévy, tranquille, voulait des hommes tranquilles. Pour tout dire, il n'avait pas confiance. Ordinairement, dans un pays de régime parlementaire, quand un parti porte son chef au pouvoir, il s'attache à ce chef et reste uni. On voit pourquoi il en fut autrement chez nous, dès les commencements de la troisième République.

GAMBETTA

Gambetta fut réélu président de la Chambre, mais seulement par 259 voix sur 308 votants. Il y avait 40 bulletins blancs. Au scrutin précédent, il avait obtenu 314 suffrages. C'était déjà un avertissement, et il n'en pouvait mais! On lui reprochait de se dérober, et on ne lui avait rien offert. Il est vrai qu'au fond, si ses amis le désiraient, lui ne souhaitait pas être appelé.

Le ministère se prononça pour l'ajournement de l'amnistie plénière. Mais, en juin, un déporté de la Commune, Trinquet, ayant été élu conseiller municipal dans le quartier du Père-Lachaise contre le candidat soutenu par Gambetta, celui-ci, craignant de perdre Paris aux élections prochaines et voulant éviter de rompre avec la gauche avancée, convoqua au ministère des Affaires étrangères, chez M. de Freycinet, les opposants du centre gauche du Sénat et de la Chambre. Il plaida pour l'amnistie plénière; son généreux cœur l'avait toujours désirée. Une circonstance favorable allait se présenter : la fixation de la fête nationale au 14 juillet et la distribution des nouveaux drapeaux à l'armée. Il amena le gouvernement à ses vues : un projet de loi fut déposé et vint en discussion le 21 juin. Freycinet expliqua pourquoi le gouvernement avait changé d'opinion : « Nous avons pensé que les amnisties sont surtout des œuvres d'opportunité... ». — « Ah! » s'écrie-t-on de toutes parts. Gambetta, ainsi désigné, demande la parole. Jamais sa virtuosité oratoire, jamais son ascendant sur l'Assemblée ne furent plus puissants. « J'ai cédé à l'impérieux sentiment du devoir en demandant à la Chambre de vouloir bien m'entendre. Président de la Chambre, représentant la majorité, c'est à ce titre et non à un autre, que j'ai été consulté. Je ne suis pas au-dessus du gouvernement, je suis à mon rang et à ma place, au poste où votre confiance m'a élevé; mais ce ne serait pas en comprendre toute la responsabilité si, lorsque l'heure est venue d'examiner l'opportunité d'une mesure d'État, je pensais que je puis, égoïste et indifférent, regarder ce que font les autres, sans venir réclamer ma part de collaboration. » — C'était bien lui, cependant, qui avait pesé sur le gouvernement et sur les sénateurs, pour les amener à ses vues.

Il reconnaît que la France n'apporte à cette question « ni ardeur, ni enthousiasme »; mais « elle éprouve un autre sentiment, celui de la lassitude. Elle est fatiguée d'entendre constamment se reproduire ces débats sur l'amnistie, et elle dit à ses gouvernants et à vous-mêmes : « Quand donc me débarras-« serez-vous de ce haillon de guerre civile? »

Enfin, l'appel, émouvant, enflammé, à l'union de toutes les forces populaires, dans un grand élan de pardon et d'oubli : « Ce n'est pas à moi, qui suis le fidèle représentant de la démo-cratie la plus ardente et son plus vieux lutteur, qu'il faut apprendre ni ses défaillances ni ses entraînements. Mais il y a une chose à laquelle je tiens, c'est à la liberté de mon juge-ment. Ils savent, là-haut, que je ne les ai jamais ni flattés, ni trompés. Hier, ils ont fait une faute (l'élection de Trin-quet).... Est-ce que vous pensiez empêcher que cette propa-gande réussît? Est-ce que vous ne sentez pas que vous pouvez couper court à de semblables entraînements?... On a dit, et on a dit avec raison, que le 14 juillet était une fête nationale, un rendez-vous où, pour la première fois, l'armée, orgueil légi-time de la nation, se trouvera face à face avec le pouvoir, où elle reprendra ces drapeaux, hélas! si odieusement aban-donnés.... » — J'étais à la séance ; je vois encore le grand orateur la tête basse, comme accablé par la défaite et par la trahison, retiré au fond de la tribune, la voix brisée.... — « Oh! oui, il faut que ce jour-là, devant la patrie, il faut qu'à la face du pouvoir, en face de la nation représentée par ses mandataires fidèles, en face de cette armée, « suprême pensée », comme disait un poète qui, lui aussi, dans une autre enceinte, devant tout le monde, avait plaidé la cause des vaincus, il faut que vous fermiez le livre de ces dix années, que vous mettiez la pierre tumulaire de l'oubli sur les crimes et sur les vestiges de la Commune et que vous disiez à tous, à ceux-ci dont on déplore l'absence, et à ceux-là dont on regrette quelquefois les contradictions et les désaccords, qu'il n'y a qu'une France et qu'une République! » Dans une immense acclamation, la loi est votée par 312 voix contre 116.

Au Sénat, Jules Simon réplique : « J'aime mieux un minis-tère qui applique son opinion qu'un ministère qui applique l'opinion d'autrui et qui prend l'allure de ses adversaires afin que ceux-ci ne prennent pas sa place! » Grâce à un amen-dement excluant de l'amnistie les auteurs de crimes, d'incendies et d'assassinats, la loi est votée.

Après cette nouvelle et éclatante victoire, Gambetta apparaît plus que jamais comme le chef, à côté et au-dessus du gouvernement régulier. Le pays a confiance en lui, il l'attend. Mais, dans le Parlement, comment une pareille situation n'amènerait-elle pas des heurts, des conflits, en donnant cette impression que les ministères ne sont que provisoires et traînent une vie précaire? La Présidence de la République est aussi gênée que la présidence du Conseil. Dans les couloirs, dans la presse, on prononce couramment le mot de « pouvoir occulte »; la malveillance chuchote : « la dictature! »

Le 14 juillet, a lieu la cérémonie de la distribution des nouveaux drapeaux à l'armée. Gambetta est acclamé. Le soir, il donne une fête magnifique au Palais-Bourbon. Il aime l'armée, l'armée le lui rend. Les généraux, les officiers s'y pressent en foule. Il leur redit sa passion pour la force, la grandeur, le bien-être de l'armée. Il sait bien que la France ne pourra se relever que par des alliances et qu'elle ne trouvera des alliés qu'en raison et en proportion de sa force : « Je n'ai jamais désespéré de l'avenir; envisagez-le, comme moi, avec confiance. Les grands espoirs peuvent-ils être interdits à côté d'hommes qui sauront défendre le sol contre toutes les attaques? Je n'ajouterai qu'un mot : Souvenons-nous! » Le vieux maréchal Canrobert, les larmes aux yeux, l'embrasse. Au dîner offert le 17 juillet aux généraux venus de toutes les garnisons de France, le menu porte : 1880-18.. : date incertaine, qui rappelle le devoir certain.

Mais le danger grandit en même temps que sa popularité. L'armée avait reçu ses drapeaux le 14 juillet : il fut décidé que la marine recevrait les siens le 10 août. Le Président de la République, les présidents du Sénat et de la Chambre se rendent à Cherbourg. Gambetta porte un toast au Président de la République, « dont le nom est gravé dans le cœur de tous les Français, dont les immenses services sont appréciés comme ils le méritent ».

Après le banquet officiel, tandis que le Président de la République rentre à la préfecture maritime, Gambetta se rend à un punch d'honneur qui lui est offert au « Cercle du commerce et de l'industrie ». Par suite d'un malentendu, il y avait peu de monde. Mais le discours était prêt : « Je n'ai jamais oublié qui je suis, d'où je sors, où je vais. Je sais que je suis sorti des rangs les plus obscurs de la démocratie des travailleurs et que je lui appartiens tout entier. Pas plus aux heures sinistres que vous rappelez qu'à présent, je n'ai aspiré à la dictature; je n'entends être qu'un serviteur de la démocratie et la servir à mon rang, à ma place, et, puisqu'on a parlé de cette époque de douleurs, quand, il y a dix ans, je venais à Cherbourg, j'y venais accomplir un devoir sacré. La fortune tourna contre nous. Depuis dix ans, il ne nous est pas échappé un mot de jactance ou de témérité.... » Et les paroles célèbres : « *Les grandes réparations peuvent sortir du droit*; nous ou nos enfants nous pouvons les espérer, car l'avenir n'est interdit à personne. On a dit quelquefois que nous avons un culte passionné pour l'armée, cette armée qui groupe aujourd'hui toutes les forces nationales; ce n'est pas un esprit belliqueux qui anime et dicte ce culte, c'est la nécessité, quand on a vu la France tombée si bas, de la relever, afin qu'elle reprenne sa place dans le monde. Si nos cœurs battent, c'est pour ce but et non pour la recherche d'un idéal sanglant; c'est pour que ce qui reste de la France nous reste entier; c'est pour que nous puissions compter sur l'avenir et savoir s'il y a, dans les choses d'ici-bas, une *justice immanente* qui vient à son jour et à son heure! »

Discours pacifique : « Nous ne luttons pas pour un idéal sanglant.... Les grandes réparations peuvent sortir du droit. » A quel point il était sincère, ses lettres intimes l'ont montré. Cependant ses adversaires se mirent à crier : « Gambetta, c'est la guerre! » méritant ainsi l'injuste reproche qu'eux-mêmes lui avaient si souvent adressé, de faire intervenir l'étranger dans nos querelles. Et par quelle contradiction manifeste, longtemps même après sa mort, l'accusèrent-ils d'avoir renoncé, par ce discours, à l'action et détendu, par un espoir de revanche pacifique, le ressort moral de la France! M. Charles Maurras, qui est demeuré sévère pour sa mémoire, écrivait encore en 1916 que son patriotisme fut purement « moral et juridique », « peu attentif au territoire, très insoucieux de l'histoire ». (*Quand les Français ne s'aimaient pas.*) Le patriotisme de Gambetta était, en effet, moral et juridique, mais il n'était ni inattentif au territoire, ni insoucieux de l'histoire, et il était profondément passionné. Seulement, Gambetta était obligé de gagner du temps; c'est là ce qui explique sa conduite, ses paroles, depuis 1875.

GAMBETTA

Huit jours après, Grévy, passant à la gare de Dijon pour se rendre à Mont-sous-Vaudrey, faisait la leçon aux « ambitions personnelles » : « Aujourd'hui, disait-il, ce n'est pas un homme, quels que soient sa position, ses intentions et ses efforts, c'est la France qu'il faut louer, la France si sensée, si sage, si intelligente de ses intérêts. Continuons à être sages, à ne nous laisser entraîner ni à l'impatience, ni à l'exagération, ni à la violence. »

Un mois ne s'était pas écoulé, que M. de Freycinet donnait sa démission. Son Cabinet, divisé, disparaissait comme avait disparu le Cabinet Waddington.

Les ministères Waddington et Freycinet n'ayant pas duré un an, Grévy allait-il faire appeler Gambetta? Les polémiques auxquelles le discours de Cherbourg avait donné lieu n'étaient pas pour l'y décider. On le presse : « Non, répète-t-il encore une fois; je garde Gambetta comme une réserve ». Et il fait appeler Jules Ferry. Jules Ferry avait beaucoup grandi au ministère de l'Instruction publique. Solide, résistant, ce robuste Vosgien semblait d'abord un peu âpre, comme le silex de ses montagnes; mais, sous une apparence froide, il était bon, délicat, et son âme était ardente et brave. Il conserva à peu près le même Cabinet, avec Barthélemy Saint-Hilaire, l'ancien collaborateur de Thiers, aux Affaires étrangères, et Sadi Carnot aux Travaux publics.

Le 12 décembre, à la Sorbonne, Gambetta adhère publiquement à l'École positiviste et proclame Auguste Comte « le plus puissant penseur du siècle ». Déjà, en janvier 1873, au dîner offert à Littré à l'occasion de l'achèvement de son *Dictionnaire*, il avait marqué sa préférence pour sa doctrine : « Il viendra un jour où la politique, ramenée à son véritable rôle, ayant cessé d'être la ressource des habiles et des intrigants, renonçant aux manœuvres déloyales et perfides, à l'esprit de corruption, à toute cette stratégie de dissimulation et de subterfuges, deviendra ce qu'elle doit être, une science morale et restera la règle de droit des sociétés humaines ».

On a parlé de la « philosophie » de Gambetta. Il ne s'embarrassait guère de métaphysique, ni, comme on l'a dit joliment, de ces « inquiétudes que nous cultivons sous le nom de philosophie ». Il avait été déiste, — déiste oratoire — en sa jeunesse. La philosophie d'Auguste Comte exerçait alors une grande influence. Elle représentait assez exactement l'opinion de la majorité des savants, particulièrement de ceux qui, surtout expérimentateurs, se méfient des théories. Des savants ont montré comment ce positivisme trop simpliste aurait besoin d'être élargi par une analyse plus complète. Auguste Comte déclarait à jamais inconnaissable la composition chimique des corps célestes; quelques années après, on inventait l'analyse spectrale. D'autres savants ont rappelé que la science ne parvient pas à l'essence des choses. Gambetta, lui, n'allait pas si loin; il s'arrêtait à l'inconnaissable et, en philosophie comme en politique, au « relatif ». Il vivait dans l'atmosphère de Berthelot, de Taine, de Renan. La science était pour lui le dernier mot de la sagesse.

Une coalition de haines se dresse contre lui. Une brochure est tirée à 100 000 exemplaires : « Gambetta, c'est la guerre! » Il souffre du malaise dont il est, sans le vouloir, l'auteur et dont il est aussi la victime. Il est serré entre l'impatience des uns et l'aversion des autres. Il sent l'amertume, le dégoût. Quel homme public n'a connu ces heures? Il écrit : « Tes magnifiques fleurs ont ébloui et charmé tous nos convives. Tu vois ce qui manque à mon bonheur, c'est ta présence dans ces fêtes et le bien que tu trouverais l'occasion d'y faire. Tu n'as qu'un mot à dire, qu'un signe à faire, il est vrai, devant M. le Maire; mais il est bref, s'il est héroïque, et nous entrons dans la Terre promise; tu entends bien : promise! » (13 février 1881.)

En janvier, il est réélu président de la Chambre par 262 voix sur 307 votants. Désigné aux défiances de l'étranger, il essaye d'amortir les polémiques : « La France, dit-il, ne cache ni desseins secrets ni aventures ». Mais on voit sa main partout; on l'accuse d'avoir influencé la conduite du gouvernement français dans les affaires de Grèce. Bismarck, étonné par le discours de Cherbourg, avait dit : « Gambetta, au pouvoir en France, agirait sur les nerfs de l'Europe comme un homme battant le tambour dans une chambre de malade ». Jules Ferry et Barthélemy Saint-Hilaire craignaient des complications; ils tenaient à ne pas paraître obéir aux volontés d'un autre. Dans les débats de la Chambre, Gambetta est mis en cause;

alors, il « se donne à lui-même la parole »; il affirme qu'il n'a pas eu à se prononcer. « Quant à la politique du gouvernement, je lui donne ma confiance; mais je la lui donne les yeux fermés. Je n'ai pas à dire si j'ai une politique; je n'ai pas à faire connaître si cette politique différerait de celle du gouvernement; j'ai mes sentiments, mes opinions sur les affaires extérieures; *je saurai attendre.* » — La situation devenait de plus en plus fausse pour tout le monde.

Il s'explique sur les paroles de Cherbourg : « Quand j'ai parlé à Cherbourg, pendant huit jours personne ne s'est aperçu qu'il y eût dans mon discours des menaces, des provocations ou de criminels desseins. On a attendu que le discours fût commenté par les passions. Et quand il est revenu commenté, il y a eu un mot d'ordre, et ces accusations sont devenues une opinion générale. Le discours que j'ai prononcé à Cherbourg n'était pas plus un discours belliqueux que celui qui a été prononcé à la même époque et dans les mêmes circonstances par le chef de l'État. »

Le président de la Chambre n'avait à donner ni sa confiance ni sa défiance au gouvernement. Que pouvait donc être l'existence d'un Cabinet que le président de l'Assemblée tenait lui-même en suspens : *Je saurai attendre?*

Pour mettre fin à son « attente », il lui fallait le grand scrutin, celui qui permet les combinaisons, les tractations, les rapprochements entre les personnes et entre les diverses nuances du parti. Les ministres étaient divisés. Jules Ferry déclare que le gouvernement restera neutre. L'Élysée fait campagne pour le maintien du scrutin d'arrondissement. Le 19 mai 1881, Gambetta descend de nouveau du fauteuil et, dans toute la plénitude de son talent et avec les ressources oratoires les plus abondantes et les plus variées, prononce un de ses plus célèbres discours. Il se défend d'abord de penser pour lui-même à des candidatures multiples, à des candidatures « plébiscitaires », qui pourraient « atténuer l'autorité et le prestige du pouvoir exécutif ». Parlant des élections républicaines de juillet 1871 à 1875, élections qui « avaient la puissance de toute la voix du pays et non celle d'un simple arrondissement », il jette la comparaison célèbre : « une sorte de miroir brisé où la France n'aurait pas reconnu sa propre image ». Avec les 363, c'est l'unité de liste qui a triomphé. Il est impossible de fonder un gouvernement républicain à la hauteur de sa mission sans faire reposer la consultation du pays sur la base la plus large. Lorsqu'on représente la France, c'est-à-dire la plus haute personne morale qui soit dans le monde, on peut bien se demander si l'on fera surgir les représentants de 100000 électeurs ou de 6000. Et comment toucher aux compartiments administratifs, judiciaires, militaires, économiques? « Vous êtes les prisonniers de votre origine. L'avenir est dans vos mains; il dépend de vous qu'il surgisse, ici, un véritable parti de gouvernement, compact et sérieux, pour mener la France jusqu'au bout de ses glorieuses destinées. Vous ne voudrez pas encourir la sentence du poète romain : « Pour sauver leur vie, ils ont perdu les « sources mêmes de la vie;

« *Propter vitam vivendi perdere causas.* »

Le scrutin de liste est voté. Gambetta triomphe; les voies sont ouvertes.... Mais voici que le vent va tourner encore une fois.

Il avait promis d'assister, dans sa ville natale, à l'inauguration d'un monument élevé aux enfants du Lot morts pendant la guerre. Il est reçu avec enthousiasme. Il s'abandonne, se répand en effusions patriotiques, loue le Président Grévy. « Encore un coup de collier du suffrage universel, et nous tiendrons cette communauté d'efforts et de volonté sous un gouvernement libre et définitif. » Il fait entendre que, si le Sénat vote le scrutin de liste, il évitera la revision de la Constitution, déjà proposée à la Chambre. « Il y a cinq ans que ce pays a une Constitution. Certainement, elle n'est pas immuable; elle doit être perfectionnée; elle le sera, et dans un sens démocratique; mais ne nous hâtons pas, et, avant que l'édifice soit véritablement consolidé, ait subi le tassement nécessaire, n'ébranlons pas l'une quelconque de ses assises. Ne mettons pas à la fois tout en question et ne disons pas que cette Constitution, qui nous a sauvés et qui nous abrite, autour de laquelle toute la France républicaine s'est réunie et groupée, ne disons pas qu'elle a besoin d'être remaniée dès maintenant. Je demande qu'on attende que les pouvoirs établis par cette Constitution aient accompli leur révolution. »

Il est enivré ; il écrit : « Cela ne ressemble à rien de ce que j'ai vu jusqu'ici ; la terre, le ciel s'en mêle, et c'est la plus belle fête qu'il ait été donné à un homme de voir sur son sol. » (26 mai 1881.) — Mais cette fois, c'en est trop ; la coupe déborde. On rappelle les tournées de Louis-Napoléon en 1851. C'est bien la « dictature » !

Le 3 juin, au Sénat, Waddington, rapporteur, signale le danger du « plébiscite partiel, par département ». C'est ce qui s'était fait sur le nom de Thiers en 1871 ; mais, en 1871, Thiers était seul en ligne : maintenant, il y avait des pouvoirs établis, Président de la République, Sénat, ministres. On pouvait répéter à propos de Gambetta ce qu'on avait dit autrefois de Lamartine : « C'est une comète dont on ne peut mesurer l'orbite ». Waddington montre le péril d'élections multiples faussant le jeu de la Constitution, l'équilibre des pouvoirs, et annihilant la Présidence de la République : « Comment voulez-vous que le Président, vis-à-vis d'un personnage nommé dans un grand nombre de départements par un million ou un million et demi de voix, reste libre de choisir ses ministres ? » (C'est, en effet, ce qu'on vit plus tard avec le général Boulanger, et l'on supprima alors les élections multiples.) Le Sénat refuse de passer à la discussion des articles.

Dès le lendemain, Gambetta, irrité, fait volte-face et, à Tours, se prononce pour la revision, seul moyen, dit-il, de vaincre la résistance du Sénat. De si brusques changements n'étaient pas, il faut l'avouer, pour donner à ce peuple une foi profonde dans l'excellence des institutions qu'on lui avait tant vantées. On retombait presque aussitôt dans cette instabilité, non seulement gouvernementale, mais constitutionnelle, que les ennemis de la République lui avaient tant reprochée. Jules Ferry, avec son robuste bon sens, disait : « On n'arrache pas un arbre pour voir si les racines ont pris ». Beaucoup de républicains pensaient que ce discours de Tours avait trop l'air d'un coup de tête. Il brusquait les hommes et les choses. J.-J. Weiss, dans son zèle de néophyte, écrivait, pour l'excuser : « Repoussé à droite, il était bien obligé de prendre son point d'appui à gauche ». Médiocre raison : la politique n'est pas un jeu d'équilibre. Il ne s'agissait pas de savoir si les modifications constitutionnelles qu'il proposait pour le Sénat étaient bonnes ou mauvaises en elles-mêmes ; l'égalité de suffrage par commune, quel que fût le nombre de la population, et l'inamovibilité étaient deux principes difficiles à maintenir dans une démocratie égalitaire et destinés à disparaître tôt ou tard ; mais la soudaineté de cette manœuvre jurait avec ses déclarations récentes, avec l'ensemble de sa politique. Des esprits sages virent là un accès d'humeur contre le Sénat, une sorte de vengeance d'enfant gâté de la fortune, qui ne supportait aucune contradiction. Entraîné, Jules Ferry, à son tour, fut obligé de se déjuger et de se rallier à la revision ; la situation de son ministère devint critique.

Les élections étaient fixées au 21 août. Le XXe arrondissement de Paris, qui avait élu Gambetta à quatre reprises, formait, maintenant, par suite de l'accroissement de la population, deux collèges ; il se porta dans les deux, mettant une sorte de coquetterie avisée à garder Belleville tout en conquérant la France, et donna, le 12 août, une première réunion à l'Élysée-Ménilmontant. Le voici en « tête à tête avec cet autre monstre, plus épais et plus difficile que celui de Varzin ». Fidèle à sa parole, il n'a pas voulu, dit-il, se présenter ailleurs. Il repousse l'accusation outrageante de « dictature ». « On ne parlait pas de ma dictature au 24 mai et au 16 mai ! » On a appelé sa politique d'un « nom mal fait », « opportunisme ». « Si ce barbarisme signifie politique avisée, ne laissant jamais passer l'heure propice, les circonstances favorables, mais ne sacrifiant rien ni au hasard, ni à l'esprit de violence, on pourra tant qu'on voudra appliquer à cette politique une épithète malsonnante et même inintelligible, mais je dirai que je n'en connais pas d'autre, car c'est la politique de la raison, et j'ajouterai que c'est la politique du succès. »

Il s'avance dans le foyer ardent, la poitrine découverte. Il évoque les échecs sanglants de l'ancien parti républicain, les excès suivis de réactions, et, du côté des « classes dirigeantes », de la bourgeoisie, la peur. « Voilà ce qui m'a inspiré de rompre avec ce passé et de me dire : Tu consacreras ta vie à soutirer l'esprit de violence qui a tant de fois égaré la démocratie, à lui interdire le culte de l'absolu, à la diriger vers l'étude des faits, des réalités concrètes. Tu te présenteras comme une sorte de conciliateur entre les intérêts des uns et des autres, et si tu pouvais arriver à réaliser cette alliance du

GAMBETTA

peuple avec la bourgeoisie, tu aurais fondé sur une assise iné-
branlable l'ordre républicain. »

Il évoque l'œuvre accomplie. Puis, il se tourne vers l'avenir.
Il entend ne pas abandonner sa méthode : « Elle ne consiste
pas à tout aborder de front, à toucher à la fois à toutes les
questions, à se mettre, pour ainsi dire, tous les matériaux de
la maison à construire sur les bras. Non, ma méthode consiste
à sérier les questions. » Réforme judiciaire; réduction du
service militaire à trois ans, obligatoire pour tous, sans
congés, avec des cadres solides de sous-officiers (ainsi, trois
étapes : en 1872, c'est lui qui a aidé Thiers à obtenir le service de cinq ans; en 1876, c'est lui qui l'a fait maintenir; en
1881, il met comme conditions à la réduction du service ces
garanties essentielles); législation sur les associations et les
biens de mainmorte; application stricte du Concordat;
impôt sur le revenu. Il met le doigt sur les plaies : « Nous
sommes dans une démocratie, non dans un régime de faveur.
Quand je défends l'indépendance de l'administration, je dis
que je suis plus libéral, plus démocrate que ceux qui prétendent qu'on doit tout livrer aux pratiques, aux compétitions et
aux influences parlementaires. » Partisan de la centralisation
politique, il demande la décentralisation administrative; il
voudrait que les communes eussent chacune leur force propre,
que chaque commune eût le droit de gérer ses biens, d'em-
prunter, d'hypothéquer à ses risques et périls et d'être propriétaire dans le domaine de ses intérêts locaux.

A la politique extérieure, il ne demande qu'une chose :
c'est d'être digne et ferme, c'est de se maintenir les mains
libres et les mains nettes; c'est de ne choisir personne dans le
concert européen et d'y être bien également avec tout le monde.
(Dans une lettre du 5 juin 1875, il disait déjà : « Notre rôle est
d'être, comme le Sosie de Molière, l'ami de tout le monde,
libre de nos mouvements, et de reculer la collision le plus
longtemps possible »). Et il reprend l'idée de Cherbourg :
« Qui donc oserait dire qu'il ne viendra pas un jour de consentement mutuel pour la justice dans cette vieille Europe?...
Je ne crois pas dépasser la mesure de la prudence politique en
désirant que *mon* gouvernement, que *ma* République... soit
attentive, vigilante, toujours mêlée avec courtoisie aux affaires
qui la touchent dans le monde, mais toujours éloignée de

l'esprit de conflagration, de conspiration et d'agression. Et j'espère que je verrai ce jour où, par la majesté du droit, de la vérité et de la justice, nous retrouverons nos frères séparés. »

Par cette parole chaude, sincère, cordiale, il tient encore ses hommes, et il les retient; il apprivoise les plus farouches; il est tour à tour familier, ironique, véhément; il les apaise, il les dompte, et aussi, tout en traitant pendant plusieurs heures les problèmes les plus arides, il les amuse et les fait rire. Étrange et émouvant spectacle que cet homme seul, au milieu de cette multitude qu'on travaille, qu'on excite et qui, toute remplie encore de si grands souvenirs, de tous les services rendus, commence pourtant à douter et à se demander si, maintenant, cette politique n'est pas trop lente, trop temporisatrice.

D'autre part, ces paroles : « les mains libres », « également bien avec tout le monde », ne laissaient pas de surprendre ceux de ses amis qui l'avaient entendu, quelque temps avant, se prononcer dans ses entretiens intimes pour l'entente anglaise et pour l'alliance russe. En réalité, il n'avait pas changé d'opinion, — ses premiers actes comme ministre des Affaires étrangères allaient le prouver bientôt, — mais il craignait, par des manifestations publiques, de provoquer les susceptibilités de Bismarck, qui ne redoutait rien tant que ces alliances, de le rejeter vers Saint-Pétersbourg et de faire échouer ses propres desseins en les proclamant. S'il désirait, tout bas, l'alliance russe, était-il habile de le dire tout haut? Il pensait que la Russie deviendrait une alliée de guerre, mais que des démonstrations franco-russes ne pouvaient qu'exciter l'Allemagne et rendre ses menaces plus dangereuses. M. de Freycinet, qu'étonnèrent les déclarations de Belleville, l'indique lui-même dans ses *Souvenirs*, qui sont d'un prix inestimable pour l'histoire de cette époque : « L'Allemagne, lui dit Gambetta, voudrait nous attirer dans son orbite et nous éloigner de l'Angleterre et de la Russie; tenons-nous bien; gardons l'alliance avec ces deux puissances en réserve pour l'avenir. » (28 juillet 1881.) « Nous devons cultiver nos amis de Russie et d'Angleterre. Pas d'alliance en ce moment, ce serait dangereux. Bismarck nous guette, ne lui fournissons pas de prétexte. » (2 septembre.) Et il disait à Jules Hansen (*L'Alliance franco-russe*) : « La France est condamnée à jouer un rôle effacé en Europe et devra observer une grande réserve jusqu'au moment où elle aura une armée très forte. La création de cette armée est notre tâche actuelle.... Quand nous disposerons d'une armée puissante, nous trouverons des alliés, je n'ai aucune crainte à ce sujet; je serai alors, comme vous, partisan d'une alliance avec la Russie. J'ai souvent envisagé cette éventualité avec le général Skobeleff, que j'aime et que j'estime beaucoup. »

M. de Freycinet lui-même, d'ailleurs, n'avait pas suivi, au quai d'Orsay, une autre politique. Waddington, en lui remettant les services, lui avait dit : « La Russie est disposée à un rapprochement; mais nous sommes épiés par le prince de Bismarck. La menace d'un traité entre la Russie et la France pourrait le décider à ouvrir les hostilités. Lisez les dépêches de Saint-Vallier; elles sont fort instructives. » (Freycinet, *Souvenirs*, II, 110.)

Aux yeux de Gambetta, toute manifestation publique en faveur d'un rapprochement franco-russe mettrait nécessairement en défiance, non seulement l'Allemagne, mais, à cette époque, l'Angleterre même. Et puis, une alliance avec la Russie, pour porter tous ses fruits, devait être conduite avec discrétion : le jour où elle deviendrait prétexte à démonstrations retentissantes pour servir des intérêts de politique intérieure, il était à prévoir que l'Allemagne déploierait tous ses efforts pour la faire dévier. Et Gambetta, sans doute, n'eût pas compris une alliance non contrôlée, une alliance à la dérive, où l'épargne française, au lieu de nous servir, serait tournée contre nous. Il est probable que, s'il avait vécu, nous n'aurions pas perdu douze ans du côté de la Russie et plus de vingt ans du côté de l'Angleterre. Or, une telle alliance, fermement et discrètement conduite, n'était pas mûre. Voilà pourquoi, de 1876 à 1881, il se montra, au sujet des alliances, beaucoup plus réservé dans ses discours que dans ses lettres intimes, ce qui fit croire aux uns qu'il était moins pressé d'en conclure et aux autres qu'il était moins chaud pour la revanche.

Quatre jours après, le 16 août, nouvelle réunion publique dans l'autre circonscription, à Charonne. C'était rue Saint-Blaise, un enclos fermé par des toiles, couvert en partie, mal éclairé; la foule, debout, se bousculant. Il pleuvait. Huit mille personnes s'étaient entassées dans cet espace. Aux premiers mots, des cris s'élèvent. Il essaye de parler. Les cris redoublent. La salle prend parti pour ou contre. Chaque fois que l'orateur s'avance, le tapage renaît. Aux rares accalmies, dans une lutte de plus d'une heure, Gambetta, épuisé, indigné, crie, d'une voix rauque, les fameuses invectives : « Est-ce que vous êtes le peuple de Paris?.... Je ne demande qu'à parler.... Comment! je viens ici!... Comment! vous seriez impuissants à rétablir l'ordre?... Vous accusez l'homme qui est ici d'être un dictateur! Savez-vous ce que vous êtes? Le savez-vous? Vous êtes des esclaves ivres, et par conséquent irresponsables!... Le scrutin des vrais et loyaux citoyens me vengera de cette infamie!... Sachez-le bien, je saurai vous trouver jusqu'au fond de vos repaires!... » — C'eût été leur faire bien de l'honneur!

Il obtint la majorité absolue dans la première circonscription, la majorité relative dans la deuxième, et déclara qu'il restait député de la première. Incident médiocre, mais qui fut grossi démesurément par ses ennemis. Sa popularité, dans l'ensemble du pays, demeurait intacte.

A sa gauche, les intransigeants avaient pour chef M. Clemenceau, polémiste acéré, parole incisive, tranchante comme un bistouri, avec les brillants rédacteurs de son journal *la Justice*, qui devaient, eux aussi, en des genres divers, marquer fortement leur place dans les débats parlementaires et dans les affaires du pays, Camille Pelletan, Georges Laguerre, Stéphen Pichon, Alexandre Millerand. Et puis, voici que, entre Clemenceau et Gambetta, se dressaient, sur un plan intermédiaire, d'anciens amis, Henri Brisson, Charles Floquet, qui, eux aussi, le trouvaient trop lent, trop lénitif. Ainsi, à mesure qu'il se rapprochait du pouvoir, il sentait le terrain se dérober sous ses pas. On lui reprochait d'avoir reculé pour la séparation de l'Église et de l'État, d'avoir changé d'attitude sur les armées permanentes, sur l'unité de Chambre et la Présidence de la République, de temporiser pour l'impôt sur le revenu. Qu'il était loin, maintenant, de 1869! Ses adversaires appliquaient le mot « opportunisme » à ces contradictions. Combien, du reste, parmi ceux qui lui adressaient ce reproche, devaient l'encourir à leur tour! L'optique change suivant qu'on est dans l'opposition ou au pouvoir. Cela est regrettable, car ces apprentissages de sagesse se font aux

(257)

dépens du pays. Mais comme notre peuple, après peu de temps, ne se rappelle guère le passé, les politiques en prennent à leur aise. Le Français oublie tout, ne prévoit rien et vit dans la minute présente. On demande seulement aux hommes qui, de bonne foi, ont changé d'opinion quelque indulgence pour ceux qui, ayant su prévoir, n'ont pas eu à changer et mettent leurs conclusions d'accord avec leurs prémisses.

Le scrutin d'août 1881 envoya au Palais-Bourbon 467 républicains et 90 conservateurs. La droite perdait environ 60 voix. La majorité de Jules Ferry et de Gambetta comptait 400 représentants. L'extrême gauche obtenait 46 sièges.

Gambetta était désigné pour le pouvoir par le pays. Au commencement de septembre, il fit un voyage en Normandie et prononça, au Neubourg, un discours de gouvernement. La paisible Normandie, pays de sapience, d'esprit pondéré et fin, peu encline aux aventures et aux innovations téméraires, était une contrée propice pour exposer une politique de mesure et de prudence. Il ne s'agit plus ici du programme personnel de Gambetta, candidat à Belleville; il s'agit d'un programme national. La Chambre nouvelle devra accomplir « la moyenne des réformes réclamées par le pays ». Il y aurait grand péril à se porter trop en avant de l'opinion. Il veut une République « réformatrice, mais non niveleuse ou utopique ».

Il paraît vouloir se dégager de la campagne du scrutin de liste et même de celle de la revision. Il songe à ménager les deux Assemblées, le Sénat, que la menace de la revision tient en méfiance, et la Chambre, née du scrutin d'arrondissement. Il rassure les députés nouvellement élus en déclarant qu'il ne serait pas sage de remettre en question le mode de scrutin dès la rentrée de la Chambre et qu'il faut l'ajourner jusqu'à l'expiration des pouvoirs de cette Assemblée; il ajoute, se réservant : « ou à une rénovation constitutionnelle, si elle a lieu ».

Ainsi, il ajourne la question du mode de scrutin et il n'envisage plus que de façon conditionnelle la revision. Le pays trouvait la chose prématurée. L'orateur de Tours avait parlé sous le coup du vote du Sénat et de la déception qu'il avait éprouvée; maintenant il gagnerait volontiers du temps.

Il exprime l'espoir que la Chambre saura faire taire les

rivalités, les querelles personnelles, les ambitions même les plus légitimes, pour donner au pays une majorité solide, stable, assurant au gouvernement la même autorité qu'à la République elle-même, et il exprime sa pleine confiance dans les élus du suffrage universel.

A Honfleur, il parle de la marine marchande, des travaux publics, des inscrits maritimes; à Pont-Lévêque, de l'élevage. Il fait un nouveau voyage en Allemagne, visite Brême, Hambourg, Lubeck, Stettin. Il va à Friedrichsruhe, en l'absence de Bismarck; voyant le guéridon enlevé de Versailles sur lequel avaient été signés en 1871 les préliminaires de paix, il dit : « Je ne serai satisfait que lorsque j'aurai ce meuble dans mon cabinet ».

A son retour (25 octobre), il parle au Havre et expose les conditions de la lutte économique contre l'Allemagne : transformation de l'outillage; à Pont-Audemer, développement de la richesse publique, « le long de cet admirable ruban qui est mieux que la Tamise, car il part d'un Océan qui nous est ouvert sur 500 lieues de côtes et qui aboutit à la capitale de la civilisation humaine ». Il met une sorte de coquetterie à montrer qu'il sait les questions locales, qu'il est aussi soucieux des intérêts matériels que des intérêts moraux; il se fait orateur d'affaires, défenseur des agriculteurs, des industriels, des commerçants, des marins.

Les Chambres se réunissent le 28 octobre. Gambetta, élu président provisoire par 317 voix sur 364 votants, décline toute candidature à la présidence définitive; c'est dire qu'il se tient à la disposition du Président de la République et de la majorité.

Au Congrès de Berlin, Bismarck, dans sa première entrevue avec lord Beaconsfield, lui avait dit : « Vous devriez vous entendre avec la Russie, la laisser à Constantinople et prendre l'Égypte. La France recevrait Tunis ou la Syrie comme compensation. » On a vu comment les ministres britanniques, prenant Chypre, nous avaient offert Tunis et comment le gouvernement français n'avait pas cru devoir donner suite aux ouvertures de l'Angleterre. Waddington avait tenu secrètes les dépêches qu'il avait échangées avec Londres. Quelques semaines après, le bruit ayant couru dans la presse que Bismarck avait offert Tunis à l'Italie, Waddington chargea notre ambassadeur à Rome, le marquis de Noailles, de prévenir le gouvernement italien : « Il est absolument nécessaire que le gouvernement italien se pénètre bien de cette idée que l'Italie ne peut caresser de rêves de conquête en Tunisie sans se heurter à la volonté de la France et sans risquer de conflit avec elle ». L'Italie était donc avertie. Elle connaissait aussi les dispositions du gouvernement britannique; un député disait à la Chambre italienne, le 21 juillet 1879 : « L'Angleterre laisse faire la France à Tunis ».

Le gouvernement beylical croulait; la régence était en proie à la ruine, à la famine et à la révolte. Le consul italien, Maccio, et le consul français, Roustan, aidé par Chanzy, gouverneur général de l'Algérie, étaient en lutte ouverte. La question était posée depuis le Congrès de Berlin; l'heure était-elle venue de réaliser les avantages recueillis alors et de garantir la sécurité de l'Algérie et la position de la France dans la Méditerranée, en face de Toulon?

Près d'un an s'écoula. Albert Grévy, frère du Président, qui avait succédé à Chanzy comme gouverneur général de l'Algérie, écrivait lettre sur lettre pour qu'on en finît. Un incident força la France d'agir. Le gouvernement fut informé que le chemin de fer de la Goulette à Tunis, le seul existant alors en Tunisie, venait d'être acheté au gouvernement beylical par la Compagnie Rubattino, dont les bateaux faisaient le service entre la Goulette et Palerme, afin d'accaparer tout le trafic de la régence au profit de l'Italie. Rubattino était le beau-frère de Crispi. L'acte d'achat avait été signé au consulat d'Allemagne par le consul italien. Le fait était d'autant plus inquiétant, que la frontière algéro-tunisienne était complètement découverte.

Tout, dès lors, dépendait de Gambetta; lui seul pouvait encourager ou décourager l'opinion et le monde parlementaire. Il avait trop le sens de la tradition nationale et l'intelligence des réalités de l'histoire pour ne pas apercevoir, en même temps que l'intérêt de la France, les possibilités d'exécution. Il savait, notamment, les différences entre les populations algériennes et les populations tunisiennes, entre les armements de 1830 et ceux de 1880, et aussi entre le régime de l'annexion et celui du protectorat. C'est à ce propos qu'il dit au Père Charmetant, envoyé par le cardinal Lavigerie pour l'informer de ce qui se passait dans la régence : « Voilà le journal de Crispi qui attaque le cardinal Lavigerie et vos missionnaires; cela les honore, car ils rendent à la France, en Tunisie, plus de services qu'un corps d'armée ». Et comme le Père Charmetant prenait acte de cette parole, « qui nous changeait du cri de guerre de jadis », Gambetta répliqua vivement : « C'était là une question de politique intérieure; mais, sachez-le bien, l'anticléricalisme n'est pas un article d'exportation ». Le baron de Courcel, alors directeur des affaires politiques, acheva de le décider : « Je n'eus pas de peine, dit-il, à triompher de ses objections, surtout au point de vue italien. Dès lors, tout me devint aisé. Je sentis partout sa main, son activité, son rayonnement, et en même temps sa sollicitude, sa prévoyance, son remarquable don d'autorité.... M. Jules Ferry se décida à son tour. Son rôle ne se dessina qu'à la fin, mais il fut essentiel; il endossa les responsabilités suprêmes avec une décision dont il a mérité de garder l'honneur. »

Le 31 mars 1881, on apprit qu'un groupement de tribus tunisiennes venu des montagnes de Kroumirie avait pénétré dans la province de Constantine et y avait tué des soldats français. Quelques jours après, ces bandes atteignaient plusieurs milliers d'hommes. Roustan propose au bey une action commune de nos troupes et des troupes beylicales sur la frontière; le bey, conseillé par Maccio, refuse. Le 4 avril, Jules Ferry avertit les Chambres et annonce son intention de rétablir l'ordre. Il demande 6 millions pour l'envoi de troupes. Ces crédits sont votés par la Chambre entière, sauf quelques abstentions, et par le Sénat à l'unanimité. La Turquie proteste; les puissances repoussent ses démarches. Bismarck déclare à notre ambassadeur, Saint-Vallier, qu' « on n'apporterait aucun obstacle à notre action, quel qu'en fût le caractère, et s'agît-il d'une annexion ». Le chancelier trouvait son avantage à ce que la politique française se tournât vers la Méditerranée, comme la politique autrichienne vers le Danube, cela n'est pas douteux; mais le fait est que, du côté de Berlin, nous avions dès lors toute sécurité. L'Angleterre était engagée envers nous. L'Italie ne pouvait rien sans elle. Elle savait à quoi s'en tenir : en juillet 1880, le général Cialdini était venu, de la part du premier ministre Cairoli, exposer à M. de Freycinet que, si la France s'établissait à Tunis, l'Italie croyait avoir droit à un dédommagement. « Au mois de mai 1881, a dit Jules Ferry, Cairoli fut déçu et surpris, il ne fut pas trompé. »

Les crédits avaient été votés le 8 avril : le 11 mai, l'armée française (30 000 hommes, dont 8 000 d'Algérie) est devant Tunis; une escadre française entre à Bizerte; le bey accepte le traité que lui présente le général Bréart; mais il obtient que les troupes françaises n'occupent pas Tunis. Le lendemain, 12 mai, les Chambres se réunissent; Jules Ferry fait connaître le traité du Bardo, un protectorat inspiré de l'exemple de l'Angleterre aux Indes. La loi portant approbation du traité est adoptée à la Chambre le 23 mai par 430 voix contre une, et au Sénat le 27, à l'unanimité.

Gambetta, dès que la nouvelle de la signature de l'acte était arrivée à Paris, avait écrit à Jules Ferry : « Mon cher ami, je te remercie de ta communication et je te félicite du fond du cœur de ce prompt et excellent résultat. Il faudra bien que les esprits chagrins en prennent leur parti, un peu partout : la France reprend son rang de grande puissance. Je te serre cordialement la main. — Ce 13, vendredi. (Que valent les augures ?) »

Jamais opération plus utile n'avait été accomplie plus vite, ni plus heureusement. Elle vaudra à Jules Ferry et à ses collaborateurs l'éternelle gratitude de la France; elle ne lui valut, au moment même, que désagréments, calomnies et injures. Paris raillait. Une partie de la presse décida que le nombre des troupes envoyées dans la régence était trop considérable et en réclama le rapatriement : le gouvernement réduisit le corps d'occupation à 15 000 hommes. On avait commis une première faute en cédant à la demande du bey et en n'occupant pas sa capitale; on en commit une seconde en cédant aux réclamations d'une opinion mal informée. Le Sud de la régence était en pleine anarchie. Sfax et Gabès sont occupés. Jules Ferry coupe court à la session des Chambres (29 juillet) et convoque les électeurs pour le 21 août.

Dès le lendemain des élections, 50 000 hommes sont envoyés en Tunisie, sous les ordres du général Saussier. Kairouan est occupé (26 octobre 1881). A la fin de l'année, la régence entière est pacifiée. Le Parlement se réunit le 28 octobre. La dépêche du général Saussier annonçant l'occupation de Kairouan est accueillie à la Chambre par un éclat de rire. Un député s'écrie : « La comédie a raté! »

Jules Ferry annonce qu'il est résolu à se retirer; mais auparavant il dira ce qu'il a sur le cœur : « A entendre tout ce qui se dit, il semble, en vérité, que nous sommes au lendemain de quelque désastre national! Les partis de droite et de gauche ne cessent de nous répéter que l'expédition de Tunisie est un grand malheur, que cette expédition nous fait perdre nos alliances en Europe, qu'elle a désorganisé notre armée, qu'elle doit être placée sur la même ligne que l'expédition à jamais lamentable du Mexique. » Ils prétendent que la France a été lancée dans une guerre par surprise; il les rappelle à la réalité. « Notre véritable ennemi, ce n'est pas l'indigène, ce n'est pas l'étranger, c'est l'incertitude apparente qui règne sur les résolutions définitives du gouvernement français. Deux grands intérêts sont en présence dans ce débat : un grand intérêt politique et un grand intérêt militaire. Ces deux choses, au milieu de toutes nos discussions, doivent nous être sacrées. Ne touchez pas à la France, ne touchez pas à l'armée!... On nous dit : « En cas de guerre européenne, est-ce que l'échi-« quier militaire ne serait pas modifié? » Je réponds : oui, il sera modifié, mais à notre profit, en fermant une porte par laquelle on peut entrer chez nous. »

A travers ces débats enfiévrés, la Chambre était surtout préoccupée de politique intérieure. La majorité se cherchait et les oppositions voulaient l'empêcher de se former. Au bout de quatre jours de discussion, on en était toujours au même point. Vingt-trois ordres du jour avaient été déposés. Plusieurs demandaient la mise en accusation du ministère; d'autres, une enquête; tous avaient été repoussés, le blâme aussi bien que la confiance.

Enfin, dans ce désordre, Gambetta paraît : « La France a mis sa signature au bas du traité du Bardo. Je demande que la Chambre, par un vote clair, déclare que les obligations qui figurent dans ce traité seront loyalement, prudemment, mais intégralement exécutées. En conséquence, je propose l'ordre du jour suivant : « La Chambre, résolue à « l'exécution intégrale du traité souscrit par la nation fran-

GAMBETTA

« çaise le 12 mai 1881, passe à l'ordre du jour. » — 355 voix pour, 68 voix contre.

Le soir, il écrit : « Enfin, nous venons de sortir de l'interminable affaire tunisienne; vers neuf heures du soir, tout a été terminé, grâce à un mouvement d'indignation qui m'a poussé à la tribune après dix-huit votes successifs. Je n'ai pas cru pouvoir tolérer un tel aplatissement de la France républicaine devant l'Europe et je suis intervenu. Je leur ai fait ratifier une politique de fierté nationale. Mais mon intervention m'engage; je suis obligé de discourir avec le Président de la République, s'il est prêt à subir « la dictature », puisque dictature il y a. »

Le 10 novembre, Jules Ferry remet la démission du Cabinet; Gambetta est chargé de la formation du nouveau ministère.

CHAPITRE XVIII

LE GRAND MINISTÈRE

GAMBETTA CONSACRE L'ŒUVRE DE JULES FERRY EN TUNISIE ‖ L'AFFAIRE D'ÉGYPTE ‖ PROJET DE REVISION ET SCRUTIN DE LISTE ‖ CHUTE DU MINISTÈRE (26 JANVIER 1882).

IL n'y avait pas un mois que Gambetta, au retour d'un voyage en Allemagne, avait vu le Président de la République (13 octobre). Le vote de la Chambre le désignait. On ne pouvait plus reculer. Le 22 octobre, Daniel Wilson, sous-secrétaire d'État aux Finances, était devenu le gendre de Jules Grévy; c'était un ennemi acharné. Il y eut, parmi les adversaires de Gambetta, un mouvement de joie quand on le vit « acculé à la porte du Conseil ». Le taureau entrait dans l'arène déjà hérissé de banderilles. On disait à dessein : « C'est le grand ministère! » On donnait comme faite la combinaison des cinq présidents : Gambetta, Freycinet, Jules Ferry, Léon Say, président du Sénat, Henri Brisson, président de la Chambre. L'idée était favorablement accueillie par l'opinion; elle apparaissait comme un gage d'union et de force. Aussi Gambetta crut-il devoir l'essayer d'abord. Mais Jules Ferry avait été mis en échec et il était opposé au scrutin de liste. Léon Say exigeait la formule : « ni conversion, ni emprunt, ni rachat »; or, Gambetta ne voulait pas se lier les mains. Il avait vu, le 16 septembre, M. de Freycinet; il lui avait dit qu'il n'avait aucune envie de prendre le pouvoir, que sa santé ne lui permettrait pas d'en supporter longtemps le fardeau, que cependant il ne pourrait pas se dérober absolument. Il avait demandé à son ancien collaborateur de l'aider à constituer le futur Cabinet : « Ce sera notre Cabinet à tous deux, avait-il ajouté, et je vous laisserai bientôt la direction, ne désirant rester aux affaires que quelques mois et devant ensuite me retirer du pouvoir pour me reposer et voyager en Europe. Vous prendrez donc le portefeuille de la Guerre et vous serez mon principal collaborateur. » Le 11 novembre, Gambetta vint revoir M. de Freycinet et fit de nouveau appel à son concours; seulement le Cabinet qu'il s'agissait de former n'était plus le même : ni Jules Ferry, ni Léon Say n'y figuraient; Freycinet, au lieu d'être ministre de la Guerre, devenait ministre des Affaires étrangères. Sur la liste se trouvaient déjà la plupart des hommes nouveaux qui devaient former le ministère définitif. Après une nuit de réflexions, M. de Freycinet écrivit à Gambetta qu'il ne se sentait pas en état de remplir convenablement le rôle que le futur président du Conseil lui destinait et qu'il lui demandait la permission de rester à son banc de sénateur, où il serait toujours pour lui un ami sûr et dévoué.

Gambetta se proposait de prendre la présidence du Conseil sans portefeuille. Seul, désormais, le président du Conseil communiquerait avec le Président de la République. Celui-ci ne présiderait plus le Conseil des ministres. C'était toute une révolution dans la pratique de la Constitution. Le « premier » devenait le véritable et unique chef du gouvernement, comme en Angleterre. On devine de quel œil Grévy dut regarder ces innovations, lui qui toujours avait su tenir son Conseil dans la main.

Cependant les jours passaient. Il fallait aboutir. Gambetta eut l'impression qu'il se heurtait à des refus concertés et crut reconnaître l'intervention de l'Élysée. Le 8 novembre, il écrit aux Jardies : « Je reçois ta lettre, et je réponds avant d'aller rêvasser à mes odieuses combinaisons parlementaires. Oui, il vaudrait mieux être à Zuppat et surtout à Sorrente. Il en est temps encore. Veux-tu partir?... Je suis prêt et je *nous* sauve; un mot, un oui, un simple oui, et nous sommes libres et pour toujours!... »

Le 15 novembre, le *Journal Officiel* publiait les noms des nouveaux ministres. Gambetta prenait les Affaires étrangères avec la présidence du Conseil et attribuait la Justice à Jules Cazot, l'Intérieur à Waldeck-Rousseau, la Guerre au général

Campenon, la Marine au capitaine de vaisseau Gougeard, l'Instruction publique et les Cultes à Paul Bert, les Finances à Allain-Targé, les Travaux publics à Raynal, le Commerce et les Colonies à Rouvier, l'Agriculture à Devès, les Beaux-Arts à Antonin Proust, le sous-secrétariat d'État des Affaires étrangères à Spuller, le sous-secrétariat des Colonies à Félix Faure, etc. — « Ministère de commis! » cria-t-on aussitôt; des « inconnus! ». Gambetta avait dû insister pour obtenir le concours du jeune Waldeck-Rousseau, orateur disert, supérieur dans le genre froid, quoique très passionné au fond. Un seul sénateur, Cazot, faisait partie du Cabinet, ce qui n'était pas pour plaire au Luxembourg. Deux nouveaux ministères étaient créés : il fallait demander aux Chambres les crédits nécessaires.

La déclaration ministérielle fut froidement accueillie dans l'une et l'autre Assemblée (15 novembre) : revision limitée, diminution des charges militaires, stricte application du Concordat, etc. — « Revision limitée » : là était le terrain de la bataille prochaine : les sénateurs craignaient pour leurs attributions, les députés pour leur existence. Barodet dépose une proposition de revision « illimitée ». Il réclame l'urgence. Gambetta la combat. Clemenceau la soutient. Gambetta réplique. Il l'emporte.

Quelques jours après (8 décembre), on discute les crédits supplémentaires pour les deux ministères et les deux sous-secrétariats d'État nouveaux. Sous le ministère Waddington, un décret du 5 février 1879, créant un ministère des Postes, n'avait donné lieu à aucune critique. Cependant, la commission émet le vœu qu'à l'avenir aucun ministère ne soit institué sans l'assentiment préalable des Chambres. C'est un blâme. Gambetta demande à la Chambre la suppression de ce vœu. M. Ribot, avec une habileté et un talent qui font présager son grand rôle, réussit à le faire maintenir.

Gambetta ne se faisait aucune illusion; il prévoyait qu'il ne pourrait pas gouverner avec cette majorité divisée. Il ne tenait pas à rester. On attendait de lui des choses extraordinaires; il le savait; et il savait aussi que ces choses extraordinaires, il ne pouvait pas alors les donner. Il fallait la supériorité militaire; or, elle appartenait à l'Allemagne, il venait de le constater une fois de plus; il fallait des alliances, et elles

GAMBETTA

n'étaient pas mûres. Il portait en lui le rêve de tout homme d'État digne de ce nom, une France unie, réconciliée, groupant toutes ses forces pour une grande action extérieure, ce rêve qui devait se réaliser trente-trois ans plus tard, sous la nouvelle agression de l'Allemagne, quand il aurait eu soixante-seize ans ! Or, il avait affaire à des partis acharnés les uns contre les autres, à des haines politiques et religieuses savamment attisées par le vainqueur, à des Assemblées qui tremblaient au moindre souffle. L'homme de 1870 portait en son âme 1914 ; mais l'homme de 1870 ne devait pas être l'homme de 1914. Le destin, qui s'était offert à lui à trente ans, se dérobait à quarante.

Enfin, il était, physiquement, atteint ; cette vie fiévreuse, épuisante, « oscillante », comme il disait, cette perpétuelle ivresse de passion, les émotions de la guerre et de la tribune, cette prodigieuse carrière l'avaient vieilli prématurément ; il était las. Il souffrait aussi, sans le dire, des calomnies et des outrages dont ses ennemis ne cessaient de l'abreuver et qu'il allait boire jusqu'à la dernière minute, jusqu'à la dernière goutte.

A quelqu'un qui lui conseillait de décliner la charge, il avait répondu : « Et tous ceux qui comptent sur moi ? » Mais il ne fit rien pour gagner la majorité, au contraire. Waldeck-Rousseau osait écrire aux préfets : « Un système de gouvernement qui reposerait sur cette idée, que l'avis d'un préfet n'est rien et que la recommandation d'un député est tout, serait un régime également funeste à l'indépendance de l'électeur, du député et des ministres ». Scandale ! Gambetta avait dit, à Tours : « L'administration est l'intendant de la démocratie ; lorsqu'on touche à ses prérogatives, c'est la maison qu'on ruine ». Et à Belleville : « L'administration n'est plus maîtresse chez elle, le pouvoir exécutif cesse d'être le maître de ses agents, qui ne sont plus les maîtres de leurs fonctions ». Les républicains étaient trop près de l'Empire, du 24 mai, du 16 mai, pour ne pas se défier de ce qu'on appelait un « gouvernement fort ». On ne concevait pas alors nettement la différence entre un pouvoir parlementaire solide, durable, et le pouvoir personnel. La République parlementaire n'avait pas encore trouvé son assiette : au gouvernement, la direction et l'action ; au Parlement, la délibération et le contrôle.

L'autorité souffrait des épreuves récentes du despotisme et de l'oppression. Tout, dans les esprits, était encore confus et chaotique.

Le général de Miribel, qui, au 16 mai, avait été chargé, avec Ducrot, de préparer une mobilisation des troupes pour le cas d'une seconde dissolution, est nommé chef d'état-major de l'armée; le maréchal Canrobert, alors sénateur bonapartiste de la Dordogne, et le général de Galliffet, qui avait réprimé la Commune, sont appelés au Conseil supérieur de la guerre; J.-J. Weiss, Alsacien d'origine et de cœur, qui avait été conseiller d'État de Broglie, est nommé, à défaut d'Albert Sorel, directeur des Affaires étrangères en remplacement du baron de Courcel, nommé ambassadeur à Berlin, — en même temps que Floquet à la préfecture de la Seine, Magnin à la Banque de France, etc. Pour les affaires techniques, Gambetta regardait aux compétences avant de regarder aux opinions. Il disait : « On gouverne avec un parti, on administre avec des capacités ». Ainsi faisait Danton, prenant à la Guerre et aux Affaires étrangères les commis de la monarchie. Mais Weiss et Miribel étaient plus marqués; et un grand nombre de républicains s'inquiétaient de ce que, si près des luttes de la veille, on choisît d'anciens adversaires donnant si peu de gages à la défense des institutions.

Le ministre de la Guerre est questionné sur la nomination du général de Miribel : « Vous confiez la République, dit Clovis Hugues, à ceux qui, de tout temps, ont essayé de l'assassiner! » Le général Campenon avait parlé une première fois et se préparait à remonter à la tribune; le président du Conseil fait observer au ministre que le règlement, en matière de question, ne permet pas la réplique; Henry Maret crie au général Campenon : « Ne parlez pas; César le défend! » Gambetta : « Parlez donc en français! » Maret : « Soit! je ne dirai pas César, je dirai Vitellius! »

A travers cela, les tourments intimes. Il sent, plus cruellement que jamais, les atroces fatigues de la vie publique. Il écrit à celle qu'il aime : « La nuit a été mauvaise, et le bien ineffable que tu laissais dans mon cœur, l'apaisement moral que tu m'avais apporté, l'espoir que tu avais mis en moi n'avaient pas produit une réaction suffisante pour chasser la vilaine fièvre! » (29 novembre.) « Crois-moi, chère enfant, tu peux nous sauver tous les deux ; oui, nous sauver, car, sans toi, ma vie découronnée et vide n'a plus ni valeur ni charme. » (7 décembre.) « Une nouvelle année va s'ouvrir pour nous ; nous restons les maîtres de changer le sort.... Tu as épuisé la coupe des afflictions ; j'ai connu, sans en être ému ni troublé, toutes les extrémités du bonheur, de ce qu'on est convenu d'appeler, parmi les hommes, les joies du pouvoir et de la renommée ; mais rien ne m'est de rien sans toi, sans ton amour, sans ta présence, sans ta revanche contre une injuste destinée. Ouvrons ensemble cette nouvelle ère, jette-toi sur mon cœur et restes-y.... » (9 décembre.)

Cependant il continue d'accomplir sa tâche. Il confirme le traité du Bardo et consacre ainsi l'œuvre de Jules Ferry en Tunisie. Au Sénat, le duc de Broglie critique le traité, demande « des garanties territoriales plus efficaces » et croit apercevoir un péril pour la France dans le voisinage de la Turquie. Gambetta répond avec mesure et bonne grâce et, témoignant d'une parfaite déférence envers le Sénat, obtient les crédits, à l'unanimité. (10 décembre.)

A Saint-Pétersbourg, Alexandre III avait succédé à son père Alexandre II, assassiné le 13 mars 1881. Les manifestations favorables à un rapprochement franco-russe se multipliaient. Katkoff était le conseiller écouté du nouveau tsar. Skobeleff, adversaire déclaré de l'hégémonie allemande, se préparait à venir à Paris. Gambetta nomme ambassadeur en Russie son agent préféré, Chaudordy. Il songe à envoyer au couronnement d'Alexandre III le duc d'Aumale, comme ambassadeur extraordinaire de la République. On lui a souvent prêté cette phrase : « Appuyés sur Londres et sur Pétersbourg, nous serons invincibles ». S'il ne l'a pas dite, il l'a pensée, et mise en œuvre.

Mais la question d'Égypte allait donner à la politique française et à la politique européenne un autre cours.

Avec le Nil, c'est la France qui a fait l'Égypte. Nos savants, nos soldats, nos ingénieurs, nos industriels, nos commerçants, nos juristes avaient travaillé à la prospérité de ce pays. C'est la France qui avait organisé la justice, l'enseignement. Il y avait alors en Égypte 18 000 Français et, parmi eux, les représentants de nos plus grandes industries. Des agents français administraient tous les ministères. Le canal de Suez était l'œuvre d'un Français. L'Égypte était la fille adoptive de la France. Mais l'Angleterre avait acheté les parts du khédive dans le canal. En décembre 1875, Gambetta avait vainement supplié le duc Decazes, ministre des Affaires étrangères, d'acheter les 176 000 actions que le khédive offrait de nous vendre, promettant que la gauche tout entière ratifierait cette opération. Alors avait été institué, en 1879, le condominium franco-anglais. Il liait l'Angleterre comme il nous liait; il nous assurait une part d'influence rigoureusement égale à celle des Anglais. Grâce à ce régime, la dette avait été réduite, l'impôt allégé, l'usure pourchassée. Dans la pensée de Gambetta, le condominium dans la vallée du Nil était la pierre angulaire de l'entente anglaise. Thiers lui avait dit : « Surtout, n'abandonnez jamais l'Egypte! »

Un mouvement xénophobe venait de se manifester parmi les officiers du Caire. Le 10 septembre 1881, le colonel Arabi avait entouré le palais du khédive, exigeant la convocation des notables, l'établissement d'une Constitution et l'élévation à 18 000 hommes de l'effectif de l'armée, qui avait été réduite à 4 000; le khédive avait dû se soumettre. Le condominium était fort ébranlé. La Turquie en profita pour essayer de ressaisir son ancien héritage : le sultan envoya au Caire des commissaires turcs. Les Cabinets de Paris et de Londres se mirent d'accord pour les faire surveiller par deux cuirassés, l'un français et l'autre anglais, détachés à Alexandrie. (17 octobre.)

Le 14 décembre, Gambetta, dans son premier entretien avec lord Lyons, ambassadeur d'Angleterre, se montre partisan résolu de l'entente : « Serait-il prudent que la France et l'Angleterre se laissassent prendre au dépourvu par une catastrophe? Il serait utile que les deux gouvernements se missent d'accord sur les moyens les plus propres, soit à prévenir une crise, s'il est possible d'en empêcher l'explosion, soit à y remédier, si elle est inévitable. »

Mais le gouvernement britannique ne se souciait pas de voir la France prendre la direction de l'affaire : les entretiens du Congrès de Berlin et une note de lord Granville à sir Edward Malet, consul général au Caire, le 4 novembre 1881, communiquée au Cabinet de Paris, le montrent assez. Il se tint sur la réserve. Le 23 décembre, lord Lyons répond à Gambetta : « Le gouvernement de la Reine est d'avis qu'il faut assurément rendre manifeste l'entente cordiale au sujet de l'Égypte, mais qu'il y a lieu de réfléchir mûrement pour déterminer la conduite à tenir au cas où les désordres se renouvelleraient ».

Gambetta, s'emparant de la déclaration de lord Granville qu' « il y avait lieu de rendre manifeste l'entente relativement aux affaires de l'Égypte », insiste pour que « l'accord des deux puissances ne reste pas à l'état platonique ». Désirant qu'on « poursuive ensemble un but précis et déterminé », il propose « que les deux gouvernements chargent leurs représentants au Caire de donner effectivement à Tewfik pacha l'assurance de la sympathie et de l'appui de la France et de l'Angleterre et d'encourager Son Altesse à maintenir et à affermir sa propre autorité ».

Le 6 janvier, lord Lyons écrit à Gambetta : « Le gouvernement de Sa Majesté adhère au projet de déclaration contenu dans votre note du 30 décembre, avec cette réserve qu'il ne doit pas être considéré comme s'engageant par là à quelque mode particulier d'action, si une action devait être trouvée nécessaire ».

Le projet de note commune est accepté ; mais l' « action » et le « mode d'action » sont réservés. Lord Granville dit à notre ambassadeur Challemel-Lacour : « Ce qui importe le plus, ce n'est pas que le concert anglo-français soit réel, c'est qu'il soit apparent ». Challemel-Lacour ne laisse aucun doute sur le médiocre empressement de lord Granville. Il écrit, le 17 janvier, que, « si le Cabinet de Londres a envisagé l'éventualité d'une action effective, ç'a été pour l'écarter ».

L'initiative prise par les deux puissances occidentales avait éveillé les susceptibilités de la Porte et des autres Cabinets. Ils y virent ou affectèrent d'y voir un empiétement sur leurs droits et une violation du statut qui avait été donné à l'Égypte sous leur garantie. Gambetta, afin de connaître leurs intentions, s'adressa à notre chargé d'affaires à Berlin, le comte d'Aubigny. Celui-ci répondit le 10 janvier que, si de nouveaux troubles venaient à se produire, l'Allemagne, la Russie, l'Autriche et l'Italie repousseraient la descente de forces anglo-françaises sur les bords du Nil ; la seule solution qui leur paraîtrait praticable serait « l'envoi de régiments turcs, après entente préalable de la Porte avec les Cabinets de Paris et de Londres et avec l'adjonction, au besoin, d'une démonstration navale de ces deux puissances ». Et le 17 : « Selon des informations venant de bonne source, l'Angleterre aurait consulté le prince de Bismarck ; le chancelier aurait répondu en exprimant la crainte que la Russie, l'Italie et même l'Autriche ne vissent pas l'intervention de la France et de l'Angleterre sans s'émouvoir. Le conseil que donnait le prince était d'éviter à tout prix une action militaire combinée de l'Angleterre et de la France en Égypte. » Le 31 encore, mêmes indications. Le 24, Challemel, écrivait à Gambetta : « Je crains que lord Granville n'incline à accepter l'intervention de quelque autre puissance ». L'ambassadeur britannique à Berlin agissait en même temps auprès de Bismarck et auprès de notre représentant pour nous évincer. Et Bismarck cherchait tout à la fois à affermir la position de l'Allemagne à Constantinople et à nous séparer de l'Angleterre. On verra comment il y réussit.

A l'intérieur, Gambetta avait tout calculé ; il avait contre lui, dans cette Chambre, trop de forces adverses ; il arrivait au pouvoir, ou trop tard, ou trop tôt : à quoi bon s'user, ramer péniblement contre les vents contraires ? Non, son heure n'était pas venue, il le savait. Et alors, lui qui avait dit à la sage Normandie qu'il serait « puéril » de demander à la Chambre nouvelle le changement du mode de scrutin auquel elle devait sa naissance, il tire, de nouveau, son arme du fourreau et la lui met sur la gorge. Elle ou lui : pensait-il qu'elle se laisserait faire ?

Le 12 janvier 1882, il écrit : « L'orage s'amoncelle, les nuées s'épaississent ; je compte bien que tout ce gonflement diluvien va crever dans quelques jours sur ma tête. Je poserai carrément la question, je jouerai franc jeu : *quitte ou double*! Ils passeront sous les fourches caudines, ou je les abandonnerai à leur irrémédiable impuissance. Je me sens à la fois libre et plus résolu. La fortune prononcera. » — « Quitte ou double! » Oui, voilà le mot : ou triompher, ou périr, pour renaître un jour tout entier.

Le 14, il apporte son projet de revision. Il veut régler par la Constitution le mode de scrutin de la Chambre, comme est réglé déjà le mode de scrutin du Sénat. Pour l'élection des sénateurs, il proportionne le nombre des délégués des communes au chiffre de leurs habitants; aux sénateurs inamovibles élus par le Sénat, il substitue des sénateurs élus pour neuf ans par les deux Chambres; enfin, dans l'ordre budgétaire, il donne le premier et le dernier mot à la Chambre.

La commission chargée d'examiner le projet y est presque entièrement hostile. « Gambetta veut être le maître de la Chambre, dit un député; il faut choisir entre la Chambre et lui ». Wilson, âme de la coalition, dit : « Le Président de la République est opposé au projet ».

Le 19 janvier, Gambetta écrit : « Voici enfin que les nuages se dissipent et que je vois en face mes adversaires de tout ordre. Nous nous battrons en plein soleil. Quel beau terrain de bataille ils viennent de me livrer! Il ne s'agit plus, en effet, de politique, de textes et de lois constitutionnelles, de droit public et de droit électoral; il s'agit d'un intérêt supérieur : Y aura-t-il, oui ou non, un gouvernement digne de ce nom? Je leur dois des remerciements pour avoir institué et assuré au débat, à la crise, toute sa grandeur, toute son importance. Je me réjouis à l'idée de livrer un dernier et beau combat et, quoi qu'il advienne, de retrouver l'occasion de dire la vérité au pays. Et puis, et puis, je chanterai comme le prophète : *Liberavi animam meam*, j'ai affranchi, j'ai délivré ma vie! C'est le cœur joyeux, que je vais au-devant de cette rencontre : car, vainqueur, je les tiens; vaincu, je me reprends! »

Le 24 janvier, M. Louis Andrieux, l'ancien préfet de police, spirituel, caustique, avec du « je ne sais quoi » dans l'esprit, comme Retz, connaissant bien les hommes, les passions et les craintes qui agitaient les cœurs, donne lecture de son rapport : « Le scrutin de liste dans la Constitution, dit-il, c'est la condamnation de nos origines et de notre principe; c'est le crédit et l'autorité morale nécessaires à toute Chambre immédiatement compromis; c'est la campagne dissolutionniste ouverte et près d'aboutir ».

Discussion publique le 26 janvier. Gambetta, dès la première passe, se fend et se découvre. « On vient dire : Nous reconnaissons la compétence complète du Congrès; nous reconnaissons la compétence absolue de chaque membre du Sénat et de la Chambre de soulever toutes les questions; mais il y a une collection de parias parlementaires à laquelle nous ne reconnaissons ni droit ni qualité pour aborder les questions, ce sont les ministres. »

Il s'attaque à l'extrême gauche : « Je sais qu'une Assemblée unique, n'ayant ni contrepoids, ni frein, livrée à l'expansion de ses propres mouvements, est une doctrine encore caressée dans les rangs de la démocratie; mais ce que je sais aussi, c'est que cette théorie succombe à la lumière des événements, à l'expérience de chaque jour; celle que nous faisons depuis quinze jours démontre l'utilité, l'importance capitale, dans une démocratie, de l'existence d'une haute Chambre, ne fût-ce que pour donner le temps de la réflexion à tout le monde ».

Toujours forcé de se défendre, de s'expliquer, de se commenter lui-même, il se donne, se livre, répand son cœur meurtri : « De toutes les douleurs qu'on peut ressentir dans la vie politique — et Dieu sait s'il m'en a été épargné! — il y en a une que je ne peux supporter en silence : c'est d'être présenté au parti républicain comme un homme qui méditerait de se séparer ou de s'écarter de lui. Est-ce qu'on osera venir à cette tribune et dire que j'ai, par je ne sais quelle avilissante pensée qu'on décore du nom de dictature et qui ne serait que la risée du monde si je pouvais descendre jamais à la conception d'une pareille et si misérable idée?... » Les phrases se heurtent, se brisent, se perdent dans le flot écumant. Il évoque les périls affrontés ensemble et fait voir le danger des déchirements mortels : « Vous me connaissez avec mes défauts, et j'ose dire aussi avec la passion que j'apporte au service de la démocratie. Qu'ai-je fait? J'ai partagé avec vous la lutte au grand jour contre les adversaires de la République. Nous sommes débarrassés de nos adversaires; il nous reste à nous gouverner nous-mêmes, à lutter contre les incessantes causes de division qui nous assiègent, à dépouiller la préoccupation des personnes pour ne voir que le pays. » Et enfin, tout le présent et tout l'avenir, — tout l'avenir intact, tout l'avenir sauf, toute la route libre, plus tard, vers les sommets, si on ne veut pas la lui ouvrir maintenant. « On me disait : « Changez votre pouvoir occulte en un pouvoir réel », et je répondais : « Changez la législation électorale, et je suis prêt!... » J'ai la conviction, quand je vous résiste, que c'est une nécessité de gouvernement. Je ne puis mettre en face de vos appréhensions que ma loyauté, les projets que nous avons préparés, enfin mon passé, et je fais appel à vos consciences. Dans tous les cas, ce sera sans amertume, sans l'ombre d'un sentiment personnel blessé, que je m'inclinerai sous votre verdict : car il y a quelque chose que je place au-dessus de toutes les ambitions, c'est la confiance des républicains, sans laquelle je ne pourrai accomplir ce qui est — j'ai bien quelque droit de le dire — ma tâche dans ce pays, le relèvement de la patrie! » Il est acclamé. La Chambre subit toujours l'ascendant de l'orateur; elle est toujours vaine de lui. Mais, naturellement, elle se préfère.

M. Andrieux réplique. La confiance suppose réciprocité : quand un gouvernement demande à une Chambre une manifestation de confiance, il faut d'abord qu'il ait confiance en elle. On ne prend pas le pouvoir en face d'une Assemblée avec laquelle on croit impossible de gouverner. Il rappelle les déclarations si récentes du Neubourg. Une Chambre qui, en naissant, condamne ses origines, est frappée de caducité et vouée à une dissolution prochaine.

Gambetta est battu par 268 voix contre 218. Les ministres quittent immédiatement la salle. Le lendemain, à la première heure, il écrit aux Jardies : « Voilà bien la date prévue et bénie pour la délivrance! Je la saluais dans mon cœur, la date libératrice! Tout ce qui arrive doit arriver pour la leçon de l'avenir. Je ne me plains pas, parce que je devine que le pays en sera mieux éclairé et que, dans quelques années, il pourra faire justice et reprendre la vraie tradition. Hier soir, j'ai eu les prémices de la vengeance, bien que ce mets délicat doive se manger froid. La mine des vainqueurs était lugubre; je te laisse à penser si j'ai abusé de ma gaieté! »

Le ministère Gambetta avait duré soixante-treize jours. Il tombait sous les coups d'une coalition où se rencontraient l'extrême gauche, la droite et les amis de l'Élysée. Mais son chef restait la personnification la plus haute de la République et, pour un grand nombre de Français, l'homme de l'avenir.

L'extrême gauche s'indignait qu'on eût abandonné le vieux programme du parti républicain, le programme de 1869, Assemblée unique, séparation, etc.; elle ne voulait pas d'expéditions coloniales; et les allures impérieuses de Gambetta l'inquiétaient. La droite poursuivait la politique qu'elle devait continuer pendant plus de trente ans. Quant au Président Grévy, outre que la popularité de Gambetta lui donnait quelque ombrage et que le voyage de Cherbourg lui était resté sur le cœur, il n'aimait pas les idées de revanche. Ni la politique extérieure de Gambetta ni sa politique intérieure n'étaient pour lui plaire, et il se trouvait maintenant plus à l'aise.

Gambetta part pour Nice et de là pour l'Italie. Le voici à Gênes, à l'air libre et pur, sur la côte vivace, devant la mer vermeille. Le sang de ses aïeux tressaille en ses veines. Écoutez comme il parle : « Je me sens trop seul dans cette grande cité de marbre, que je sens toujours être mon berceau. J'y respire plus librement qu'ailleurs et, loin de me trouver dépaysé, c'est toute son histoire qui me revient comme une tradition de famille. Je me laisse aller à cette rêverie du passé et je m'oublie dans l'admirable aventure de Colomb, les audacieuses courses marines de Doria, les grands coups d'épée de Spinola, les fantaisies dorées des doges; j'éprouve, quoique bien Français, un regret de race à retrouver tous ces grands témoins de la fortune de la superbe République de Gênes, une République où la force et la dignité marchaient de pair avec la liberté populaire. » (13 février 1882.)

CHAPITRE XIX

LA MORT

LE 30 janvier, le nouveau Cabinet s'installe avec M. de Freycinet, président du Conseil, aux Affaires étrangères, Léon Say aux Finances, Jules Ferry à l'Instruction publique, l'amiral Jauréguiberry à la Marine.

On a vu comment, avant la chute du ministère Gambetta, les puissances avaient repoussé l'action exclusive de la France et de l'Angleterre dans la question d'Égypte. Même si Gambetta était resté aux affaires, il n'aurait pas pu continuer la politique indiquée dans sa note du 7 janvier, c'est-à-dire l'action à deux : l'Angleterre se dérobait. Sept jours après la crise, le 2 février, l'Allemagne, l'Autriche, la Russie et l'Italie déclaraient au gouvernement ottoman que le *statu quo* en Égypte, tel qu'il avait été établi par les firmans des sultans et par les arrangements européens, ne saurait être modifié sans une entente préalable entre les puissances et l'État suzerain. L'Angleterre s'étant ralliée à ce point de vue, le nouveau ministère Freycinet fut unanime à penser qu'il fallait entrer en rapport avec les autres gouvernements. Le 7 février, le Cabinet de Londres envisagea un mandat donné à l'Angleterre et à la France au nom de l'Europe. Bismarck approuva ce mode d'action. Il dit à notre ambassadeur, le baron de

Courcel : « Au cas où les deux puissances maritimes seraient disposées à agir et où les autres puissances leur donneraient mandat, je pourrais me rallier à cette solution ». Quelques jours plus tard, le 1ᵉʳ mars, le sous-secrétaire d'État Busch reprenait la pensée du chancelier en termes plus explicites : « La chancellerie allemande, disait-il à M. de Courcel, serait prête à admettre les deux puissances comme mandataires de l'Europe pour le rétablissement de l'ordre sur les bords du Nil ». Quant au Cabinet russe, non seulement il adoptait, mais il préconisait ce mode comme ayant fait ses preuves en 1860. Le 11 mai, M. de Freycinet déclare à la Chambre qu'il agira d'accord avec les puissances, que la situation « prépondérante, privilégiée de la France et de l'Angleterre est reconnue par elles et hors de cause ». Là était la vérité : l'action à deux, en vertu d'un mandat européen. C'était à la fois le respect des traités et la conciliation rationnelle entre l'intérêt de la France et les prétentions de l'Europe. Là était le terrain solide où il eût fallu pouvoir se tenir. Pourquoi ne le fit-on pas? Comment, de là, glissâmes-nous, en quelques jours, jusqu'à l'abandon?

Le lendemain même du jour où il venait de faire cette déclaration à la Chambre, M. de Freycinet adresse à notre nouvel ambassadeur à Londres, Tissot, une dépêche qui devait être communiquée à lord Granville : « La France et l'Angleterre enverraient chacune six bâtiments suffisamment légers pour pénétrer dans le port d'Alexandrie. En cas de débarquement, nous ferions appel à des troupes turques, sous le contrôle des deux puissances. » — Pourquoi ce recours à des troupes turques, ce qui, malgré le contrôle des deux puissances, changeait la face des choses? Voici l'explication que donne M. de Freycinet dans son livre, *la Question d'Égypte* (1915) : « Bismarck, sans refuser positivement son adhésion au mandat, mit en relief les avantages qu'offrirait l'intervention du sultan », et l'Angleterre, « qui appréhendait peut-être notre supériorité numérique, s'était prononcée dans le même sens ». Bismarck avait intérêt à plaire au sultan, afin de développer l'influence allemande à Constantinople. Il avait exprimé cette opinion nouvelle dans des conversations; il n'y avait pas de note écrite. Par ce changement, la situation privilégiée de la France recevait une atteinte grave.

La sécurité du khédive continuant à être menacée, M. de

GAMBETTA

Freycinet, le 23 mai, annonce l'intention de proposer une Conférence et, d'accord avec le Cabinet de Londres, la propose, en effet, le 2 juin. Vive émotion à la Chambre. M. de Freycinet, interpellé, s'élève contre la politique d'aventures, contre l'idée d'une expédition française. Pour rassurer la Chambre, il laisse prévoir, sans le dire expressément, l'éventualité d'une expédition non française, c'est-à-dire turque.

Gambetta intervient : « Quand j'ai entendu dire que, non content d'avoir abandonné la position spéciale, exclusive, que la tradition et les firmans faisaient à la France et à l'Angleterre en Égypte; que, non content de transporter au concert européen, — c'est-à-dire aux adversaires de cette politique, — le jugement et le règlement d'un différend où il n'est pas question de démembrer l'empire ottoman, mais de défendre le *statu quo* établi par des traités, quand j'ai entendu qu'on affirmait une résolution absolue, prise d'avance, que, quelles que fussent les circonstances, jamais, jamais la France n'interviendrait militairement, je me suis rappelé qu'un jour Berryer montait à cette tribune dans une circonstance analogue et disait : « Ne parlez pas ainsi! On ne parle pas ainsi de la France! » — M. de Freycinet proteste : « Ce que j'ai dit, ce que je maintiens, c'est que nous ne trancherons pas isolément la question égyptienne. Nous allons dans le concert européen pour trancher la question collectivement. » — Gambetta : « Vous venez de livrer à l'Europe le secret de vos faiblesses. Il suffira de vous intimider pour vous faire tout consentir. » — Le Cabinet sortait de ce débat affaibli; la France aussi.

Les choses traînèrent en longueur. La Conférence ne s'ouvrit à Constantinople que le 23 juin. Le gouvernement français commença par proposer et par faire agréer un protocole de désintéressement : « Pendant la durée de la Conférence, les puissances s'abstiendront de toute action isolée en Égypte ». Aussitôt, l'Angleterre fit ajouter : « Sous la réserve d'un cas de force majeure, tel que la nécessité de protéger la vie des nationaux ». Et la Conférence décida l'intervention turque. (6 juillet.)

Cependant, le 11 juin, une émeute avait éclaté à Alexandrie. Plus de quarante Européens avaient été tués, soixante-dix blessés. Dans les derniers jours de juin, les Égyptiens renforcèrent les batteries qui commandaient l'entrée du port d'Alexandrie. L'Angleterre n'avait attendu ni les massacres ni l'ouverture de la Conférence pour armer. Elle avait déjà réuni entre Malte et Alexandrie des forces navales considérables. Le 15 juin, Salisbury disait à la Chambre des lords : « On parle de la mauvaise humeur possible de l'Europe; l'Angleterre sait qu'elle est libre d'arriver par elle seule au but de sa politique, si elle ne peut le faire avec d'autres puissances. »

Le bruit court que les passes du port vont être obstruées. L'amiral Seymour, inquiet pour ses navires, signifie aux Égyptiens qu'au moindre indice suspect, il procédera au bombardement et invite l'amiral français envoyé dans les eaux d'Alexandrie de concert avec la division britannique à prendre les mesures que commande la sécurité de leurs marins. Le 4 juillet, lord Lyons communique à M. de Freycinet les instructions données à l'amiral Seymour et lui demande si nous en enverrons de semblables à l'amiral Conrad. M. de Freycinet déclare à lord Lyons que, si « l'amiral Seymour donne l'ordre de procéder au bombardement, nous ne pourrons pas nous y associer ». Notre escadre reçoit l'ordre de lever l'ancre et de se rendre à Port-Saïd. Le 11, les navires anglais ouvrent le feu et lord Granville télégraphie à lord Dufferin, ambassadeur à Constantinople, que le gouvernement de la Reine « ne voit plus d'autre parti à suivre que le recours à la force pour mettre fin à cet état de choses devenu déplorable ». Le 15, les Anglais débarquent des troupes et s'emparent de l'autorité effective.

Le gouvernement français propose alors d'occuper le canal de Suez, d'accord avec les Anglais, et demande, à cet effet, un crédit de 8 millions pour le ministère de la Marine. (18 juillet.) Gambetta remonte à la tribune; c'est la dernière fois. « Ne laissez pas amoindrir le patrimoine de la France ! Plus il est ancien, plus il est sacré ! » — « Piège de Bismarck », dit-on. « C'est un hommage à rendre à ce politique aussi ferme et aussi maître de lui-même qu'audacieux à certaines heures, qu'il ne s'occupe que de choses qui se rapportent directement à l'intérêt allemand. Il ne faut pas mettre M. de Bismarck dans toutes les combinaisons et dans toutes les affaires. N'agissez que d'après votre intérêt mûrement étudié. »

GAMBETTA

« On a parlé de « parti national égyptien », de « nationalité
« égyptienne »; on a découvert que ce peuple, qui depuis quarante siècles est esclave, est à la veille de créer ou de retrouver
les principes de 1789 dans les hypogées des Pyramides!... Ce
n'est pas pour la nationalité égyptienne ni pour le compte du
parti national, qu'il faut aller en Égypte, c'est pour la nation
française. Malheureusement, il est des personnes qui trouvent
qu'Arabi pacha est une force extrêmement redoutable et que
l'armée égyptienne réclame au moins 50 000 Français pour être
dissipée! »

L'entente franco-anglaise doit être maintenue à tout prix,
pour toutes les éventualités : « Je ne connais pas d'autre
politique capable de nous être de quelque secours dans les
plus terribles hypothèses que nous puissions redouter. Ce que
je vous dis aujourd'hui, je le dis avec le sentiment profond de
la clairvoyance de l'avenir : ne rompez jamais l'alliance
anglaise. Je suis un ami sincère des Anglais, mais non pas
jusqu'à leur sacrifier les intérêts français. D'ailleurs, soyez
convaincus que les Anglais, en bons politiques qu'ils sont,
n'estiment que les alliés qui savent se faire respecter et compter
avec leurs intérêts. Ce que je redoute le plus, c'est que vous
ne livriez à l'Angleterre, et pour toujours, des territoires, des
fleuves et des passages où votre droit de vivre et de trafiquer
est égal au sien. Voilà dans quel esprit je voterai les crédits.
Je vous donne cet argent; je crois qu'il sera insuffisant; mais
je vous le donne avec cette conviction que la Chambre ratifie
aujourd'hui non pas un vote de crédits, mais un vote de politique et d'avenir : la Méditerranée restant le théâtre de l'action
française et l'Égypte étant arrachée au fanatisme musulman,
à ces entreprises d'une soldatesque de caserne, pour rentrer
dans l'orbite de la politique européenne. Voilà pourquoi je
donne l'argent et voilà pourquoi mes amis peuvent voter
avec moi. »

J'assistais, du haut des tribunes du public, à cette séance.
Je vois la scène comme si c'était d'hier. Le grand orateur
commença lentement, à voix grave et basse; ainsi faisait
Mirabeau. La puissante machine, au moment de se mettre en
marche, semblait peiner, chercher au plus profond d'elle-
même les forces qui allaient se déchaîner. Peu à peu, le halè-
tement devenait plus rapide; il éclatait enfin en traits de

flamme, brûlant, broyant tout au passage. L'orateur avait contre lui cette coalition des partis extrêmes qui allait devenir, pendant plus de trente ans, la règle du jeu; il avait en même temps contre lui les amis de l'Elysée. Sous le jour implacable du plafond vitré, j'apercevais, dans cette foule défiante, les faces hérissées, prêtes à mordre. Par instants, sa parole passait sur l'Assemblée frémissante comme une rafale et les têtes pliaient comme des épis sous l'orage. C'était une force de la nature, un cyclone. Ironie attristée, indignation roulaient dans le torrent avec la majesté des souvenirs et la magie de l'espérance. Quand il parlait des « docteurs de la loi autour de la mosquée d'El-Ahzar », on croyait voir un tableau de Delacroix. Et l'on sentait, à travers la pénétrante raison de l'homme qui venait de passer aux affaires et savait exactement à quoi s'en tenir sur la sédition militaire et la force de résistance d'Arabi, un dédain qu'il ne cherchait pas à dissimuler pour l'infatuation naïve de l'ignorance et de la frivolité qui, de génération en génération, viennent prendre à la gorge l'expérience et la sagesse. Un jeune téméraire, à l'extrême gauche, s'étant hasardé à l'interrompre par cette bévue : « Ne raillez pas l'aurore du 89 égyptien! » (comme, plus tard, d'autres croiront au « libéralisme » des Jeunes-Turcs, etc.), il le clouait à son banc par une impérieuse réplique. Visiblement, il se faisait un malin plaisir de jouer la difficulté : il se divertissait, non sans une pointe de dilettantisme, à faire cabrer l'adversaire. Parlant des Anglais, dont il voulait être l'ami, non la dupe et qui n'estiment que ceux qui savent leur tenir tête, il indiquait leurs méthodes de colonisation différentes, suivant qu'ils gouvernent des peuples de leur race et de leur civilisation, ou des peuples qui toujours, depuis des siècles, ont vécu « sous le bâton ». — « Sous le bâton! » A ces mots, comme sous un coup de fouet, plus d'une âme généreuse et humaine frissonnait.

A travers cette grande mêlée oratoire, les cris du patriote, les accents pathétiques du républicain outragé par d'injustes soupçons, les souvenirs poignants : « J'ai le droit de dire qu'avant comme après 1870, jamais je n'ai eu de préoccupation plus constante que la sécurité de la patrie; et je me détesterais, je m'interdirais à jamais l'honneur de parler devant mon pays, si je pouvais mettre quelque chose en balance avec son avenir et sa grandeur ! » Quand il s'écriait, dans une péroraison qui retentit encore à nos oreilles : « Je vous le donne, cet argent, mais à une condition : la Méditerranée restant le théâtre de l'action française », la langue, certes, était lâchée : une « mer » qui reste le « théâtre » d'une « action », c'est là un style médiocre ; mais nous voyions la mer bleue, couverte de voiles, le grand lac français conquis à la civilisation par nos pères, toute la France en Orient, toute sa gloire, tous ses prestiges, depuis des siècles, depuis les Croisades. Il y avait en ce tableau une magie d'évocation, une couleur qui jamais plus ne devaient s'effacer de nos âmes. Dans la ferveur de nos vingt ans, nous étions transportés. Cet être, si jeune encore et si prestigieux, qui personnifiait une page tragique de notre histoire, incarnait à nos yeux ce qui est le plus cher au cœur des hommes : l'espérance.

Pendant qu'il parlait, sa mère mourait à Saint-Mandé. Au moment où il descendait de la tribune, ses amis l'y entraînèrent. Penché sur sa mère expirante, il entendait les crieurs de journaux annoncer le discours dont il brûlait encore. Il emporte à Nice sa mère morte : « Je vais conduire seul ma pauvre mère à sa dernière demeure, là-haut, en face de la mer, sous le soleil et sous les fleurs, auprès de ma tante bien-aimée. » Lui-même, hélas ! ira bientôt les rejoindre !

Cependant, à Londres, la Chambre des Communes votait un crédit de 57 millions de francs. A Paris, le Sénat, accorda, par 205 voix contre 5, les 8 millions demandés pour la protection du canal de Suez ; presque toute la droite s'abstint. (25 juillet.) A la Chambre, le 29, M. Clemenceau se prononça contre toute intervention : « L'Europe est couverte de soldats, tout le monde attend. Les puissances réservent leur liberté pour l'avenir ; réservons la liberté de la France. » M. de Freycinet défendit l'intervention limitée, la protection éventuelle du canal. Il ne recueillit que 75 voix. Les amis de Gambetta votèrent contre. Ceux de M. de Freycinet le lui reprochèrent, alléguant qu'une intervention limitée valait mieux que rien. Il était, en effet, singulier de reprocher au gouvernement de ne pas faire le plus, alors qu'on ne lui laissait même pas faire le moins. Du reste, même si les amis de Gambetta avaient voté pour le Cabinet, il n'aurait pas eu la majorité. C'en était fait de la France sur cette terre que son génie avait fécondée. Après avoir été tout pendant cinquante ans, la France, en une heure, n'était plus rien. Notre refus d'occuper le canal de Suez nous excluait à jamais de l'Égypte. Le ministère Freycinet donna sa démission. (30 juillet.) Le 13 septembre, à Tel-el-Kebir, l'armée égyptienne était dispersée en vingt minutes par le général Wolseley.

La Méditerranée a toujours été, avec le Rhin, le grand rêve français. Elle a été, pendant des siècles, une mer franque. A chaque période de troubles politiques et de discordes religieuses, notre influence en Orient a subi une crise. Nos plus grands rois, nos plus grands ministres, Henri IV, Richelieu, par exemple, ont su mener de front l'œuvre de la France sur les marches de l'Est et dans la Méditerranée. Pouvions-nous, après 1870, rester à la fois dans la Méditerranée et sur les Vosges? Jules Ferry, Gambetta le pensèrent; et nous, qui naissions alors à la vie publique, nous le pensions avec eux. Aujourd'hui, l'histoire a prononcé. Dans la plus formidable des guerres, la possession d'un vaste empire colonial, bien autrement vaste que celui dont il s'agissait alors, — puisque, outre la Tunisie, il comprend le Soudan, le Congo, Madagascar, l'Indo-Chine, le Maroc, — n'a pas affaibli la France; au contraire, elle l'a fortifiée; elle lui a donné un surcroît de ressources en hommes et en productions. La preuve est faite. Mais, à cette époque, on sortait à peine des aventures et des catastrophes. Les difficultés de la conquête algérienne, les déboires du Mexique, les souvenirs de l'invasion pesaient sur les âmes. On redoutait les résistances, les diversions, les pièges. Il fallait des hommes, de l'or, du sang peut-être; on en était avare. A beaucoup de Français il paraissait téméraire d'engager au loin les armées et les richesses de la France, quand son flanc était ouvert à l'ennemi. On craignait de dégarnir la frontière; on avait toujours peur d'un coup de Bismarck; on se demandait avec angoisse si, en s'éloignant, on ne ferait pas le jeu de l'Allemagne. La France, quoique relevée déjà, se défiait d'elle-même et portait encore le poids des vaincus et des faibles.

Certains hommes pensaient qu'en continuant d'agir d'accord

avec l'Angleterre en Égypte, nous risquions de nous brouiller avec elle. Même en mettant les choses au pis, il y a un fait que les Français oublient trop souvent et que les Anglais, eux, n'oublient jamais, c'est la valeur des gages. Ils ne lâchent pas ce qu'ils ont acquis. En toute hypothèse, abandonner, pour rien, nos droits, notre situation en Égypte, c'était une duperie sans nom. Nous n'avions pas le droit d'être absents.

Dans toute cette période de notre histoire, on sent peser sur les affaires de la France la volonté de l'étranger. Toujours Bismarck a la main dans nos querelles; il les attise, il les exploite. La Prusse avait été le cancer de l'Allemagne; Bismarck fut le mauvais génie de l'Europe et le fléau de la France. Maudite soit la défaite, non seulement pour les ruines qu'elle accumule, mais pour la longue suite de défaillances et d'abdications qu'elle entraîne après elle! Un peuple de vaincus n'est pas un peuple libre. Nos enfants, eux, du moins, ne connaîtront pas les douleurs que nous avons subies bien au delà des limites de ce récit, jusqu'à la veille de la guerre de 1914!

A l'époque où ces événements se déroulaient, l'opinion, comme il arrive toujours, les ignorait en grande partie. Les détails et les dessous nous échappaient. Gambetta s'était fait illusion sur les dispositions du gouvernement britannique. Il voulait l'engager; il croyait le tenir. Les ministres anglais, qui le savaient peu solide, s'étaient réservés. Avant même la chute de son ministère, l'Europe voulait avoir voix au chapitre. Et dès qu'il fut renversé, le Cabinet de Londres se rallia aux vues des autres puissances. Bismarck, qui, en février et au commencement de mars encore, avait admis l'intervention de la France et de l'Angleterre au nom du concert européen, quelques jours après mettait en avant la Turquie. Le ministère Freycinet, obligé de s'appuyer sur les éléments qui avaient renversé Gambetta, fut pris entre l'Allemagne, l'Angleterre et la Chambre. Toute la période de l'histoire de France que nous étudions est dominée par le fantôme allemand. Il est impossible de s'expliquer à fond les luttes de l'Assemblée nationale, la crise de 1877 et les affaires de Tunisie et d'Égypte, si l'on n'a pas présente à la pensée la perpétuelle menace de Bismarck. Le désastre de 1882 dans la Méditerranée fut la conséquence directe de nos défaites de 1870 sur le continent.

Nous pouvons maintenant juger l'orateur. Avec Mirabeau, Vergniaud et Danton, Gambetta fut une des plus grandes voix de la France depuis la Révolution. Mais, comme Berryer, il n'est guère lisible, il fallait le voir, il fallait l'entendre.

Sa langue est, en général, lourde, flottante, relâchée. Il écrit bien quand il veut : le portrait de Lachaud, brossé à vingt-quatre ans, en est la preuve. Son discours sur le plébiscite en 1869 est d'un grain plus serré que ses harangues populaires de 1873, de 1874, où il parle d'abondance, sans nul souci de la forme; et, naturellement, ses discours de doctrine sont plus travaillés que ses discours de combat. A ses débuts, il écrit d'un bout à l'autre; un peu plus tard, il se contente d'un canevas — exorde, milieu, péroraison, — qu'il met sous les yeux d'un ami; celui-ci, quand il s'en écarte, le redresse; plus tard encore, il essaye ses arguments dans les conversations particulières, dans les groupes. A mesure qu'il avance, il prépare et il revoit moins. Il emploie presque toujours trop de mots; il n'a ou ne prend pas le temps de faire court. Comme Bismarck, comme Cavour, il ne se soucie pas de littérature; le résultat seul lui importe; il s'agit de prendre l'auditoire, de le convaincre, de le mener où il veut. Un discours politique est une arme, non une œuvre; soit! Mais il peut être l'une et l'autre. Il n'est pas nécessaire, pour bien agir, de mal parler : témoin Démosthène. Il ne faut pas qu'un discours sente la littérature, et pourtant il ne faut pas non plus que la critique littéraire y perde ses droits. Il est vrai que cette surabondance de mots, qui permet à l'improvisateur de voir venir sa phrase, si elle rebute le lecteur, peut entraîner l'auditoire. La répétition, qui, écrite, est une faiblesse, parlée est une force. Seulement, c'est là une action toute momentanée, dont il ne reste rien — sauf quelques formules, quelques mots frappés en médaille — et qui périt avec l'orateur. Il n'est pas défendu de parler aussi à la postérité et il ne faudrait pas, par excès d'admiration, aller jusqu'à nous donner pour une qualité ce qui, certainement, est un défaut. Le style importe peu à l'œuvre politique, mais il assure la durée de l'œuvre oratoire. Et nous ne visons là, ni les lieux communs, ni les incorrections. Les lieux communs sont le pain quotidien de l'éloquence; les auditoires politiques s'irritent contre ceux dont la vue dépasse la leur ; celui qui pense avant les autres les surprend, les déroute : de là ces désaccords entre l'esprit des Assemblées et le génie divinateur d'un poète comme Lamartine, par exemple, ou les calculs à longue portée d'un philosophe politique comme Tocqueville. Et certaines incorrections sont de suprêmes beautés. Non : nous pensons à l'imprécision des termes qui naît du vague de la pensée, aux constructions illogiques, aux idées qui chevauchent les unes sur les autres, voire à des solécismes que le tribun — très ami des lettres pourtant — a contribué à faire passer dans la langue, mais qu'on ne trouverait chez aucun écrivain du XVIIᵉ ou du XVIIIᵉ siècle. Et tout cela n'empêche pas qu'avec ses bonds impétueux, ses éclats de verve et d'enthousiasme, ses coups d'aile, les cris qui jaillissaient des profondeurs de son être, son geste où passaient tantôt les colères de la démocratie révoltée et tantôt les détresses de la patrie envahie, ce mélange de souplesse et de force, d'audace et de douceur, de familiarité et de véhémence, il reste une des plus étonnantes puissances oratoires de notre temps. C'est une fournaise qui lance les scories et la fumée trouble avec la lave brûlante.

Le 13 août, Duclerc avait succédé à Freycinet. Gambetta, à la rentrée des Chambres, reprit ses fonctions de président de la commission de l'armée. Il continuait de travailler à son dessein et de tendre ses fils en Europe. Skobeleff, dès le lendemain de son arrivée en France, se fit présenter à lui. Il fut convenu que le général et l'homme d'État dîneraient en tête à tête, afin de causer à loisir. « Nous restâmes, racontait Skobeleff, de six heures du soir à deux heures du matin. Son regard clair et brillant avait je ne sais quoi de railleur et de bon enfant qui donnait à sa conversation un charme particulier. Quand il s'animait, les narines se gonflaient, la bouche devenait dédaigneuse, l'œil s'allumait de lueurs superbes, le masque entier revêtait un air de grandeur. Il avait une intuition merveilleuse des choses militaires et adorait l'armée qui, chose rare, l'avait adopté, bien qu'il ne fût pas sorti de son sein ; elle comptait sur lui, sinon pour la conduire, du moins pour préparer l'avenir. »

Ses amis venaient de fonder sous ses auspices la *Ligue des Patriotes*, avec Alfred Mézières, Félix Faure, Paul Déroulède,

FUNÉRAILLES DE GAMBETTA

D'après une gravure.

Ferdinand Buisson, Édouard Detaille, Antonin Mercié, Alphonse de Neuville, Jules Massenet, Joseph Reinach, Sansbœuf, etc. La *Ligue* avait pour objet « la revision du traité de Francfort, la restitution de l'Alsace-Lorraine à la France », et pour tâche la propagande et le développement de l'éducation patriotique et militaire. Henri Martin la présidait : « Une première mutilation que l'on accepte, disait le vieil historien, est un second démembrement que l'on s'attire ».

Mais la santé de Gambetta était de plus en plus atteinte ; ses accès de découragement devenaient plus fréquents. Le 6 juillet, après avoir défendu devant la commission ses idées sur l'armée ; il s'écrie : « Je juge bien misérable de me dérober à mon vrai bonheur pour le sacrifier aux décevantes chimères de la politique. J'ai cependant accompli une assez utile besogne depuis deux jours ; j'ai fait approuver par la commission de la Chambre mon projet de réorganisation militaire et je tiens encore, par ce dernier lambeau, aux intérêts de la patrie ; je livrerai ce dernier combat et, si j'échoue, je saurai me résigner à ne plus fatiguer mes aveugles contemporains de mes projets de restauration nationale. »

Comme en un pressentiment funèbre, il s'épanche auprès de ses amis et déjà, en quelque sorte, auprès de la postérité : « Je ne regrette rien, n'ayant jamais agi que dans l'intérêt supérieur de mon parti. Le jour de la justice viendra tôt ou tard. S'il ne se lève qu'après ma mort, je n'en aurai nulle rancune. J'ai confiance dans l'histoire. Quand c'est d'elle qu'on attend le jugement suprême, les diffamations, les calomnies passent sans vous effleurer. » Elles le blessaient pourtant. La haine rend triste. Il eut aux lèvres, jusqu'à la fin, la lie de la basse crédulité et le fiel des cœurs vils. S'il ne répondait pas aux calomnies, s'il priait ses amis de ne pas y répondre, il ne voulait en ignorer aucune. Il semblait qu'il y trouvât une sorte d'âpre et cuisante volupté. La veille de sa mort, il se faisait encore lire les articles où l'on raillait sa fin prochaine. (Ranc, *Souvenirs*.) Il se consolait en évoquant la scène fameuse des adieux de Richelieu au père Joseph, le capucin expirant, déjà dans la mort, et le cardinal se penchant sur le lit funèbre, criant la dernière victoire de son armée d'Alsace à son vieux confident, au voyageur qui part pour le pays inconnu où les

(289)

nouvelles du monde ne parviennent pas : « Père Joseph ! Père Joseph ! Brisach est à nous ! »

Enfin, il va réaliser son rêve intime, cette union dont, depuis si longtemps, il caressait le projet : « Quand tu le voudras, ma chère femme, nous mettrons à profit les inventions de notre code civil, ici ou au delà des frontières, à ton choix. Je ne serai satisfait de cœur et d'âme que le jour où tu porteras le titre de cette union indissoluble qui nous lie à jamais. » Sa mère est morte; il est tombé du pouvoir : l'amante consent enfin à devenir l'épouse. Le 21 septembre, il écrit des Crêtes : « Je compte bien que tu es déjà installée à Ville-d'Avray et que tu seras, comme il convient, une maîtresse de maison, préludant ainsi au rôle définitif qui t'attend et le plus vite possible ». C'est dans ce bonheur, si ardemment désiré, qu'il va calmer sa vie blessée : « Je m'assure de plus en plus de mon bonheur. Je me réjouis d'avoir si bien choisi ma compagne et j'ai hâte d'aller retrouver celle d'où dépend pour toujours la félicité de ma vie, le calme de mon cœur et l'ineffable jouissance de posséder un trésor inappréciable. Cette harmonie parfaite de nos âmes fait l'excellence, inaccessible pour d'autres, de notre divine communion. »

Il rentre aux Jardies au commencement d'octobre. Son mariage est annoncé à son père et aux intimes. Il prolonge son séjour à la campagne et y voit arriver l'hiver. Le 27 novembre, vers onze heures du matin, la balle d'un revolver manié imprudemment le blesse à la main droite. Au bout de quelques jours, il paraît guéri. « En janvier, dit-il, je ferai ma rentrée par un discours de réconciliation, un discours de bonne humeur. » Mais, vers le milieu de décembre, il sent de vives douleurs au flanc droit. Une appendicite, puis une péri-typhlite se déclare. Une intervention chirurgicale l'eût peut-être sauvé; on hésita. La perforation intestinale amena la mort le 31 décembre 1882, quelques instants avant minuit. Il avait quarante-quatre ans, huit mois et dix-neuf jours. Une femme le baisa au front et disparut dans l'ombre, à jamais.

Paris et la France firent à Gambetta de splendides funérailles, funérailles nationales et profondément humaines. La France enfermait dans cette tombe une partie de sa propre vie. Le corps fut transféré à Paris, au Palais-Bourbon. Pendant trois jours, des délégations de tout le pays le veillèrent.

Victor Hugo, avec ses petits-enfants, vint le saluer. Une
foule innombrable défila jour et nuit. Les obsèques eurent
lieu le 7 janvier 1883. Le char funèbre portait sur le
drap mortuaire la couronne de la ville de Thann. Ce fut
derrière son cercueil une fédération de toute la France, non
la France diminuée, la France du traité de Francfort, telle
que l'avaient faite la violence et la fraude, mais la vraie
France, la France tout entière, Alsace et Lorraine en tête.
Strasbourg, Metz et Colmar étaient au premier rang; les
hommes des villes exilées marchaient en tête du cortège.
Gambetta mort passa devant la statue de Strasbourg en deuil.
Véritable triomphe funéraire, annonciateur des victoires
futures !

On n'arriva au Père-Lachaise qu'à la nuit tombante. Brisson,
Peyrat, Billot, ministre de la Guerre, prirent la parole.
Henri Martin plaignit « cette destinée épuisant, en quatorze
rapides années, trois phases dont chacune eût suffi à créer
une gloire ». Il répéta le mot qu'un illustre royaliste avait
dit d'un illustre révolutionnaire : « Il était magnanime ».
La nuit devenait noire. Paul Bert n'eut pas le temps de faire
entendre ce qu'un grand cœur avait pu inspirer de passion
ardente et tendre à d'autres grands cœurs : « On a célébré
ta gloire, on a exalté ton patriotisme, ton éloquence sans
rivale, ton âme ardente et ton infatigable pensée, l'existence de la République et l'honneur de la patrie sauvés par
ton génie; on a dit tes rêves d'avenir, tes espérances invincibles, et la plaie saignante de la France ouverte dans ton
propre cœur. Paris faisait silence, et la France entière pleu-
rait. Mais tout cela ne peut nous suffire à nous. Il faut que
nous disions ce que tu étais pour les amis de chaque jour,
et ta bonté charmante qui n'eut point de pareille, et ton
indulgence et ta grâce séductrice, et ton inaltérable belle
humeur, et l'ardeur entraînante de tes expansions amicales ou
joyeuses, et cette exubérance de vie dont la mort s'est si
cruellement vengée. Où sont maintenant ton bon sourire, ta
main affectueuse, ton regard si doux, ton rire si franc? Comme
tu nous tenais tous, et comme nous étions heureux d'être à
toi! Que dire de la lumière de ton esprit, de la chaleur de ton
cœur? Car c'est ce cœur que nous aimions surtout! C'est par
lui que tu nous dominais. Pour nous, il était grand ouvert, et

nous y puisions sans mesure. Il était ouvert même pour tes ennemis, car tu n'as jamais su haïr ; il était ouvert même pour ceux dont la trahison l'a brisé ! Que chacun sache, du moins, combien tu as été aimé et combien tu aimais ! Il ne sera pas inutile pour ta gloire de dire que tu n'as pas seulement été grand ! »

Oui, c'est avec le cœur qu'on fait les grandes choses. Plus on avance dans la vie, plus on met d'abord la bonté, puis le bon sens, ensuite le talent, enfin l'esprit.

« La foule redescendit et se dispersa dans la nuit, emportant la douleur et comme le remords de cette carrière si tôt brisée. » (Hanotaux.) Elle ne savait pas que cette vie orageuse et superbe, consacrée aux plus nobles causes, — la patrie, la liberté, le droit, — avait été aussi une grande vie d'amour. Pour la France, cette mort était une défaite ; pour l'Allemagne, une délivrance.

Sa cendre fut portée à Nice, avec celle de ses humbles aïeux, devant les flots d'azur et les montagnes de neige et d'or dont il gardait en son âme le rayon et l'harmonie. Le soir, dans l'ombre, Spuller, désespéré, lui dit le dernier adieu.

La fin de Gambetta achève la première période de l'histoire de la troisième République. Durant ces treize années, il avait été un des principaux, parfois le principal acteur des plus graves événements : la chute du second Empire, la guerre contre l'Allemagne, la Constitution de 1875 et la fondation de la République parlementaire, le Seize Mai, les affaires de Tunisie et d'Égypte. Son rôle, en ces circonstances extraordinaires, avait été considérable ou décisif. Il avait été grand dans la guerre et grand dans la paix.

Son œuvre, que les contemporains croyaient éphémère, a duré. Si la France, après les désastres de 1870 et après le suicide de la monarchie, a pu fonder un établissement viable, si, après tant de révolutions et d'essais malheureux, la République a pu vaincre au dedans et au dehors, c'est à lui surtout qu'elle le doit.

On s'est souvent demandé quel eût été son rôle s'il avait vécu. Dans ces jeux un peu factices de politique conjecturale, les diverses fractions du parti républicain ont pu se réclamer de sa politique, parce qu'il s'agissait pour lui de maintenir,

au moyen de transactions et de concessions réciproques,
l'unité du parti et de se transporter d'une aile à l'autre de
l'armée, pour la mener, compacte, à la conquête du pouvoir,
puis, la victoire gagnée, d'organiser la conquête; et c'est là
ce qui explique que, sur certaines questions maîtresses, il a
soutenu tour à tour, suivant les époques, des vues diverses,
poursuivant toujours, par des voies différentes, le même
dessein : au dedans, le triomphe de la République, au dehors,
le relèvement de la France. Et, de même qu'en 1877 il ne
faisait pas la même politique qu'en 1869, de même en 1881 il
ne faisait pas la même qu'en 1877 :

> Chacun en a sa part et tous l'ont tout entier.

Une sorte de culte, fervent et passionné, s'est formé autour
de sa mémoire. Chaque année, un pieux pèlerinage s'ache-
mine vers la petite maison des Jardies, où repose son cœur,
où brillent les armes de toutes les villes d'Alsace et de Lorraine, avec ces deux devises : « *In clade decus; spes in luctu;*
dans la défaite, l'honneur; dans le deuil, l'espérance », et où les
Alsaciens-Lorrains gravèrent ces mots : « Nos espérances
restent attachées à sa mémoire, comme elles étaient liées à sa
vie ». D'autres âmes, sans cesse, sont venues s'allumer à ce
feu. Pendant cette guerre même, le 6 avril 1916, nous étions
aux Jardies avec M. de Freycinet, qui, redevenu ministre de
la République et de la nouvelle défense nationale, toujours
droit et clair en son admirable vieillesse, évoqua l'autre
guerre, et avec ceux qui se sont honorés par une noble con-
stance, Antonin Dubost, Gaston Thomson, Joseph Reinach,
Péphau, Étienne, — Étienne qui, chaque année, depuis trente-
huit ans, va porter à Nice une couronne sur la tombe.

Gambetta fut passionnément aimé; il l'est encore. Son nom
fait partie de la religion de la France : quel plus grand rêve
pour une grande âme? Les fautes, les erreurs, les contradictions disparaissent dans le rayonnement. La France ne voit
plus qu'une chose, c'est que, quand tout s'était effondré,
quand on croyait tout perdu, un homme a surgi et a tenu
jusqu'au bout, avec une foi indomptée, le drapeau. Et elle
l'aime vaincu comme s'il eût été vainqueur. Mais que dis-je?
Il est vainqueur. Oui, il est vainqueur aujourd'hui avec nous.

GAMBETTA

C'est parce qu'il a résisté en 1870, que la France a pu garder l'estime du monde et d'elle-même, son rang dans la famille humaine, se relever et remplir le destin qu'il rêvait pour elle. Il n'est pas de grand peuple, ni de grand homme, sans une grande pensée. Quand une nation s'appelle la France, elle ne capitule pas pour trois batailles perdues : voilà ce qu'il a senti, voilà ce qu'il a proclamé avec une invincible force, en d'immortels accents. De 1914 à 1918, son âme a lutté avec nos héros. Son idéal, l'union de tous les Français dans la République victorieuse, s'est réalisé. A l'heure où la France signait la paix du Droit, il était présent au milieu de nous et communiait avec elle.

Le 9 décembre 1918, lorsque nous sommes entrés à Strasbourg, nous avons lu, sur une maison de la Grande-Rue, cette inscription, expression naïve et touchante du sentiment populaire : « Dors content, Gambetta! Enfin, la fière aurore du jour rêvé par toi s'est levée pour nous! »

La France, l'Alsace et la Lorraine se sont données pour toujours à ceux qui les ont ardemment aimées et qui n'ont jamais douté d'elles.

BIBLIOGRAPHIE

Nous croyons avoir connu et consulté tout ce qui a été publié sur Gambetta.

Nous avons utilisé principalement :

Les documents parlementaires, l'enquête de l'Assemblée nationale et les ouvrages français ou allemands sur la guerre de 1870-1871 et le gouvernement de la Défense nationale;

De M. Joseph Reinach : *Discours et plaidoyers politiques de Gambetta; le Ministère Gambetta; la Vie politique de Gambetta.*

De M. de Freycinet : *La Guerre en Province; Souvenirs; la Question d'Egypte.*

L'*Histoire de la France contemporaine*, de M. Gabriel Hanotaux; les *Souvenirs*, du vicomte de Meaux; *Gambetta et l'Alsace-Lorraine*, de M. Henri Galli; *Gambetta par Gambetta*, de M. P.-B. Gheusi.

Le colonel V. Dupuis, chef de la section historique de l'état-major de l'armée, nous a communiqué les états et les cartes des opérations militaires; M. Georges Delahache, des documents relatifs aux négociations de 1871; Mme Arthur Ranc a bien voulu nous confier un certain nombre de lettres inédites adressées par Gambetta à son mari; Mme Marti, fille de Jules Grosjean, nous a remis le texte original de la protestation des députés Alsaciens-Lorrains lue par son père à l'Assemblée nationale (texte que j'ai versé aux Archives de la Chambre dans la séance du 30 juin 1919); MM. Émile Boutroux et Alfred Rébelliau, le discours inédit prononcé par Gambetta à Marseille, au théâtre Musset, en 1869, et des lettres inédites adressées, de Saint-Sébastien, à Barthélemy, en 1871; M. P.-B. Gheusi, des lettres inédites de Gambetta à Ruiz. Nous leur exprimons notre vive gratitude.

P. D.

TABLE DES GRAVURES

TABLE DES GRAVURES

TABLE DES CHAPITRES

PREMIÈRE PARTIE

AVANT LA GUERRE

(1838-1870)

DEUXIÈME PARTIE

LA GUERRE

(1870-1871)

TABLE DES CHAPITRES

TROISIÈME PARTIE

A L'ASSEMBLÉE NATIONALE
L'ÉTABLISSEMENT DE LA RÉPUBLIQUE

(1871-1875)

CHAPITRE IX

A L'ASSEMBLÉE NATIONALE

TABLE DES CHAPITRES

TABLE DES CHAPITRES

OUVRAGES DE M. PAUL DESCHANEL

Orateurs et Hommes d'État, 1888 (10ᵉ édition), 1 vol. (Ouvrage couronné par l'Académie Française).

Figures de Femmes, 1889 (7ᵉ édition), 1 vol. (Ouvrage couronné par l'Académie française).

Figures littéraires, 1890 (5ᵉ édition), 1 vol.

Questions actuelles, 1891 (3ᵉ édition), 1 vol.

La Décentralisation, 1895, 1 vol.

La Question Sociale, 1898 (12ᵉ édition), 1 vol.

La République nouvelle, 1898 (8ᵉ édition), 1 vol.

Quatre ans de Présidence, 1902 (4ᵉ édition), 1 vol.

L'idée de Patrie, deux discours à la Chambre des Députés, 1905, 1 broch.

Politique intérieure et étrangère, 1906 (7ᵉ édition), 1 vol.

A l'Institut, 1907, 1 vol.

L'organisation de la Démocratie, 1910 (4ᵉ mille), 1 vol.

Hors des frontières, 1910 (3ᵉ mille), 1 vol.

Paroles françaises, 1911 (4ᵉ mille), 1 vol.

Madame de Sévigné, 1911, 1 broch.

Segrais, 1911, 1 broch.

Lamartine, 1913, 1 broch.

La France victorieuse, 1919, 1 vol.

La Question du Tonkin, 1883, 1 vol.

La politique française en Océanie, à propos du canal de Panama, 1884, 1 vol. (Ouvrage couronné par la Société de Géographie commerciale).

Les intérêts français dans l'Océan Pacifique, 1885, 1 vol. (Ouvrage couronné par la Société de Géographie commerciale).

PAUL BRODARD
IMPRIMEUR
COULOMMIERS